Tobias Haberl

WIE ICH MAL ROT WURDE

Tobias Haberl

WIE ICH MAL ROT WURDE

Mein Jahr in der Linkspartei

Luchterhand

Die Namen der Genossinen und Genossen
sind teilweise vom Autor geändert.

MIX
Papier aus verantwortungsvollen Quellen
FSC® C014496

Verlagsgruppe Random House FSC-DEU-0100
Das für dieses Buch verwendete
FSC-zertifizierte Papier *Munken Pocket*
liefert Arctic Paper Munkedals AB, Schweden.

Satz: Greiner & Reichel, Köln
Druck und Bindung: GGP Media GmbH, Pößneck

ISBN 978-3-630-87352-7

www.luchterhand-literaturverlag.de

INHALT

Gewidmet den Guten,
egal welcher Partei

Mit Extremisten muss man anders umgehen.
Von denen nimmt man kein Stück Brot.

Günther Beckstein, CSU, über den
Umgang der SPD mit der Linkspartei

The trouble with Socialism is that
it takes too many evenings.

Oscar Wilde

Vorwort

Gibt es eigentlich noch echte Geheimnisse? Rätsel, für die es sich lohnt, allen journalistischen Ehrgeiz aufzuwenden? Ja, es gibt sie und man muss keine gefährlichen Expeditionen unternehmen, um ihnen auf die Spur zu kommen. Es reicht, mit offenen Augen durch die eigene Nachbarschaft zu gehen, ausgestattet mit Neugierde und Bescheidenheit. Journalismus mit dem Eingeständnis einer Wissenslücke und dem Wunsch, sie zu schließen. Das ist nicht so selbstverständlich, wie es sich anhört.

Wenn wir bei *Hart aber fair* über Sozialpolitik neben Fachleuten auch eine Hartz-IV-Empfängerin in der Runde haben, werden wir manchmal belächelt: »Emotionales Beiwerk« heißt es dann oder »Betroffenen-Fernsehen«.

Das ist sehr einfach und arrogant ist es auch. Kann es nebensächlich sein, aus erster Hand zu erfahren, wie sich das Leben mit 364 Euro im Monat anfühlt? Ist es unwichtig, einer abstrakten sozialpolitischen Debatte Bodenhaftung zu geben?

Es ist gar nicht leicht, die Wirklichkeit zum Sprechen zu bringen. So viele Daten, Fakten, Nachrichten geben uns das Gefühl, bestens informiert zu sein. Alles schon gesehen, alles schon gehört. Lohnt sich die Mühe, alles, was man weiß oder zu wissen glaubt, beiseite zu lassen und selber noch einmal ganz genau hinzusehen?

Tobias Haberl hat sich diese Mühe gemacht. Er hat sich die

Frage gestellt: Kann man das Innenleben einer Partei verstehen, wenn man sie sich immer nur von außen anschaut? Seine Antwort darauf ist ein journalistischer Selbstversuch: Ein Jahr in der Linkspartei.

Er taucht ein in das Parteileben an der Basis, fremdelt mit den Ansichten und Überzeugungen seiner Genossen und ist doch immer wieder beeindruckt von ihrem Engagement.

Wenn Journalismus gelingt, öffnet er Fenster, durch die man in andere Welten gucken kann – ganz ferne und fremde, aber auch die in der Nachbarschaft. Tobias Haberl lässt es dabei aber nicht bewenden. Es reicht ihm nicht, mit genauem Blick das Leben der anderen zu ergründen. Er beobachtet sich auch selbst. Dabei entdeckt er die Vorurteile, die wahrscheinlich jeder hat, der aus behütetem bürgerlichen Hause stammt und einen Ausflug in das Milieu der Linkspartei macht. Gewissheiten kommen ins Rutschen, festgefügte Bilder geraten in Bewegung.

Er spart nicht mit Ironie, aber genauso wenig mit Selbstironie. Und wenn er manchmal wirkt wie ein verwöhntes Bürgersöhnchen, das überrascht feststellt, dass es noch etwas Echteres gibt als handgemachte Lederschuhe, dann tut er das mit voller Absicht.

Tobias Haberl ist bei seinem Ausflug in die Linkspartei kein Linker geworden. Er hat sein Weltbild nicht geändert, aber er hat erfahren, wie prägend Weltbilder sind – das der anderen und das eigene. Es würde jedem Journalisten gut tun, genau daran zu denken, wenn er wieder einmal meint, schon alles zu wissen. In der Wirklichkeit, links und rechts der eigenen Scheuklappen, gibt es noch viele Geheimnisse zu lüften.

Frank Plasberg

1. »Ich werde beantragen, dich aus dem Saal werfen zu lassen«

Ein Jahr Klassenkampf findet ein klägliches Ende

Januar 2010, ein Samstag; das neue Jahr hat gerade erst begonnen, und schon habe ich Angst. Die Weltwirtschaft stürzt ab, Menschen holen ihre Ersparnisse von der Bank, alle reden von Systemrelevanz, obwohl es das Wort vor ein paar Wochen noch gar nicht gab. So genannte Experten sagen, es sei kein Ende in Sicht, weitere Banken werden kollabieren, vielleicht sogar Staaten; Millionen von Menschen werden ihre Arbeit verlieren, gut möglich, dass bald Autos brennen, dazu dieser verdammte Krieg in Afghanistan – alle paar Wochen fliegen sie einen Sarg zurück nach Deutschland. Die Welt steht am Abgrund, eine Zeitenwende scheint angebrochen, vielleicht ist bald nichts mehr, wie es war.

Ich bin nicht der Einzige, der sich Sorgen macht, die ganze Welt hält den Atem an, aber meine Angst hat einen anderen Grund: Es ist der Termin, der mir bevorsteht. Seit Tagen muss ich an ihn denken. Er nervt und belastet mich, aber ein Rückzieher kommt nicht in Frage. Ich möchte die Sache durchziehen, unbedingt, oder sagen wir besser: zu Ende bringen.

Der Himmel ist milchig, das Licht fahl, als ich um kurz vor 10 Uhr auf der Rosenheimer Straße stadtauswärts fahre; über Nacht ist die Temperatur auf minus 10 Grad gefallen, das Lenkrad ist kalt wie Eis. Als die Ampel auf der Isarbrücke Rot zeigt, greife ich nach hinten, hole meine Wollhandschuhe von der Rückbank und ziehe sie über meine steifen Hände. »Ausfahrt links vor Ihnen«, sagt die Frauenstimme des Navigationsgerätes. Ich bin nervös. Was, wenn sie mich gar nicht in den Saal lassen? Wenn sie mich schon am Eingang abweisen?

»Biegen Sie in 200 Metern links ab.«

Mein Ziel ist die griechische Taverne *Odyssee*. Noch 1,2 Kilometer, steht auf dem Navigationsgerät. In drei Minuten 20 Sekunden bin ich da. Wenn sie mich abweisen, kann ich immer noch meinen Mitgliedsausweis aus der Tasche ziehen; gegen den sind sie machtlos, ich habe ihn extra eingesteckt. Oder ist es denkbar, dass einer durchdreht und handgreiflich wird? Nein, Gewalt, das wäre albern. So wichtig war die Sache auch wieder nicht, außerdem liegt sie vier Monate zurück. Aber ihre Enttäuschung und ihre Wut werde ich zu spüren bekommen, manche werden mich beschimpfen, andere ignorieren, aber damit kann ich leben – glaube ich.

Noch 600 Meter.

»Du nimmst dich zu wichtig«, rede ich mir ein. Alles wird sein wie immer: Ein paar werden nett sein, ein paar kleinkariert, die meisten gleichgültig. Viele Genossen wissen nicht mal, wer ich bin, dafür kennen mich andere ziemlich gut. Vor ihnen fürchte ich mich am meisten: Henning, Martin, German, Nicole, ich sehe ihre Gesichter schon vor mir, verbitterte, enttäuschte Gesichter, ohne Lächeln. Vielleicht täusche ich mich aber auch, vielleicht sind sie gar nicht böse, sondern höflich und distanziert – das würde mir am meisten wehtun. Als die Taverne am Ende der Straße auftaucht, gehe ich vom Gas, die letzten Meter lasse ich meinen Golf ausrollen. »Sie haben Ihr Ziel erreicht«, sagt die Stimme aus dem Navigationsgerät.

Die Raucher sehe ich zuerst, das war immer so. Es ist so frostig, dass sich der ausgestoßene Atem mit dem Rauch der filterlosen Zigaretten vermengt. Vor dem *Odyssee* stehen zwei, drei Frauen und vielleicht zehn Männer. Ein paar Gesichter kommen mir bekannt vor, aber Henning, German oder Nicole sind nicht dabei; wenn sie jetzt hier stünden, hätte ich vielleicht nicht mal den Mut auszusteigen; wahrscheinlich würde ich den Kopf einziehen, aufs Gaspedal treten und weiterfahren. Ich würde an einer Tankstelle halten, mir die *Süddeutsche* kaufen, vielleicht noch was zum Blättern, eine *Monopol*, eine *Wallpaper* oder so, und mich in ein Café setzen. Ich würde einen Cappuccino ohne Schokostreusel und ein Glas Leitungswasser trinken, ein Croissant mit Butter und Himbeermarmelade essen, die Rechnung bestellen und beim Einsteigen ins Auto einen 15-Euro-Strafzettel unter dem Scheibenwischer entdecken. Ich würde ihn zu den anderen ins Handschuhfach stecken und überlegen, ob ich mich noch mal ins Bett lege, einen Winterspaziergang an der Isar mache oder eine der 250 Nummern aus meinem Handy anrufe.

Aber Henning steht nicht da, Nicole auch nicht und so parke ich mein Auto, halte kurz inne und steige aus. In wenigen Augenblicken werde ich meinen Genossen zum ersten Mal in die Augen blicken, seitdem die Geschichte diese unschöne Wendung genommen hat.

Auf den zwanzig Metern vom Auto zum Eingang der Taverne bin ich ziemlich erleichtert, dass hinter mir ein verbeulter Golf steht. Protzerei können sie mir schon mal nicht vorwerfen. Das macht die Sache nicht einfacher, aber weniger unangenehm. Meine Genossen drehen ihre Köpfe, sie mustern mich, schauen mir nach. Ob sie ahnen, wie hin und her gerissen ich in den letzten Monaten war? Wie ich mit mir gekämpft und überlegt habe, ob das, was ich mache, richtig oder falsch ist, ob es irgendeinen Sinn hat?

Als ich an der Gruppe vorbei Richtung Eingang gehe, ziehe ich mein Handy aus der Hosentasche und tue so, als würde ich eine SMS tippen. Ich glaube, es ist das erste Mal in meinem

Leben, dass ich in einen Raum komme, in dem ausnahmslos Menschen sitzen, die mich nicht mögen. Vielleicht wird es auf einen Schlag still, wenn ich reinkomme. Vielleicht verstummen alle, schauen mich an und warten darauf, dass ich was sage oder mich entschuldige.

Als ich den Saal betrete, versuche ich souverän zu wirken, selbstbewusst, aber auf keinen Fall hochnäsig. Links vom Eingang sitzen zwei Frauen an einem separaten Tischchen: die Mandatsprüfungskommission. Die Genossinnen begrüßen mich und fordern mich auf, meinen Namen auf eine Liste zu schreiben. Im Gegenzug bekomme ich ein rotes Kärtchen in die Hand gedrückt. Am anderen Ende des Saales ist eine Bühne, auf der eine Leiter, ein Stuhl und ein Mikrofonständer stehen. Das Ganze erinnert mich an das *Akropolis* aus der Lindenstraße, das Restaurant von Vasily Sarikakis: Kleinkunst, Bauerntheater, Oliven in Schälchen. An der Decke hängen Girlanden, die Wände sind holzvertäfelt, ungefähr 100 Menschen sind da, vor jedem liegt ebenfalls ein rotes Kärtchen. Die Tische sind in langen Reihen gruppiert. Vor ein paar Wochen hätte ich den Saal nach Henning oder Valerie abgesucht. Einer der beiden hätte mir sicher einen Platz freigehalten. »Tobias, wie schön, dass du da bist«, hätten sie gerufen. Valerie hätte ein langes buntes Kleid mit Rüschen angehabt, sie hätte mich umarmt und gedrückt, Henning hätte mir die Hand gegeben und gelächelt. Heute setze ich mich allein an den letzten Tisch und tue so, als würde ich die Speisekarte lesen. Ich habe Angst vor den Vorwürfen und Fragen, ich will weg.

Martin sieht mich als Erster. Er ist im Vorstand meines Ortsverbands, aber viel zu sanftmütig, um mir seine Meinung ins Gesicht zu sagen. Er ist Mitglied in vier verschiedenen Umweltschutzorganisationen, meistens trägt er Funktionskleidung. Ende 2009 hat ihm ein Polizist bei einer Demonstration auf dem Münchner Marienplatz den Arm gebrochen, dabei ist Martin der friedlichste Mensch, den ich in meinem ganzen Leben kennengelernt habe. Er ist so gutmütig wie ein Golden Retriever, bei Sitzungen stellt er einen Wecker vor sich auf den Tisch, damit er beim Reden die Zeit nicht vergisst. Er kann ziemlich lustig sein, manchmal mit Absicht, meistens unfreiwillig. Ich könnte ihm stundenlang zuhören, wenn er mit komplizierten Sätzen einfache Dinge sagt. Während der Fußball-WM plädierte er zwei Minuten vor dem Anpfiff des alles entscheidenden Gruppenspiels gegen Ghana dafür, weiter über die Gesundheitsreform zu diskutieren. So einer ist Martin. Man darf ihn nicht zu ernst nehmen, manchmal treibt er einen in den Wahnsinn, aber wenn es einen Himmel gibt, dann ist Martin eines Tages drin.

»Hallo, Tobias«, sagt er. »Dass du noch hierherkommst, wundert mich. Ehrlich gesagt hätten wir uns schon noch mal unterhalten sollen, bevor du diesen Text veröffentlichst.«

Mein Gott, bin ich erleichtert. Martin spricht mit mir, obwohl jeder im Saal sehen kann, dass ich es bin, mit dem er sich unterhält. »Ach, Martin«, sage ich. »War's wirklich so schlimm?«

»Naja«, sagt er, »es gab Unmut, wir haben viel über dich diskutiert, aber ich glaube, inzwischen haben die meisten die Sache vergessen«, dann klopft er mir auf die Schulter und zieht weiter. Wahnsinn, damit hatte ich nicht gerechnet, andererseits – das war Martin.

»Hey, Tobias, dass du dich noch hierhertraust, Kompliment!«, ruft eine weibliche Stimme. »Ich habe deinen Text im ICE auf dem Weg nach Berlin gelesen.« Anja aus dem Landesvorstand kommt auf mich zu, die auf den ersten Blick wie eine Oberstufenschülerin wirkt, aber ziemlich raffiniert und ehrgeizig ist. Sie wird es weit bringen, nicht an die Spitze, aber weit. Früher war sie Krankenschwester, inzwischen studiert sie Soziologie.

»Du, ganz ehrlich«, sagt sie, »die Genossen in Berlin fanden den Text okay. Manche fanden ihn sogar lustig. Klar wurde im Kreisvorstand über dich debattiert, aber so schlimm war's nicht. Wird dich schon keiner erwürgen.«

Anja ist Mitglied der Strömung »Forum demokratischer Sozialismus« (FdS), die vor allem in den Neuen Ländern vertreten ist. Innerhalb der LINKEN ist sie rechts, man könnte auch pragmatisch oder vernünftig sagen. In Bayern, wo die LINKE ziemlich chaotisch ist, fühlt sie sich gar nicht wohl, deshalb fährt sie sooft es geht nach Berlin. »Da sind die Genossen viel besser«, sagt sie und meint: pragmatischer, lustiger, normaler.

Dann beginnt die Mitgliederversammlung: Ein Sprecher begrüßt das Bayerische Fernsehen und einen japanischen Sozialwissenschaftler, der am Nebentisch sitzt und während der folgenden acht Stunden so überfordert dreinblickt, dass ich bis heute daran zweifle, dass er auch nur ein Wort verstanden hat. Auf der Tagesordnung stehen zehn Punkte, unter anderem Finanz- und Revisionsberichte, Berichte aus den Ortsverbänden, die Nachwahl der Kreissprecherin und die Wahl der Delegierten für den Bundesparteitag.

Es sei heute ganz wichtig, sagt ein Sprecher, dass ausschließlich über München und nicht über die Turbulenzen im Landesverband gesprochen werde. Schade, werden sich die Kollegen vom Fernsehen denken, die sicher nicht zu dritt für den ganzen Tag angerückt sind, weil eine Kreismitgliederversammlung der LINKEN unbedingt ins Fernsehen muss. Die sind gekommen, um live dabei zu sein, wenn die Fetzen fliegen: Die Lage der Partei ist brisant. Bundesgeschäftsführer Dietmar Bartsch wurde äußerst unschön aus dem Amt gedrängt, Oskar Lafontaine hat Krebs und wird als Bundesvorsitzender zurücktreten. Klaus Ernst aus Bayern möchte ihn beerben, hat aber das Problem, dass sich sein Landesverband seit Wochen bis zur Arbeitsunfähigkeit selbst zerlegt. Es geht drunter und drüber, die Zeitungen schreiben die LINKE an den Rand des Abgrunds, es wird intrigiert, getuschelt, beleidigt, und das wenige Wochen nach der Bundestagswahl, bei der die LINKE mit 11,9 Prozent den größten Erfolg ihrer Parteigeschichte eingefahren hat.

Zu Beginn wird wie üblich über alles Mögliche abgestimmt: Gibt es Einwände gegen die Tagesordnung? Wie lange ist die Redezeit pro Genosse? Kann die Liste der Mandatsprüfungskommission geschlossen werden? Wie viele Wortbeiträge werden zugelassen? Die Hände gehen rauf und runter, ein Meer aus roten Kärtchen. Vor einem Jahr hat mich die Abstimmerei noch aggressiv gemacht. Ich arbeite in einer Zeitungsredaktion und bin es gewohnt, dass ein Chefredakteur entscheidet. Aber in der Politik wird ständig und bei der LINKEN den halben Tag lang über irgendetwas abgestimmt. Basisdemokratie sagen sie dazu, die Klugheit der Masse. Ich finde es vor allem lächerlich, über Zeitpunkt und Länge von Raucherpausen abzustimmen. Manchmal kam es mir so vor, als würden wir darüber abstimmen, ob über einen Sachverhalt abgestimmt werden müsse. Das ist so absurd, als würde man jemandem eine SMS schreiben, um ihn darüber zu informieren, dass er gleich eine SMS bekommt.

Von der ersten Sitzung an ging mir die Basisdemokratie ziemlich auf die Nerven. Ein Jahr später weiß ich, wie langwierig es ist, eine politische Entscheidung zu treffen und durchzusetzen, wie viel Druck auf Delegierte ausgeübt wird, wie viele Gespräche in Hinterzimmern geführt und Rückschläge hingenommen werden müssen, bis sich eine Winzigkeit um einen Millimeter verschoben hat. Wenn es so kompliziert ist, ein windiges Adjektiv aus einem Programmentwurf zu streichen, wie kompliziert muss es sein, das Gesundheitssystem zu reformieren oder Soldaten aus Afghanistan abzuziehen? Wenn ich was in meinem Jahr bei der Linkspartei gelernt habe, dann dass es gerecht ist, wenn jeder mitreden darf, aber alles andere als zielführend.

Während die Genossinnen und Genossen immer wieder ihre Kärtchen heben und senken, suche ich den Saal ab. Zum Glück sitze ich im Rücken der Genossen, das verschafft mir einen guten Überblick: Links vorne sitzt Henning im Cordsakko, ein paar Stühle dahinter Nicole, wie so oft ganz in schwarz; als sie mich sieht, kommt es mir vor, als würde sie durch mich hindurchschauen. Natürlich kränkt mich das, aber ich verstehe sie auch. Politik ist Nicoles Leben, ein Blick auf ihr Facebook-Profil reicht, um zu wissen, wo sie wieder überall mitorganisiert, mitdemonstriert, mitdebattiert hat. Sie verkörpert beides: die Leidenschaft der Straße und die Seriosität des Parlaments. Inzwischen sitzt sie im Bundestag. Wie soll sie Verständnis haben für das, was ich getan habe? Dass ich ihre politische Haltung ablehne, ihren Mut, ihre Leidenschaft und ihr Redetalent bewundere, kann sie ja nicht wissen. Ich habe es ihr nie gesagt.

Genau in dem Moment, als Christine an mir vorüberhastet und so tut, als sähe sie mich nicht, trägt die Mandatsprüfungskommission ihren Bericht vor: 80 Mitglieder sind anwesend, 60 männlich, 20 weiblich, darunter zwei neue, die namentlich begrüßt werden. Die Genossen klatschen, die zwei Neuen lächeln zaghaft und sehen so glücklich aus, als wären sie gerade von einer Familie mit zwei Autos und Hund adoptiert worden. Es folgen Revisions- und Finanzberichte, viele Zahlen, die mir für eine Partei erstaunlich niedrig vorkommen. »Der Kreisverband München nimmt 5500 Euro monatlicher Mitgliedsbeiträge ein«, berichtet der Kassier. »Für das Jahr 2010 rechnen wir mit 2000 Euro an Spenden, insgesamt werden wir das Jahr mit einem Kontostand von 4000 Euro abschließen.« Dann erklärt er, was das Superwahljahr 2009 gekostet hat. Ich höre was von 21 000 Euro insgesamt und 8000 Euro für 600 Plakatständer, aber irgendwann geht es nur noch um Summen und Zahlen und Euro, mir wird langweilig, ich schweife ab, gäbe es ein Fenster, würde ich nach draußen schauen und ein bisschen vor mich hin träumen, aber es gibt keins. Draußen scheint die Sonne, ein makelloser Wintertag und ich sitze hier im Zwielicht. Alles ist deprimierend, der Raum und die Tischdecken, Kondensmilch in geriffelten Döschen; ich bin kurz davor, in Selbstmitleid zu fallen, als sich ein Schatten in mein Blickfeld schiebt:

»Sind Sie, äh, bist du …« – vor mir materialisiert sich das Gesicht von Till Steffens und ich habe den Eindruck, dass es sich deutlich zu nah an meinem befindet, aber bevor ich was sagen kann, sprudelt es schon unkontrolliert aus ihm heraus: »Du hast doch, äh, diesen Text in der *SZ*, nein, im *SZ-Magazin* geschrieben, oder?!«

Um trotz meiner schrecklichen Angst, souverän zu wirken, sage ich nichts und nicke. Ich bin aufgewühlt, alles geht sehr schnell. Till Steffens, der wie immer seine Baskenmütze mit den vier Buttons trägt, redet und redet und ich finde ihn Furcht einflößend und lächerlich zugleich und muss lachen – aber nur innerlich, weil alles andere ihn jetzt zum Explodieren bringen würde –, weil er mich erst gesiezt und dann geduzt hat, als ihm eingefallen ist, dass man sich unter Genossen mit dem Vornamen anspricht. »Du hast in deinem Text geschrieben, dass du dich mit unseren Grundsätzen nicht identifizieren kannst. Und deshalb werde ich jetzt nach vorne gehen und den Antrag einbringen, dass du die Versammlung zu verlassen hast.«

Ich weiß, dass er nie im Leben damit durchkäme. Mein Ausweis ist in der Jackentasche, ich kann ihn jederzeit rausholen, trotzdem wird mir ganz mulmig und ich spüre, wie meine

Wangen warm werden. Es ist diese Wut, mit der ich konfrontiert bin, eine Wut, die vollkommen ernst gemeint ist.

»Keine Sorge«, sage ich, vielleicht einen Tick zu arrogant, »ich bin als Berichterstatter hier, nicht als Parteimitglied.«

»Und was ist das hier?«, bellt er mich an und deutet auf meine rote Stimmkarte.

»Die hier«, sage ich, »gebe ich jetzt zurück«, gehe zwei Schritte nach hinten und drücke der Frau von der Mandatsprüfungskommission meine Stimmkarte in die Hand. Sie nickt und streicht mich von der Liste. Dann lässt mich Till Steffens, ohne ein weiteres Wort zu sagen, sitzen und geht zurück an seinen Platz. Als ich ihm hinterherschaue, bemerke ich, dass er lustige O-Beine hat.

Was für ein unsouveräner Auftritt. Ich verstehe ihn ja irgendwie, aber trotzdem: Wie unfair! Ich bin ziemlich sicher, dass er keine Sekunde über einen Antrag nachgedacht hat, mir die vier Mitgliedsbeiträge à 55 Euro zurückzuüberweisen, die seit Erscheinen meines Textes an die Partei geflossen sind, obwohl genau das konsequent wäre: Wenn er mir den Mitgliedsstatus absprechen will, muss er auch auf mein Geld verzichten. Der durchschnittliche Monatsbeitrag im Münchner Kreisverband liegt bei elf Euro, was nichts anderes heißt, als dass die Partei nicht schlecht mit mir verdient. Seit meinem Eintritt im Dezember 2008 habe ich 770 Euro in ihre Kasse eingezahlt. Von den 600 Plakatständern gehen knapp sechzig auf mein Konto. Natürlich sollte ich mich schämen für diese spießigen, kleingeistigen Gedankenspiele, aber so was geht einem halt durch den Kopf, wenn ein Typ mit Baskenmütze daherkommt, einen unter Stress setzt und aus dem Saal werfen will.

Gegen 15 Uhr laufe ich auf dem Weg zur Toilette in Henning. Wie erwartet ist er distanziert, aber fair. Als ich zu meinem Rechtfertigungsmonolog ansetze, unterbricht er mich: »Tobias, lass gut sein, das hier ist nicht der richtige Ort für diese Debatte. Lass uns bald mal in Ruhe treffen.«

Den Rest des Tages verbringe ich damit, Anträgen zuzuhören, eine Gyrospfanne zu bestellen, ein Flugblatt durchzulesen, das sich gegen Patente auf Saatgut am Beispiel von Brokkoli einsetzt, mehrere SMS zu schreiben, die ich lange aufgeschoben habe, und zwei, drei Genossen zuzunicken. Gegen 16 Uhr fühle ich mich so erschöpft, dass ich den Saal verlasse. Nichts ist anstrengender als Zuhören, vor allem, wenn viele Menschen nacheinander das Gleiche sagen. Ohne mich zu verabschieden, gehe ich nach draußen, erleichtert, den Nachmittag überstanden zu haben. Am Abend klicke ich mich durch das Facebook-Profil von Till Steffens: ein paar Fotos, ein paar Einträge, 82 Projekte, die er unterstützt, darunter »Free Tibet from the Lamas«, »Aktionswochen gegen Antisemitismus«, »Rosa-Luxemburg-Stiftung«, »Klimaschutz-Netz«, »Mut gegen rechte Gewalt«, »SoS – Studieren ohne Studiengebühren«, »Hoch der Erste Mai!«, »Ärzte ohne Grenzen«, »World Holocaust Center«, »Mumia Abu Jamal«, außerdem »TSV 1860 München« und »Farmville«, das Online-Spiel, bei dem man einen virtuellen Bauernhof bewirtschaftet. Nach drei Minuten habe ich genug gesehen. Ich klappe mein Notebook zu, stelle mich dreißig Minuten unter die heiße Dusche, schaue mir *Breakfast at Tiffany's* auf DVD an und lege eine Platte mit Schubert-Sonaten auf. Erst dann fühle ich mich imstande einzuschlafen.

2. »Adolf Hitler hat auch gute Reden gehalten«

Warum ich in die LINKE eintrete,
obwohl ich kein Linker bin

Was war passiert, dass diese Menschen so empfindlich auf mich reagierten? Warum wollte Till Steffens mich aus dem Saal werfen lassen? Warum tat Christine, als würde sie mich nicht sehen, wo wir doch erst vor ein paar Wochen auf ihrem Balkon Würstchen gegrillt hatten?

Die Sache ist die: Im Januar 2010, zum Zeitpunkt der Kreismitgliederversammlung, war ich genau ein Jahr lang Mitglied der Linkspartei. Ich war im Dezember 2008 eingetreten, aber – und das nehmen mir die Genossinnen und Genossen bis heute übel – nicht aus Überzeugung, sondern aus Neugierde.

Ein Jahr lang habe ich Mitgliederversammlungen, Stammtische und Vorträge der Rosa-Luxemburg-Stiftung besucht. Ich habe für den Frieden gekämpft, gegen die NATO demonstriert und die Systemfrage gestellt. Ich habe auf dem Viktualienmarkt Flugblätter verteilt, Infostände betreut und über den sozialen Kahlschlag der Regierung geschimpft. Beim Ostermarsch bin ich neben der Samba-Gruppe durch Haidhausen gelaufen, in Susis Garten habe ich bei 30 Grad Wahlkampfständer zusammengehämmert. Ich bin mit Menschen in der Kneipe gesessen, die im Bundesverfassungsbericht erwähnt werden, und noch schlimmer, wir haben alkoholische Getränke zu uns genommen. Ich habe mich auslachen, beschimpfen und als Spion beschuldigen lassen. Ich bin von Polizisten durch München eskortiert und von einem Maschinengewehr bedroht worden.

Dabei bin ich nicht links, komme aus keiner linken Familie und habe keine linken Freunde. Ein paar tun so, als wären sie es, ich weiß aber genau, dass sie die ersten sind, die ihre Kinder auf Privatschulen schicken, weil die Sophie oder der Constantin dort nicht mit so vielen Ausländerkindern in der Klasse ist.

Fast jeder, den ich kenne, schimpft über die LINKE: utopische Forderungen, alles nicht finanzierbar, Spinner, Kommunisten, DDR, Stasi. Nicht, dass ich etwas anderes dachte; ich wollte die LINKE nicht verteidigen, aber es ist nun mal so, dass ich gern widerspreche, wirklich, es ist fast pathologisch mit dem Widersprechen bei mir, und deshalb wollte ich es genauer wissen. Mich störten die Klischees, die von dieser Partei existieren: Die LINKE – waren das wirklich nur Protestwähler und frustrierte Versager, die den Kommunismus verklären und sich auf meine Kosten durchs Leben schnorren? Oder gibt es in der Partei auch Menschen, die nicht aus einer Opferhaltung heraus links sind, sondern weil sie eine demokratische Form des Sozialismus für das gerechtere System halten? Mit anderen Worten: Ist ein Sozialismus – nicht der Unterdrückung, sondern der Freiheit – am Ende vielleicht doch möglich?

Linkssein – in meinem Kopf waren das immer Gandhi-Sprüche, wild wachsende Gärten, Frida Kahlo-Drucke und Kinos mit 20 Sitzplätzen; Kneipen, in denen die Menschen Schach spielen, Bardolino-Flaschen, in denen Kerzen stecken, schlechte Bands mit tiefgründigen Texten und Serrano-Schinken auf Holzbrettern. Ich mag diese Welt nicht. Ich halte sie für naiv, selbstgerecht, engstirnig, manchmal sogar für intolerant. Linke – für mich waren das immer Menschen von niederschmetternder Aufrichtigkeit und trostloser Einfältigkeit.

Wenn Barack Obama in einer Rede das Ideal einer atomwaffenfreien Welt beschwört, ist er ein Held und die Menschen jubeln ihm zu. Spricht Gregor Gysi von einer Welt, in der alle Menschen in Frieden und Harmonie miteinander leben, ist er naiv und ein Träumer. Das mal vorneweg. Die Medien haben die Linkspartei in eine Schublade gesteckt und den Schlüssel weggeworfen. Ich wollte sie nicht aus dieser Schublade herausholen, ich wollte sie nur einen Spalt öffnen, hineinschlüpfen, mich umsehen, um danach beurteilen zu können, ob sie zu Recht drinnen ist.

Es ist nämlich nicht so, dass die LINKE grundsätzlich Unrecht hätte: Zum Beispiel nennt sie das, was unsere Soldaten in Afghanistan machen, seit Jahren beim Namen: Krieg. Die anderen Parteien haben sich jahrelang um die Wahrheit gedrückt und komplizierte Ausdrücke dafür erfunden, bis Verteidigungsminister Guttenberg kam und sich traute, nicht mehr »Friedensmission« sondern »Krieg« zu sagen. Wofür die LINKE zuvor kritisiert worden war, dafür wurde der Baron aus Bayern gewürdigt.

Medien wie Politiker anderer Parteien reagieren allergisch auf die LINKE, regelmäßig landen Kommentare unter der Gürtellinie, ein deutliches Zeichen von Nervosität, weil diese neue Partei mittlerweile selbst in den alten Bundesländern zweistellige Ergebnisse einfährt. Die CSU beschimpft die Linkspartei als »Dämonen« und »Kader-Geschwader«, das man in einem »Kreuzzug« bekämpfen müsse. »Von solchen Extremisten nimmt man nicht mal ein Stück Brot«, sagte Günther Beckstein, als er für wenige Monate versuchte, den Bayern ein guter Ministerpräsident zu sein. In seinem Fall war die Panik berechtigt: Zwar scheiterte die LINKE am Einzug in den bayerischen Landtag, erwies sich mit 4,4 Prozent aber als ernst zu nehmende politische Kraft – 2003 hatte die PDS nicht mal auf dem Wahlzettel gestanden. Beckstein aber büßte mit dramatischen 43,4 Prozent (17,3 Prozentpunkte weniger als

Stoiber 2003) die absolute Mehrheit ein, verlor gegenüber der letzten Wahl 700 000 Stimmen, davon 50 000 an die LINKE, und musste seinen Trachtenhut nehmen.

Auch die SPD, immerhin Koalitionspartner der LINKEN in Berlin und Brandenburg, vergreift sich bei ihren Attacken gegen die Linkspartei regelmäßig im Ton: Auf Lafontaines Redekunst angesprochen, entgegnete Altkanzler Helmut Schmidt, dass auch Adolf Hitler gute Reden gehalten habe. Ein Satz, der für einen Skandal gesorgt hätte, wenn Michel Friedman ihn gesagt hätte. Klaus von Dohnanyi, ansonsten die Personifizierung eines ritterlichen Politikers, beschimpfte die LINKE schlichtweg als »dumme Partei«. Der SPD-Bundestagsabgeordnete Johannes Kahrs brach ein Interview ab, in dem die LINKE als »politische Realität« bezeichnet wurde, obwohl sie genau das in den Monaten zuvor geworden war.

Die Anfeindungen aus dem Lager der SPD wirkten fast noch bösartiger als die der Union, was nur daran liegen kann, dass die SPD in der Linkspartei ihre eigene Vergangenheit erkennt. Durch die LINKE wird die deutsche Sozialdemokratie jeden Tag daran erinnert, was sie früher einmal war und wie weit sie sich von dort entfernt hat. In ihrem Hass auf den kleinen Konkurrenten von links steckt jede Menge Selbsthass. Die SPD wirkt wie ein Liebhaber, der abgewimmelt wurde und jetzt so tut, als habe er nie Interesse gehabt. Seit drei Jahren wissen Müntefering, Steinmeier und Gabriel nicht, wie sie mit der LINKEN umgehen sollen. Sie können sich nicht entscheiden, ob sie die Partei für regierungs- und koalitionsfähig halten oder nicht. Vor jeder Wahl stammeln sie die gleichen Floskeln in die Mikrofone der Hauptstadtjournalisten: im Osten ja, im Westen nein, unter einem SPD-Regierungschef vielleicht, bei der Bundespräsidentenwahl mal schauen, bei der Bundestagswahl auf keinen Fall. Wer so argumentiert, braucht sich nicht wundern, wenn er an Glaubwürdigkeit verliert und in Umfragen seit zwei Jahren bei 23 Prozent rumdümpelt.

Die Verurteilung der LINKEN stimmt längst nicht mehr mit ihrem realen Stellenwert überein: Aus dem »Aktiönchen«, wie Gerhard Schröder die Gründung der WASG einst bezeichnet hat, ist eine richtige Partei geworden. Eine Partei, die sich auch im Westen durchgesetzt und bei der letzten Landtagswahl im Saarland ihr Ergebnis verzehnfacht hat. Eine Partei, die in 13 von 16 Landtagen und mit 76 Abgeordneten im Bundestag sitzt. Wenn alles normal läuft, werden die letzten linksbefreiten Zonen bald fallen, erst Baden-Württemberg (2011), dann Rheinland-Pfalz (2011), zuletzt Bayern (2013). Nicht schlecht für eine Partei, die vom Verfassungsschutz beobachtet wird.

Die anderen Parteien scheinen noch lernen zu müssen, was die Menschen im Land längst begriffen haben: Bereits 2008 hielten knapp 60 Prozent der Deutschen die LINKE für eine ganz normale Partei. Während den anderen Parteien die Mitglieder scharenweise davonlaufen, hat die LINKE seit ihrer Gründung vor drei Jahren 25 000 Mitglieder dazugewonnen. Bei den Landtagswahlen in Hessen und Niedersachsen liefen 43 000 Wähler von der CDU (!) zur LINKEN über.

Wer die Linkspartei beschimpft, macht sie interessant für Menschen, die sich als Opfer fühlen. Wenn eine Partei ausgegrenzt ist, zieht sie Ausgegrenzte an. Und wenn sich Ausgegrenzte organisieren, kann es gefährlich werden, weil radikale Linke früher oder später immer mit der Nichtumsetzbarkeit der eigenen Utopie konfrontiert werden. Spätestens dann müssen sie sich entscheiden: zwischen Resignation und RTL II oder Aufstand und gewaltsamer Revolution.

Die LINKE zu dämonisieren ist der falsche Weg. Sie auf die DDR-Vergangenheit zu reduzieren auch. Der Ministerpräsident von Sachsen-Anhalt Wolfgang Böhmer (CDU) hat mal gesagt, dass es keinen Zweck habe, der Partei die DDR-Probleme vorzuhalten. Da würden nur die applaudieren, die sowieso nicht vorhatten, die LINKE zu wählen. Nach meinem Jahr in der LINKEN kann ich sagen, dass die DDR – zumindest für die Genossen im Westen – kein Thema ist. Natürlich findet sich hin und wieder jemand, der vor laufender Kamera behauptet, dass die DDR kein Unrechtsstaat oder die Mauer keine schlechte Idee gewesen sei, aber das sind Spinner, die innerhalb der Partei nicht ernst genommen werden. Ich würde nie im Leben die LINKE wählen, aber auf keinen Fall deshalb, weil sie die Nachfolgepartei der SED ist, der Mauer- und Schießbefehlpartei der DDR.

Bei der Bundestagswahl 2009 hat die Linkspartei die SPD gedemütigt: 1,1 Millionen ehemalige SPD-Wähler haben der LINKEN ihre Stimme gegeben. Im Osten kam die SPD auf 18,3, die LINKE auf 26,4 Prozent, in Sachsen-Anhalt wurde sie stärkste Partei. Im Osten ist die LINKE Volkspartei, tief verwurzelt in der ostdeutschen Seele. Im Westen kommt sie als Interessenpartei immerhin auf 10 Prozent der Wählerstimmen, im Saarland dank Lafontaine sogar auf über 20 Prozent. Seit mehr als drei Jahren hat die LINKE keine Antworten, aber stellt die richtigen Fragen. Dass sie von den anderen Parteien ignoriert wird, ist nicht nur hilf-, sondern auch verantwortungslos. Denn selbst wenn die Linkspartei ein »Sammelbecken der Ängstlichen, Enttäuschten und Frustrierten« ist, müssen sich Regierungspolitiker die Frage stellen, welche Politik die Menschen ängstlich, enttäuscht und frustriert hat werden lassen.

In seinem Buch *Der Politik aufs Maul geschaut* schreibt Erhard Eppler von der SPD: »Der Kommunismus als geschichtliche Kraft ist tot. Der Antikommunismus hat ihn überlebt. Aber irgendwann wird auch er sterben.« Stirbt er vielleicht gerade? Ausgerechnet zwanzig Jahre nach der Wiedervereinigung, wo alle in dunklen Mänteln gerührt am Brandenburger Tor gestanden und sich an die tanzenden Menschen von damals erinnert haben, an die Trabis, die Bananen und Helmut Kohl, den wunderbaren Ermöglicher der Deutschen Einheit?

Könnte es sein, dass Deutschland vor einem Linksruck steht, ausgelöst durch eine wirtschaftliche Jahrhundertkrise, die in immer kürzeren Abständen zurückkommt? Unterstützt durch eine ideenlose Bundesregierung und der Angewohnheit der Deutschen, vor allem Angst zu haben, also nicht nur vor Arbeitslosigkeit und klammen Haushalten, sondern auch der Inflation, der Klimakatastrophe, dem Internet, den Moslems, den Terroristen, dem neuen Bahnhof in Stuttgart und der Zukunft? Ist es möglich, dass die Deutschen von demokratischen Streitereien und halbherzigen Kompromissen die Nase dermaßen voll haben, dass sie sich den Sozialismus – zumindest in gemäßigter Form – wieder vorstellen können?

Vor der Bundestagswahl im September 2009 luden die vier Münchner Direktkandidaten der Linkspartei sämtliche Zeitungen, Radio- und TV-Sender der Stadt ein, um sich vorzustellen. Es gab Filterkaffee aus Thermoskannen und belegte Brote. Sie wollten über ihre Ideen sprechen, über soziale Gerechtigkeit und Mindestlöhne – aber niemand kam, der sie hören wollte, keiner von der *SZ*, keiner vom *Merkur*, keiner von der *Abendzeitung*, keiner vom Radio, nicht mal ein Praktikant.

»Die LINKE, im Westen sind das vor allem Spinner, Kommunisten und Sektierer, ideologisch, verwirrt, gefährlich.« Das schreiben die Journalisten, die kein Interesse daran haben, die Spinner kennenzulernen. Ich halte das für unhöflich und schlecht recherchiert. Ich wollte nicht nur nachplappern, was in der Zeitung steht. Ich wollte – wie Jürgen Habermas es fordert – die Position des Gegenübers einnehmen, um seine

Argumente verstehen zu können. Ich wollte die Partei kennenlernen, ihre Ideen, ihre Vorschläge, ihre Mitglieder. Ich wollte mir darüber klar werden, wie sie denken, wofür sie kämpfen und was das Leben mit ihnen gemacht hat, dass sie ihre Hoffnung auf die LINKE setzen. Ich war neugierig und wollte nicht den Fehler begehen, den in der Politik so viele machen: aus Machtinteresse über Menschen urteilen, die man nicht kennt, oder aus Kalkül Ideen ablehnen, mit denen man sich nicht auseinandergesetzt hat, oder noch schlimmer: die man heimlich gut findet. Ich wollte keinen Posten, keine Stimmen, nur die Wahrheit.

Es gibt aber noch einen zweiten Grund für mein Experiment. Er hat mit mir selbst zu tun, meinen Freunden und der Art, wie wir leben. Seit einiger Zeit nämlich hatte ich das Gefühl, dass wir auf der Stelle traten. Wir merkten es nicht, aber es war so. Wir redeten über Vitra-Stühle, vietnamesische Restaurants, Osteopathen, Dachterrassen und Rahmengeschäfte, wegen der Bilder, die wir uns in den letzten Jahren gekauft hatten. Manche zogen ins Ausland und vergaßen, dass man sich selbst immer mitnimmt, andere zogen raus aus der Stadt und spielten Landleben. Besuchte man sie, empfingen sie einen in Gummistiefeln, weil sie gerade Wiesenblumen gepflückt oder Holz für den Kachelofen gehackt hatten. In stillen Momenten wurde uns bewusst, wie berechenbar wir geworden waren, aber wir gestanden es uns nicht ein. Wir sprachen in einem ironischen Unterton darüber, als wollten wir uns gegenseitig versichern, dass wir uns selbst nicht dabei ernst nehmen, aber machte es das besser?

»Du, nächstes Jahr ziehen wir raus aufs Land, vielleicht an den See, das ist für die Kinder einfach besser.« – »Ich gehe kaum mehr aus, ehrlich, ich schaff's einfach nicht mehr, aber essen gehe ich umso öfter, mein Gott, was ich Geld in Restaurants lasse.« – »München lullt einen ein, schon klar, man muss regelmäßig raus, aber werd' erst mal 35, dann hast du lieber einen anständigen Rahmbraten vor der Tür als einen DJ aus Detroit.«

So redeten wir. Wir hatten einen Grad an Kultivierung erreicht, der mich anödete. In dreifachen Ironieschleifen drehten wir uns im Kreis und tranken Rhabarbersaftschorle dazu. Wir waren Lebens-Insider ohne Ahnung vom Leben. Individualisierte Kulturmenschen, die in ihrer eigenen kleinen Theaterinszenierung in einem Dauerloop des Absurden herumschwammen. Hin und wieder stemmte ich mich gegen die eigene Verbürgerlichung, aber meine Versuche waren hilflos, am Ende ist man machtlos, wird älter, gesetzter, am Ende wird man wie die Bars, in denen man sitzt, und die Menschen, die neben einem sitzen; Menschen, die sich keinen Salat mehr ohne Pinienkerne vorstellen können, kein Leben ohne Duftkerzen, Babysitter, Cipralex-Tabletten, Ingwer-Tee und DVD-Staffeln amerikanischer Fernsehserien. Menschen, die Barack Obama verehren, weil er so idealistisch ist, und abends Bret Easton Ellis und Michel Houllebecq lesen, weil sie sich von ihnen verstanden fühlen.

Ich wollte mich also auch selbst beobachten: Wie verändere ich mich in dem Jahr? Würde ich danach Dinge anders sehen? Würde ich anders reisen, essen, ausgehen, wohnen? Und meine Freunde: Würden sie Veränderungen an mir bemerken? Würden Freundschaften in die Brüche gehen, neue entstehen? Heute kann ich sagen: Ich habe in diesem Jahr auch Deutschland und seine Menschen besser kennengelernt; Menschen, mit denen ich ohne dieses Experiment nie zusammengetroffen wäre und die mein Leben bereichert haben. Heute kann ich sagen: Es ist nicht gut oder schlecht, dass es die LINKE gibt. Es ist logisch.

Im September 2009, eine Woche vor der Bundestagswahl, veröffentlichte ich meine Erfahrungen im *Süddeutsche Zeitung Magazin*. Es handelte sich weder um eine Schmähschrift noch eine Hommage, ich hatte einfach nur aufgeschrieben, was ich erlebt hatte. Trotzdem haben mir viele Genossinnen und Genossen bis heute nicht verziehen. Ich hätte mich eingeschlichen und die Partei verraten. Wie ein feiger Spion hätte ich mich verhalten. Ich sei den Menschen, die mich liebevoll aufgenommen hatten, in den Rücken gefallen. Ein Maulwurf sei ich gewesen, der Menschen ausspioniert hat; ein Angeber, der eine Reise nur deswegen unternommen hat, um von ihr zu erzählen; ein Pseudowissenschaftler, der sich im Menschenzoo in den Käfig der anderen begeben hat. Ich finde, man könnte auch sagen, dass ich tolerant war, einen Blick über den Tellerrand gewagt und eine Brücke gebaut habe zwischen mir und einer Gruppe von Menschen, mit denen sich andere nicht mal an einen Tisch setzen.

Der Text im *SZ-Magazin* sorgte für ziemlichen Wirbel. In meinem Umfeld, aber auch in der Partei. Dieses Buch handelt davon. Es erzählt von dem Experiment: Bürgersohn trifft radikale LINKE, von einer Abenteuerreise in eine fremde Welt und beinhaltet alles, was ich zwischen Dezember 2008 und August 2010 in der Linkspartei erlebt habe. Vielleicht verstehen mich meine Genossen besser, wenn sie dieses Buch gelesen haben, vielleicht sind sie noch wütender als vorher. Beides ist mir egal. Beides muss mir egal sein.

3. »Wie kann eine einzige Frau 12 Milliarden Euro besitzen?«

Wie Oskar Lafontaine versucht, mich rumzukriegen

Ich bin nicht von heute auf morgen in die Partei eingetreten, ich habe mich Stück für Stück vorangetastet und jeden Tag ein bisschen mehr Milieuluft eingesogen. Der Herbst 2008 war nicht nur der Beginn der größten Weltwirtschaftskrise seit 1929, er diente auch meiner Vorbereitung auf die Partei.

Die LINKEN haben oft das Gefühl, von anderen schlecht gemacht zu werden. Ständig fühlen sie sich von der »bürgerlichen Presse« in die Ecke gedrängt, übergangen oder ungerecht behandelt. Journalisten, die nicht für das *Neue Deutschland* oder den *Freitag* arbeiten, nennen sie »Feinde«, »BND-Agenten« oder »Lohnschreiber der Konzerne«. Gregor Gysi hat mal gesagt: »Es gibt, abgesehen von anderthalb Zeitungen, keine Chefredakteure, die uns stärken wollen.« Klaus Ernst hat es lustiger ausgedrückt: »Wenn ich mit Gesine Lötzsch über den Starnberger See gehen würde wie Jesus Christus, und wir würden nicht ertrinken, dann würde die Presse nicht schreiben, dass bei der LINKEN ein Wunder geschehen ist, dann würde sie schreiben, dass wir beide nicht schwimmen können.«

Ich bin Journalist beim *Süddeutsche Zeitung Magazin.* Auf meinem Schreibtisch landen jeden Tag Zeitungen und Magazine aus aller Welt, ich sitze sozusagen an der Quelle. Trotzdem wollte ich vermeiden, einseitig informiert zu werden oder einer tendenziösen Berichterstattung zum Opfer zu fallen. Ich fing also an, nicht nur den *Spiegel* (den Oskar Lafontaine mal als »Gehässigkeitsmagazin« bezeichnet hat), die *Zeit*, die *Bunte*, den *New Yorker* und *Monocle* zu lesen, sondern holte mir am Kiosk auch die *taz*, das *Neue Deutschland* und die *Junge Welt*, Zeitungen, die ich normalerweise nicht mal wahrnehme. Abends in der Badewanne hörte ich *Radio Lora*, ein Münchner Bürgerradio, das mit Sendungen, die »Club Latino«, »Ökomagazin Rainbow« oder »Arbeit. Brotzeit. Freizeit« heißen, gegen »Stammtischparolen, postmoderne Beliebigkeit und Fundamentalismen aller Art« kämpft. Sämtliche Redakteure und Autoren arbeiten ehrenamtlich, Werbung gibt es, aber nicht für Audi oder Hugo Boss, sondern den Mieterbund. Die Beiträge interessierten mich gar nicht so, dafür waren die Moderatoren ein echter Gewinn. Im Gegensatz zu ihren Kollegen von *Bayern 3* konnten sie zwar nicht moderieren, redeten dafür aber nicht ununterbrochen übers Wetter, den Scheiß-Montagmorgen, den in vier, drei, zwei Stunden endlich erreichten Feierabend oder einen virtuellen Papierschredder, in dem Sekretärinnen die schlechte Laune ihres Chefs schreddern können. Es kam auch nicht alle 20 Minuten ein Lied von Nickelback oder Pink – es kam überhaupt keine Musik.

Nachdem ich mehrere Wochen Deutschlands linke Presse konsumiert hatte, fiel mir auf, was man als Medienmensch eigentlich weiß, aber ständig verdrängt, weil man sonst wahnsinnig werden würde. Mir fiel auf, wie wenig von der Welt man mitbekommt, obwohl man den ganzen Tag Nachrichten und Reportagen liest, wie klein der persönliche Wahrnehmungshorizont ist, wie erwartbar das eigene Leseverhalten. Ich habe mich immer für einen neugierigen Menschen gehalten, jetzt wurde mir die eigene trostlose Berechenbarkeit jeden Tag vor Augen geführt: Ich lese, was die anderen Medienmenschen lesen, ich höre die gleiche Musik, schaue die gleichen Filme, ich habe sogar die gleiche Küchenlampe. Abends sitzen wir in den gleichen Restaurants, essen Roastbeef oder Vitello Tonnato und reden, wenn nicht über Kollegen oder uns selbst, über die Guttenbergs, Harald Schmidt und Lady Gaga, den Neuen von Ole von Beust, die Hüften von Barbara Schöneberger, die hübschen Stühle von Konstantin Grcic oder Vornamen für unsere Kinder, die wir demnächst bekommen wollen. Für ein Land wie Chile interessieren wir uns nur, wenn 33 Bergleute 700 Meter tief in einem Schacht verschüttet werden; unser Mitgefühl bedarf der Sensation, um in Gang gesetzt zu werden. Nie lese ich Artikel über Handelsabkommen zwischen der Europäischen Union und Namibia. Nie werde ich mit der Frage konfrontiert, ob der Bolivarismus von Hugo Chávez gut oder schlecht für Lateinamerika ist. Meine Individualität ist eine Scheinindividualität. Ich bin langweilig, fremdgesteuert und konventionell. Ich weiß, in welchem Hotel man auf Elba wohnen und wo man in Marrakesch essen gehen sollte. Ich weiß, dass ein Gin Tonic mit *Bombay Sapphire* besser schmeckt als mit *Gordon's*, aber mein Geschmack ist eine einzige Täuschung, mein Weltbild ein gedankenloses Plagiat, mein Leben ein komplexes, aber ziemlich leicht durchschaubares System aus Erziehung, Sozialisierung, Moden, Trends, Codes und Distinktionsversuchen.

Das Leben ist aufregender als eine Zeitung und viel aufregender als das Fernsehprogramm, das auf allen Kanälen das Gleiche sendet, nur auf unterschiedlich schlechtem Niveau. Wer sich von den Meinungstornados mitreißen lässt, kann für ein, zwei Wochen mitreden bei Kachelmann und Katzenberger, Franzen, Raddatz und Hegemann, immer bis zur nächsten Mini-Sensation. Irgendwann merkt man nicht mehr, dass man eingeschlossen ist in einem Labyrinth aus Pseudo-Wichtigkeiten, in dem alle herumirren und sich gegenseitig auf die Schulter klopfen. Niemand stellt die eigene Bedeutsamkeit in Frage, nie wird man auf eine neue Perspektive oder ein Thema abseits der Medienhysterie gestoßen – eine deprimierende Erfahrung, obwohl ich sicher bin, dass es umgekehrt genauso ist, dass also auch meine Genossen keinen Schimmer davon haben, was jenseits ihrer linken Weltwahrnehmung passiert. Wir schwimmen alle im eigenen Saft. LINKE lesen das *Neue Deutschland*, Erdkunde-Lehrer die *Süddeutsche Zeitung*, Vorstände die *FAZ*, und alle zusammen lesen wir im Reiseteil vor allem Texte über *die* Länder, in denen wir schon waren. Wir sind nicht neugierig, wir sind eitel. Wir wollen nichts erleben, wir wollen davon erzählen.

Und jetzt las ich auf einmal jeden Morgen Dinge, die in den anderen Zeitungen nicht standen. Was jeder Journalist weiß, zeigte sich mir in erschreckender Deutlichkeit: Es existiert eine unausgesprochene Bestsellerliste der Nachrichten. Die einen interessieren die Menschen, deshalb stehen sie oben, und weil sie ganz oben stehen, interessieren sie die Menschen. Die anderen, zumeist Meldungen aus Lateinamerika oder Afrika, interessieren niemanden. In Deutschlands Nachrichtenredaktionen gibt es einen Satz, den jeder kennt, aber keiner laut sagt: »Afrika liest kein Mensch.«

Ich besorgte mir ein Heftchen mit den »Programmatischen Eckpunkten« der Linkspartei und jede Menge Broschüren: Krieg in Afghanistan, Hartz IV, Mindestlohn, Rente, Studiengebühren. Ich las quer, Marx, Lenin, Bloch, Parteigeschichte, Bücher, die in den letzten Jahren zur LINKEN erschienen waren. Ich studierte die Homepage der Bundespartei, des Landes- und des Kreisverbands. Ich arbeitete mich durch die Satzung, denn dort lagen meine Schwächen:

Wie ist die Partei gegliedert? Wie viele Ortsverbände gibt es im Kreisverband? Wie viele Kreisverbände im Landesverband? Wer hat den Vorsitz in München? Sitzen Mitglieder der

LINKEN im Münchner Stadtrat, und wenn ja, wie viele und wofür setzen sie sich ein? Ehrlich gesagt wusste ich nicht mal, wie man in eine Partei eintritt. Genügt ein Brief? Eine E-Mail? Oder muss ich persönlich vorbeikommen? Je ernster ich meinen Parteieintritt vorbereitete, desto mehr schämte ich mich für meine Lücken. Ich hatte eine Lawine losgetreten, die mich raus aus dem Kokon der Bürgerlichkeit und rein in die soziale Realität unseres Landes schleuderte.

Theoretisch über Politik Bescheid zu wissen ist etwas ganz anderes, als in eine Partei einzutreten, erst recht, wenn sie so viel historischen Ballast wie die LINKE mit sich herumschleppt. Ich kann die Bundeskanzler seit Gründung der BRD aufzählen, ich kann in zwei Minuten die »Kopfpauschale« erläutern und kenne den Unterschied zwischen keynesianischer und neoliberaler Wirtschaftspolitik, aber Politik in ihrer komplizierten Mechanik und bürokratischen Struktur, Politik als Instrument, um 80 Millionen Menschen zu organisieren, davon hatte ich nicht die geringste Ahnung. Mein Halbwissen hatte ich mir aus Leitartikeln und *Anne Will* zusammengesammelt. Ich hatte mir alle Kenntnisse theoretisch erworben. Durch Lesen, nicht durch Handeln. Reden halten, Mehrheiten organisieren, Gegner überzeugen – das hatte ich noch nie gemacht. Meine praktische politische Erfahrung war gleich null.

Wie fast alle warf ich mit Versatzstücken um mich: »Merkel regiert nicht, sie reagiert«, »Die FDP ist eine Klientelpartei«, »Die Grünen werden auch immer langweiliger« – alles Sätze, die mal in der Zeitung gestanden hatten und so oft wiederholt worden waren, dass sie sich zu Tatsachen entwickelt hatten. Mit Freunden und Kollegen besprach ich politischen Klatsch. Ich machte mich lustig über die Englischkenntnisse von Guido Westerwelle (»Es ist Deutschland hier«) oder das Lieblingsessen von Kurt Beck (der schwartige Rüssel des Schweins), aber das macht Mario Barth auch. Was mir fehlte, war das Verständnis für finanzpolitische und volkswirtschaftliche Zusammenhänge, auch für Lokalpolitik hatte ich mich nie interessiert. Und was die LINKE angeht: Natürlich glaubte ich die Partei einschätzen zu können. Die LINKE eben: Marx und Engels, Systemwechsel, Umverteilung von oben nach unten, Millionärssteuer, weg mit Hartz IV. Kennt man ja alles. Aber was der genaue Unterschied zwischen marxistisch, kommunistisch, sozialistisch und trotzkistisch ist, das wusste ich eben nicht. Und für alle, die glauben es doch zu wissen: Ich meine den *genauen* Unterschied, bei Wikipedia nachlesen kann ich auch.

Ich stieß überall auf Wissenslücken, die ich füllen wollte. Und je mehr ich füllte, desto mehr neue Löcher rissen auf. Ich las, recherchierte, lernte und verstand doch immer weniger. Mein Wunsch, Politik nicht zu konsumieren, sondern zu durchdringen, nein, zu machen, verstärkte den Wunsch, vorübergehend links zu werden. Auf einmal interessierte mich ganz heftig: die Realität. Und nicht die in Berlin-Mitte, sondern die im Stadtteil nebenan, und nicht meine eigene, sondern die der anderen. Ständig reisen wir in die Ferne, nach Thailand oder Argentinien, dabei gibt es im Münchner Stadtteil Hasenbergl, vielleicht schon in Untergiesing, mehr zu entdecken als im Resort-Hotel in Bangkok.

Es ist Herbst 2008 – in wenigen Tagen wird *Lehmann Brothers* pleite gehen –, als der Mann in die Stadt kommt, der bereits vor zehn Jahren prophezeit hat, dass die Strategie der Investmentbanken eines Tages gegen die Wand fahren wird: Oskar Lafontaine. Im Münchner DGB-Haus spricht er über die Lage der Nation, die Krise und das Versagen der anderen Parteien. Bayern befindet sich im Wahlkampf. Ministerpräsident Günther Beckstein sagt laut, dass man nach zwei Maß Bier problemlos Auto fahren könne, ansonsten ist die Stimmung eher angespannt und ernst: Die CSU droht die absolute Mehrheit zu verlieren, die LINKE hat die Chance, in den bayerischen Landtag einzuziehen. Zum ersten Mal seit Jahrzehnten liegt vor einer bayerischen Landtagswahl so etwas wie Spannung in der Luft.

Was weiß ich von Oskar Lafontaine?

Er ist ein Jahr älter als mein Vater, vor zwanzig Jahren hat ihm eine Verrückte mit Namen Adelheid ein Messer in den Hals gestochen. Er war jüngster Oberbürgermeister der Bundesrepublik, eine halbe Ewigkeit Ministerpräsident im Saarland, SPD-Vorsitzender und Finanzminister. Bereits Ende der Neunziger forderte er eine strengere Regulierung der Finanzmärkte, aber keiner hörte ihm zu, weshalb er den Job von einem Tag auf den anderen hinschmiss. Reporter belagerten damals sein Haus in Saarbrücken, als Lafontaine mit seinem kleinen Sohn auf den Schultern auf den Balkon trat. Er wollte zeigen, dass er über Nacht zum Privatmann geworden war, wirkte da oben aber königlicher als je zuvor: Der Monarch des Saarlandes zeigte sich seinem Volk, aber nur ganz kurz, dann verschwand er wieder in seinen Privatgemächern. Die Inszenierung funktionierte nicht lange: Lafontaine schaffte den Absprung von der Macht nicht, kehrte nach sechsjähriger Pause zurück aufs politische Parkett, trat der WASG bei und versprach zu kandidieren, wenn sie gemeinsam mit der PDS zur Bundestagswahl antrete. Seit ihrer Gründung im Jahr 2007 führt er die LINKE, um seiner alten SPD vor Augen zu führen, was aus ihr geworden war – eine sozialdemokratische Partei, die so weit in die Mitte gerückt war, dass sie eine AG Sozialdemokratie nötig hatte. Seitdem inszeniert sich Lafontaine als Mischung aus Robin Hood und Dirty Harry, als Außenseiter, Besserwisser, Stimme der schweigenden Mehrheit. Egal, was er sagt, immer behauptet er, die Mehrzahl der Menschen sähe es genauso.

Das Einzige, was der SPD zu Lafontaine einfällt, ist der Vorwurf des Populismus. Das ist, als würde man einem Bundeskanzler Führungswillen vorwerfen. Politik im 21. Jahrhundert *ist* Populismus, ohne geht es nicht, die Sachfragen in den Ressorts sind so unentwirrbar miteinander verschränkt, dass die Wähler nicht mehr durchblicken und sich verlässlich für das Geschenk entscheiden, das hübscher verpackt ist, also die Politik, die sich besser anhört und zum nächsten Stichtag zwanzig Euro mehr in den Geldbeutel spült.

Seit der Wiedervereinigung 1990 war die Zahl der PDS-Mitglieder jedes Jahr zurückgegangen, von 280 882 im Jahr 1990 auf 60 000 im Jahr 2006. Seit der Gründung der LINKEN steigt die Mitgliederzahl wieder an, und zwar rasant. Oskar Lafontaine hat die Partei nicht gegründet, er hat sie erschaffen, indem er die ostdeutsche Regionalpartei PDS und das westdeutsche Protestsammelbecken WASG vereinte und so die Westausdehnung der PDS ermöglichte. Als Chef der LINKEN (seit seinem Rücktritt vom Parteivorsitz als heimlicher Chef) wirft er eine Frage nach der anderen auf und zwingt die anderen Parteien, Antworten zu finden. Mit der Gründung der Linkspartei war der König des Saarlands nach Deutschland zurückgekehrt, um Geschichte zu schreiben.

Ob er damals mutig oder feige gehandelt hat, ob er ein Retter oder ein Verräter der Sozialdemokratie ist, ein Moralist oder Opportunist, darüber habe ich oft nachgedacht, ohne zu einem Ergebnis zu kommen. Ich glaube, dass beides stimmt. Lafontaine hat mutig gehandelt, weil er eine Partei verlassen hat, mit deren Programm er sich nicht mehr identifizieren konnte. Er war aber auch feige, weil er als Parteivorsitzender die Chance gehabt hätte, für ein anderes Programm zu kämpfen. Das sehen nicht alle so. Ein Kollege der *SZ* hat mal geschrieben: »Oskar Lafontaine ging nach Hause und überließ das Land seinem Schicksal. Nur weil Gerhard Schröder so gemein zu ihm war.«

Als Vorsitzender der Linkspartei zieht er jetzt seit Wochen durchs Land und ruft, wie stolz er darauf sei, dass die LINKE die einzig *wirklich* linke Kraft in Deutschland sei. Da kommt es ihm natürlich gelegen, dass Finanzminister Peer Steinbrück die Pendlerpauschale gekürzt und die SPD weitere 1000 Soldaten zum potentiellen Sterben nach Afghanistan geschickt hat. In der Regierung rückt die SPD nach rechts und spielt der LINKEN einen Trumpf nach dem anderen in die Hände. Die hat den Vorteil, ihrer Lieblingsbeschäftigung nachgehen zu können, schlau daherzureden, ohne an Ergebnissen gemessen zu werden.

Ich war noch nie im DGB-Haus. Ich weiß nicht mal, wo es ist, und komme fünf Minuten zu spät. Im Saal sind an die 500 Menschen und ziemlich viele Hunde. An den Eingängen stehen Ordner. Man erkennt sie daran, dass ihnen jemand einen Streifen Klebeband um den Oberarm gewickelt und mit schwarzem Edding »Ordner« draufgeschrieben hat. Beim ersten Blick aufs Rednerpult geht es mir wie meistens, wenn man Menschen aus dem Fernsehen in der Realität sieht: Oskar Lafontaine sieht aus wie Oskar Lafontaine; kreisrundes Gesicht, kurzärmliges, hellblaues Hemd, keine Krawatte; während seiner einstündigen Rede changiert seine Gesichtsfarbe zwischen einem zarten Rosé und einem Dunkelrot mit Stich ins Blaue.

Ich wandere mit den Augen die Stuhlreihen entlang: Die Männer sehen verknittert aus, wie Theaterregisseure oder von *Spiegel TV* gecastet, die Frauen, alle zwischen 40 und 50, ordentlich, aber unauffällig gekleidet. Ganz normale Deutsche. Merkwürdig, denke ich, da sitzen sie also, die LINKEN, die Systemfeinde, Sektierer und Ewiggestrigen, die ich sonst nie zu Gesicht bekomme, weil sie in anderen Vierteln wohnen, in anderen Kneipen sitzen und in anderen Supermärkten einkaufen. Ich habe sie mir anders vorgestellt, irgendwie, na ja – linker. Auf der anderen Seite ist mir klar, dass nicht jeder ein Che Guevara-T-Shirt anhaben kann, schließlich läuft auch nicht jedes FDP-Mitglieder im hellblauen Button-down-Hemd mit gelber 40 Euro-Kaufhaus-Krawatte durch die Gegend. Ich habe mit dem Klischee gerechnet und bin von der Wirklichkeit überrascht worden.

Nach wenigen Minuten zeigt sich, dass sich mein Besuch gelohnt hat: Lafontaine schnürt ein perfektes Einsteigerpaket. Wie ein Terrier hechelt er durch seine Lieblingsthemen: Umverteilung von oben nach unten, soziale Gerechtigkeit, Reichensteuer, Abschaffung von Hartz IV, die Heuchelei der SPD: Schröder arbeite bei einer Gasfirma der Russen, Scharping für einen Hedgefonds. Deutschland habe den größten Niedriglohnsektor aller Industriestaaten. Die Löhne gingen wie auf einer Rutschbahn nach unten. Der Zeitgeist werde von den Mächtigen bestimmt und der Rest hechle hinterher, unmündig, ausgebeutet, wehrlos.

Ich überlege kurz, wie es in unserem Land aussähe, wenn der Zeitgeist von den Ohnmächtigen, Obdachlosen, Arbeitslosen und Schulabbrechern bestimmt würde, und kann nicht finden, dass es notwendigerweise besser für Deutschland wäre. Doch Lafontaine gibt mir wenig Gelegenheit, darüber nachzudenken, er redet, schmeichelt, schimpft und hetzt. Während der einstündigen Rede kommt ihm kein einziges »äh« über die Lippen. Er ist ein exzellenter Redner, der zweitbeste in Deutschland. Nur Gysi ist besser, bei dem kommt noch Humor dazu.

Inzwischen ist Lafontaine bei Goethe angekommen: »Niemand ist hoffnungsloser versklavt als der, der fälschlicherweise glaubt frei zu sein«, ruft er in den Saal. Alle nicken, sehen erst sich, dann ihre Nachbarn an. »Bin ich frei?«, scheinen sie sich zu fragen, »oder fühle ich mich nur frei?« Ein Moment wie im Gottesdienst, wenn sich die Christen zum Zeichen des Friedens die Hand reichen. Für ein, zwei Sekunden scheint alles stillzustehen. Auch ich überlege, ob ich mich frei fühle oder wie ein Sklave und welcher Zustand mich eigentlich glücklicher macht.

Freiheit – was für ein Wort! Lafontaine, der die LINKE führt wie ein SPD-Generalsekretär der alten Schule, benutzt es so oft, dass ich gar nicht anders kann, als mich darüber zu ärgern: Ausgerechnet er, der vor Jahren mal gesagt hat: »Brandt hat die SPD in Andeutungen regiert, während ich gesagt habe: Das machen wir jetzt so!«, dessen autoritärer, selbstherrlicher Führungsstil von vielen Genossen beklagt wird, spricht von Freiheit? Der Vorsitzende einer Partei, die für ein Höchstmaß an Staatsgläubigkeit steht, für eine verordnete Vollversorgung der Bürger? Und überhaupt – Freiheit, wie pathetisch das klingt. Freiheit, das ist für mich Französische Revolution, Schiller, Wagner, Beethoven, der Graf von Monte Christo, aber doch kein Wert, der im 21. Jahrhundert ernsthaft anzustreben ist. Wer ist denn schon frei, Herr Lafontaine? Und wollen wir es wirklich sein? Mit allen Konsequenzen? Das Wort wird so inflationär gebraucht, es bedarf längst einer neuen Definition, weil es jede Magie eingebüßt hat und nichts als Hohlheit ausstrahlt. Freiheit – das ist kein Alleinstellungsmerkmal. Freiheit wollen alle und jeder meint was anderes. Freiheit wollen die Grünen und die SPD, Freiheit will auch die FDP, die für den Wahlkampf die so genannte »Niebel-Fibel« herausgebracht hat, eine Art Einmaleins für Neu-Liberale mit dem Titel »Freiheit für Einsteiger«. Allein im Inhaltsverzeichnis steht der Begriff »Freiheit« neunmal. Ich bin wild entschlossen, mich von Lafontaines Wortgeschwurbel nicht beeindrucken zu lassen. Freiheit – pah!

Ich versuche Lafontaine weiter zu folgen und gleichzeitig gegen ihn anzuargumentieren, ohne Worte, nur für mich in meinem Kopf, so schnell will ich nicht in die Knie gehen vor seiner Argumentation, die natürlich beeindruckend klingt, weil er sie schon tausendmal abgespult hat. Freiheit und Gleichheit, Gleichheit und Freiheit, das sind die Begriffe, um die herum sich seine Rede aufbaut. Sie bilden das Grundgerüst seines Denkens. Dabei hat doch die Geschichte unseres Landes gezeigt, dass Freiheit und Gleichheit in einem dialektischen Verhältnis zueinander stehen. Ich bin kein Philosoph, aber ist es nicht so, dass die Freiheit schrumpft, wenn die Gleichheit wächst, und umgekehrt?

Im Staatssozialismus der DDR waren die Menschen gleich. Sie waren versorgt mit Arbeit und Pflege, für die Kinder war perfekt gesorgt, dafür waren sie unfrei, eingeschlossen, abgetrennt vom Rest der Welt. In der Bundesrepublik Deutschland mischte sich der Staat weniger in das Leben seiner Bürger ein. Die BRD war kein protektionistischer Staat, sondern schuf den Rahmen, innerhalb dessen die Menschen ihre Freiräume nutzen und gestalten konnten. Folge: Die Menschen entwickelten sich unterschiedlich. Sie konnten unterschiedlich gut mit der Freiheit umgehen, die der Staat ihnen zugestand, es gab Gewinner und Verlierer, die einen waren erfolgreich, die anderen blieben auf der Strecke. Die Menschen waren frei, aber nicht gleich. Freiheit und Gleichheit passen nicht zueinander. Freiheit und Sicherheit übrigens auch nicht. Wer Freiheit will, muss Unberechenbarkeit in Kauf nehmen – aber das scheint Lafontaine anders zu sehen.

Ohnehin ist er schon wieder ein Thema weiter; der alte Trick von Politikern, sie sprechen so schnell, dass man nicht hinterherkommt, das Gesagte zu hinterfragen. Er spricht frei, ganz selten wirft er einen Blick auf sein Manuskript. Jetzt schimpft er über Maria-Elisabeth Schaeffler, eine Frau, die aussieht, als wäre sie ausschließlich für die Salzburger Festspiele erschaffen worden: zwanzig Jahre jünger, als sie ist, blond, elegant, unnahbar, Seidentuch um den Hals, Dauerlächeln im Gesicht. Maria-Elisabeth Schaeffler ist zusammen mit ihrem Sohn Eigentümerin des gleichnamigen Konzerns. Gerade ist sie dabei, den dreimal so großen DAX-Konzern *Continental* zu übernehmen, wofür Oskar Lafontaine überhaupt kein Verständnis hat. Er hält den Übernahmeversuch für ein Zeichen maßloser Gier, aber noch viel weniger will ihm in den Kopf, wie eine Frau überhaupt die Möglichkeit haben kann, mal eben einen Milliardenkonzern zu kaufen als wäre es ein Pfund Strauchtomaten. So viel Geld kann und darf niemand haben, findet er.

»Wie kann es möglich sein«, schreit er in den Saal, »dass eine Frau zusammen mit ihrem Sohn ein Vermögen von 12 Milliarden Euro besitzt?«

Also ich halte das sehr wohl für möglich. Ich kenne die Geschichte des Schaeffler-Konzerns nicht, aber ich kann an einer Frau, die von ihrem Mann ein Unternehmen geerbt hat, nichts Skandalöses finden. Nicht einmal, wenn Deutschland Billionen von Schulden und mehr als sechs Millionen Hartz-IV-Empfänger hat. Das eine hat mit dem anderen nichts zu tun. Maria-Elisabeth Schaeffler hatte Glück, genau wie meine Kollegin, die neulich bei Günther Jauch eine halbe Million Euro gewonnen hat.

Es ist ja nicht so, dass Frau Schaeffler nichts von ihrem Reichtum zurückgibt. Sie ist – vom moralischen Standpunkt aus betrachtet – ein besserer Mensch als Franz Beckenbauer oder Michael Schumacher, die ihren Wohnsitz ins steuergünstige Ausland verlegt haben. Komischerweise werden die von den Deutschen nicht mit Hass, sondern Autogrammwünschen überschüttet. Maria-Elisabeth Schaeffler hat ihren Wohnsitz in Deutschland und zahlt bestimmt jedes Jahr viele Millionen

Euro in den deutschen Sozialstaat ein. Tausende von Hartz-IV-Empfängern leben von Geld, das früher Maria-Elisabeth Schaeffler gehört hat. Das macht sie nicht zur Heiligen, aber wenigstens hält sie sich an die Regeln. Wenn sie ein guter Mensch ist, spendet sie oder gründet eine wohltätige Stiftung, aber zwingen kann sie keiner dazu. Ich sehe die Sache eher umgekehrt: Maria-Elisabeth Schaeffler führt ein Unternehmen und sichert Arbeitsplätze. Weil es den Schaeffler-Konzern gibt, können 8000 Menschen jeden Morgen zur Arbeit fahren und Geld verdienen. 8000 Menschen haben ein Häuschen mit Garten oder eine Wohnung. Ich bin sicher, im Sommer fahren die meisten mit ihren Kindern ans Meer. Vielleicht bekommen sie in den Tagen vor Weihnachten einen Bonus, damit sie Geschenke kaufen und unter den Baum legen können. Sie hatten weniger Glück als Frau Schaeffler, aber Pech hatten sie auch nicht. Sie haben die relativ große Chance, ein zufriedenes Leben zu führen, ein Leben ohne langweilige Meetings, verlogene Dinner-Einladungen und die Verantwortung für Tausende von Arbeitsplätzen und Milliarden von Euro, ein Leben, das nicht notwendigerweise unglücklicher sein muss als das ihrer Chefin.

Die LINKE redet von Gleichheit, aber die Menschen sind nicht gleich: Die einen sind Macher, Unternehmer, Visionäre, Menschen, die nicht stillsitzen können, die keine Langeweile, keinen Leerlauf kennen, die experimentieren, auf die Schnauze fallen, wieder aufstehen oder liegen bleiben. Die anderen lieben Sicherheit. Sie sind passiv, vorsichtig und erleichtert, wenn sie in der zweiten Reihe stehen und die Verantwortung abgeben können. Beide sind gleich wertvoll, auch gleichberechtigt, aber nicht gleich.

»Reichtum für alle« stand vor der Bundestagswahl auf den Wahlplakaten der LINKEN. Natürlich – Gregor Gysi hat das nachher klargestellt – war geistiger Reichtum gemeint, Bildung, Kultur, nicht einfach nur Geld, aber trotzdem: Ich wüsste gern, warum eigentlich alle reich werden wollen. Natürlich gibt es eine Grenze. Wer darunter fällt, muss unterstützt werden. Dafür gibt es den Sozialstaat. Aber sonst? Alle träumen vom Lottogewinn oder der Million bei Günther Jauch und überlegen sich, was sie damit anstellen würden, eine Weltreise oder Ferien für immer oder endlich ein eigenes, kleines Haus, ganz ehrlich, finde ich langweilig, kleinbürgerlich, verstehe ich nicht.

Das Glück wächst nicht mit jedem weiteren Euro. Setzt man die persönliche Zufriedenheit eines Menschen in Relation zu seinem Einkommen, entsteht eine Kurve, die erst ansteigt und dann abflacht. Wer viel Geld besitzt, hat Angst, es zu verlieren. Wer reich ist, muss sich um Vermögensanlage, Aktienindizes und Versicherungen kümmern. Beides hält ihn davon ab, das Leben, den Alltag zu genießen. Der Verdienst, ab dem die Glückskurve stagniert, ist erstaunlich niedrig. Er liegt bei einem monatlichen Nettoeinkommen von 2500 Euro. »Besitz macht nicht halb so glücklich wie Verlust unglücklich macht«, stand neulich auf dem Kalender, der bei meinem Bäcker an der Wand hängt.

Natürlich ist das so ziemlich das Gegenteil von dem, was die 500 Menschen um mich herum denken, aber ich bin ja noch nicht mal Parteimitglied und Lafontaine scheint das zu spüren:

»Gut«, sagt er, »nehmen wir also an, ein Unternehmer ist erfolgreich. Dagegen ist nichts zu sagen. Aber erfolgreich ist er doch nur, weil andere Menschen für ihn arbeiten.« Nicken im Publikum. So weit sind alle einverstanden. Sogar ich.

»Und wenn ein Unternehmer erfolgreich ist«, Lafontaine wird lauter, »reicht ihm eine Fertigungshalle nicht mehr aus. Er baut eine zweite. Er investiert.«

Man merkt, wie oft Lafontaine diese Geschichte schon erzählt hat, jedes Wort sitzt, jede Betonung. Seine Zuhörer hat er, nur ich zweifle noch. Er zieht die kleine Geschichte in die Länge, setzt Pausen, verzögert Pointen, bis auch der Letzte im Saal den letzten Cent dafür hergeben würde, den Schluss zu erfahren.

»Und diese zweite Halle«, ruft Lafontaine immer noch lauter werdend in den Saal, »gehört nicht nur dem Unternehmer, sondern auch seinen Arbeitern. Und warum?«

Lange, dramatische Pause.

»Weil sie durch ihrer Hände Arbeit erst möglich geworden ist.«

Applaus.

»Und deshalb ist die LINKE für die Mitarbeiterbeteiligung!«

Wieder Applaus. Langer, lauter Applaus. Die ersten trampeln mit den Füßen auf den Boden. Alle Anwesenden scheinen schon immer davon geträumt zu haben, ein Tausendstel einer Fertigungshalle zu besitzen.

Und dann kommt, was bei der LINKEN immer kommt, wenn sie von der argumentativen auf die populistische Ebene wechselt, wenn sie nicht mehr die Hirne, sondern die Herzen ihrer Wähler erreichen will: Bertolt Brecht.

»Sie alle kennen Brechts *Fragen eines lesenden Arbeiters*«, ruft Lafontaine in den Saal.

Kurz rechne ich mit einem kräftigen »Jaaaaa« wie bei einer Kindergruppe im Kasperletheater, aber das ist natürlich Unsinn. Niemand sagt etwas. Und Lafontaine zitiert:

»Wer baute das siebentorige Theben?«, heißt es da.

»In den Büchern stehen die Namen von Königen./Haben die Könige die Felsbrocken herbeigeschleppt?«

Und weiter:

»Der junge Alexander eroberte Indien./Er allein?/Caesar

schlug die Gallier./Hatte er nicht wenigstens einen Koch dabei?«

Jetzt hat er sie. Jetzt könnte er ihnen alles erzählen. Dabei hätte auch ein ausländischer Investor *Continental* kaufen und ein Drittel der Mitarbeiter auf die Straße setzen können, aber davon sagt er kein Wort. Ein paar Monate später wird gemeldet, dass Maria-Elisabeth Schaeffler im Zuge der *Continental*-Übernahme mehr als 90 Prozent ihres Vermögens verloren haben soll.

Ich muss an meinen Vater denken. Er war 35 Jahre lang Arzt und hatte eine eigene Praxis mit 12 Sprechstundengehilfinnen, die Blut abnahmen, Urinproben untersuchten und den Kindern nach einer Spritze Haribo-Bären in die Hand drückten. Hatten seine »Mädchen«, wie er sie nannte, je darauf bestanden, an der Praxis beteiligt zu werden? Ich kann mich nicht erinnern. Überhaupt »Mädchen« – darf man das sagen oder ist das herablassend und frauenfeindlich? Nach Lafontaines Logik hätte Jutta das Mikroskop und Tanja der Gynäkologie-Stuhl gehören müssen, aber ich bin mir sicher, dass keine einzige auch nur im Traum daran gedacht hat. Vielleicht waren sie zu hoffnungslos versklavt, ideologisch verblendet oder unreflektiert, um die schweren Ketten ihres Peinigers zu spüren? Aber auch ich bin noch nie auf den Gedanken gekommen, dass mir mein Schreibtisch in der Redaktion der *Süddeutschen* gehören könnte, was nicht nur daran liegt, dass er billig und hässlich ist.

War mein Vater, der Tag und Nacht gearbeitet hat, ein kapitalistischer, herzloser Ausbeuter? Mein Papa, der mit Ende 40 fast gestorben wäre, weil vor lauter Stress seine Herzarterien verstopft waren? Dem seine Mitarbeiterinnen 35 Jahre lang genauso am Herzen gelegen hatten wie seine Patienten?

Soweit ich mich erinnern kann, haben ihn die »Mädchen« verehrt. Sie haben ihm Gedichte geschrieben, Lieder gesungen und Fresskörbe geschenkt. Sie mochten ihn, weil er ein guter Chef war, der zuhörte, nie ausflippte und am Sonntag zu ihnen nach Hause kam, wenn eines ihrer Kinder Windpocken hatte. Nie im Leben hätte er einer gekündigt. Lieber hätte er Einbußen in Kauf genommen, davon bin ich überzeugt.

Ich glaube, alle waren glücklich, dass die Verteilung so war, wie sie war: ein Chef, der sagt, wo es langgeht, und 12 Arbeitnehmerinnen, die froh waren, keine Entscheidungen treffen zu müssen. Dafür waren sie nicht ausgebildet. Das wollten sie auch gar nicht. Die Praxis lief hervorragend, 35 Jahre lang, alle waren glücklich: mein Vater, seine 12 Mädchen und die Patienten. Kurz vor meinem Parteiaustritt im Sommer 2010 habe ich Sahra Wagenknecht mal gefragt, wie sie die Sache mit der Praxis sieht. Sie hörte sich meine Geschichte an, überlegte kurz, gestand mir zu, dass die Sache mit der Laborausstattung unpraktikabel sei und sagte: »Ich sehe da aber eine andere Möglichkeit.«

»Und welche?«, fragte ich.

»Dein Vater hätte jeder von ihnen mehr Geld geben können.«

Ich war enttäuscht. Mehr Geld – das war alles? Ein Tausender obendrauf, und alles ist gut? Das war das Ergebnis, wenn man 200 Jahre linke Philosophie und Weltanschauung, wenn man Marx und Lenin und Lafontaine in die Wirklichkeit übertrug? Ich verstand, was sie meinte. Jeder, der hilft, wird am Gewinn beteiligt, am Ende haben alle was davon, die Motivation wächst, das Zusammengehörigkeitsgefühl auch. Aber wo ist die Grenze? Soll er ihnen 10 Euro mehr im Monat geben? Oder 100? Oder 1000? Soll er jeder das gleiche geben? Oder den Fleißigen mehr als den weniger Fleißigen? Und wenn ja, wie viel mehr? 10? 100? 1000? Was, wenn die Praxis mal schlechter läuft? Fällt der Bonus dann aus?

Am Abend nach der Lafontaine-Rede spüre ich ausgerechnet im Fitness-Studio die ersten Einflüsse meiner Begegnung mit der LINKEN. Damit wir uns nicht falsch verstehen: Fitness-Studios sind die Hölle, ich verabscheue sie; die bunten Vitamindrinks, das Klirren der Hanteln, die House-Musik, die atmungsaktiven Klamotten, die drittklassigen Models, die eigentlich BWL studieren. Der Anblick Dutzender perfekt rasierter Schambereiche im Saunabereich führt jedes Mal dazu, dass ich mich auf der Stelle deprimiert fühle, aber mir bleibt nichts anderes übrig: Yoga-Studios finde ich noch schlimmer, ein *personal trainer* wäre prätentiös (und natürlich viel zu teuer), und mein Rücken kennt kein Pardon, ich hatte schon drei Bandscheibenvorfälle: »Sie müssen was für Ihren Rücken tun«, sagt mein Physiotherapeut, »sonst sind Sie in ein paar Jahren ein Wrack.«

Als ich also drei Stunden, nachdem ich das DGB-Haus verlassen habe, in meinem Fitness-Studio unter der Dusche stehe, neben mir ein kleiner Mann mit Delfintattoo auf dem Arsch, finde ich es zum ersten Mal schwer bedenklich, dass die (ich glaube) rumänische Putzfrau diese zwei grünen Delfine – einer pro Arschbacke – anschauen und gleichzeitig auf Knien und mit Plastikhandschuhen unsere Haare aus dem Abfluss fischen muss. Beim Verlassen der Dusche nicke ich ihr zu, sage »Danke« und »Tschüs« und lächle vorsichtig. Sie ist so verdutzt, dass sie nicht mal reagiert.

4. »Willkommen im Club«

Erst trete ich ein, dann haue ich ab

Noch eine Stunde, dann darf ich sie alle beim Vornamen nennen, dann darf ich Gregor und Oskar, Sahra und Klaus zu ihnen sagen und nicht mehr Herr Lafontaine, Herr Gysi, Frau Wagenknecht. Noch eine Stunde, dann bin ich zum ersten Mal im Leben in einer Partei. Es ist Dezember 2008, unser Staat pumpt 102 Milliarden in eine Bank namens Hypo Real Estate, die noch vor kurzem kein Mensch kannte. Das Wörtchen »Banker« entwickelt sich von einer neutralen Berufsbezeichnung zu einem Schimpfwort. Früher hieß es »Du Opfer«, wenn sich Jugendliche in der U-Bahn beschimpften, seit einigen Wochen sagen sie »Du Banker«. Ich frage mich, was als Nächstes kommt, »Du Christ«, »Du Politiker«?

Es ist Freitagvormittag, am Abend fliege ich mit Freunden nach New York. Vorweihnachtsstimmung, Galerien in Chelsea durchschauen, ein paar Geschenke kaufen, Freunde von früher treffen: Sharon, die als Psychoanalytikerin in Manhattan arbeitet, und Kristina, die in der 11. Klasse für ein Jahr auf eine Highschool an die Ostküste wechselte und einfach nicht mehr zurückkam. Wahrscheinlich habe ich mit dem Parteieintritt unbewusst bis zum Tag meines Abflugs gewartet. Die Aussicht, wenige Stunden danach über dem Atlantik meine Schlafbrille und meine Kopfhörer aufzusetzen, eine Tranxilium zu schlucken, Händels Klaviersuiten zu lauschen und zu spüren, wie mich beides, die Musik und die Tablette, allmählich ruhig und schläfrig werden lassen – diese Aussicht machte es leichter, zum Parteibüro zu fahren und den Klingelknopf zu drücken. Aber noch sind wir nicht so weit.

Noch stehe ich vor meinem Kleiderschrank und überlege, was ich anziehen soll. Nicht für die Reise, das kommt später, sondern für meinen Parteieintritt. Ich darf nicht zu elegant, aber auch nicht zu nachlässig gekleidet sein, das machen nur Adelige und Obdachlose. Also kein Anzug, Krawatte schon gar nicht, auf keinen Fall eine geflickte Jeans, das wäre der größte Fehler überhaupt. Lieber was Unauffälliges, ein Outfit, das nichts über mich verrät, über meine Gesinnung, meinen Kontostand und schon gar nicht über meinen Plan. Nach einigem Hin und Her entscheide ich mich für eine dunkelblaue Levi's, einen grauen Kapuzenpullover und Turnschuhe von Adidas.

Das Büro des bayerischen Landesverbands der Linkspartei liegt in der Schwanthalerstraße 91. Das Kreisbüro liegt ein paar Häuser weiter, Hausnummer 139, gegenüber von einem Döner-Laden. Ein Freund von mir hat sein Atelier ums Eck. Beide liegen im Münchner Stadtteil Westend, das seit zwei Jahren extrem im Kommen ist. Niedrige Mieten, junge Menschen, Studenten, Migranten. Wer in München Gentrifizierung erleben will, muss einen Spaziergang durchs Westend machen: asphaltierte Basketballplätze, Boutiquen von Jung-Designern, die den ganzen Tag allein im Laden stehen, türkische und arabische Imbissläden, mittelerfolgreiche Künstler, Rentner und Kreative, die ungern in München leben, weil die Stadt so wenig Brüche hat, aber den Absprung nicht schaffen. Ein sympathisches Viertel, unbayerisch, international, oder vielleicht doch bayerisch, aber ohne Klischees, eher im Sinne von »leben und leben lassen«, auf jeden Fall eine lässige und moderne Umgebung, ideal für eine Partei, die sich am Puls der Zeit fühlen will.

Die CSU residiert in einem Bürogebäude in der Nymphenburger Straße, das so alt und traurig aussieht, dass jeden Moment Franz-Josef Strauß in einem 70er-Jahre-Anzug herauskommen könnte; die FDP am Rindermarkt, zentral, nicht weit vom Marienplatz, dafür über einer stinkenden Subway-Filiale, die SPD ein paar Meter weiter am Oberanger, alles ziemlich konventionell, unglamourös, normal.

Das Westend verschafft der LINKEN einen klaren Vorteil. Die Lage ist perfekt. In ein paar Jahren wird es das angesagteste Viertel Münchens sein. Gut möglich, dass sich dahinter was Symbolhaftes verbirgt: vielleicht, dass die Zeit der großen Volksparteien abgelaufen ist. Oder dass die Union sich zu behäbig modernisiert, oder dass die SPD auf der Strecke bleibt, weil sie sich nicht entscheiden kann, ob sie sich links oder in der Mitte positionieren will, oder dass das Parteiengefüge sich gerade nachhaltig verschiebt und die LINKE sich bereit macht, gemeinsam mit SPD und Grünen unsere Zukunft zu gestalten; eine Zukunft, die von Klimawandel, Finanzkrisen, Rohstoffmangel, Verteilungskämpfen und der Bevölkerungsexplosion geprägt sein wird. Noch sieht es nicht danach aus, noch umweht die Linkspartei eine Atmosphäre des Verstaubten und Hinterzimmerhaften, aber wer weiß, wie sich die Dinge entwickeln – Preußen war auch mal Weltmacht und Amerika ein Haufen Indianer.

Dazu kommt, dass einige Prinzipien der Linken, die früher als 68er-Kram verspottet wurden, Lifestyle-Accessoires der bürgerlichen Mitte geworden sind, zum Beispiel vegetarische Ernährung oder die Frauenbewegung: Fleischesser lebten bis vor kurzem einfach nur ungesund, seit ein paar Jahren sind sie verantwortungslos und von gestern. Jeder Mann, der öffentlich zugibt, dass seine Frau zuhause am Herd steht, gilt als reaktionär (und zwar bei den gleichen Menschen, die keine einzige

Folge der frauenverachtenden Fernsehserie *Mad Men* verpassen). Wer seinen Garten verwildern lässt, ist nicht faul, sondern modern. Und wer seinen Gästen Bergkäse und Schinken auf Holzbrettchen (die er bei *Manufactum* gekauft hat) serviert oder auf dem Küchentisch ein paar Maiglöckchen stehen hat, ist nicht rustikal oder provinziell, sondern schick und wahnsinnig weit vorn. Linke Traditionalismen haben sich zu urbanen Modernismen entwickelt.

Gegen die Wucherungen des Kapitalismus zu sein, gegen gierige Investmentbanker, frauenverachtende Unternehmenspolitik und Atomenergie – das alles ist längst Teil einer bourgeoisen Kultur, die in Stuttgart seit Monaten gegen den neuen Bahnhof kämpft. Das Bürgertum hat unter dem Deckmantel der politischen Korrektheit viele Themen von der linksalternativen Bewegung übernommen. Seitdem Bio-Lehrer den zivilen Ungehorsam für sich entdeckt haben und Familienväter von Polizisten blutig geschlagen werden, muss die LINKE – um ihr Profil nicht einzubüßen – erst recht die Systemfrage stellen und radikaler werden als vielen Genossen lieb ist. Es muss so aussehen, als würden, die anderen nur reparieren, während die LINKE als einzige »nicht neoliberale Partei« das Übel an der Wurzel packen und herausreißen möchte. Traditionelle Klischees sind durcheinandergeraten: Investmentbanker tanken im sozialistischen Kibbuz neue Energie, sicher gibt es längst CSU-Mitglieder, die kein Fleisch essen und Neonazis mit kleinem ökologischen Fußabdruck.

Schwanthaler Straße 91, ein graues Bürohaus, die LINKE sitzt im 2. Stock. Ich drücke die Klingel, nach ein paar Sekunden öffnet ein Mann um die 30, Glatze, Koteletten, Motörhead-T-Shirt: »Hallo«, sagt er, »ich bin Fritz, der Landesgeschäftsführer.«

Fritz also. Ich hatte befürchtet, dass mir so ein Fritz die

Tür öffnen würde, nicht weil er unsympathisch, sondern im Gegenteil, weil er ganz nett wirkt, zumindest in den ersten drei Sekunden. Er bittet mich herein, ich schaue mich um: Resopal-Tische, Kisten und Kartons, Flugblätter, Broschüren und Plakate. Es riecht nach Papier.

»Was kann ich für dich tun?«, fragt Fritz.

»Ich würde gern eintreten«, sage ich unsicher, weil ich nicht weiß, ob ich die richtige Formulierung verwendet habe. Hätte ich besser »Mitglied werden« sagen sollen? Zweifel befallen mich. Habe ich mich gut genug vorbereitet? Ich spüre, wie absurd es ist, dass ausgerechnet ich in ausgerechnet diese Partei eintrete. Sicher wird Fritz mich gleich fragen, wie viel Erfahrung ich in politischer Arbeit habe. Ob ich Mitglied bei Greenpeace oder Attac bin und mich eher für Sozial-, Wirtschafts- oder Friedenspolitik interessiere. Was, wenn er wissen will, ob ich vorhabe, eher ein passives oder ein aktives Mitglied zu sein, ob ich lieber im Hintergrund agieren oder Infostände betreuen, Wahlkampf machen und aufs Podium steigen möchte? Was, wenn er versucht, Positionen aus mir herauszukitzeln? Wenn er nachbohrt, ob ich gemäßigt oder radikal bin, für oder gegen eine Regierungsbeteiligung?

Natürlich habe ich mich vorbereitet, aber es ist wie beim Abitur, den Stoff hat man drauf, die Frage ist, ob man ihn auf Knopfdruck abrufen kann. Abgesehen von den inhaltlichen Fragen habe ich Angst, dass Fritz mir in die Seele (oder auf das Etikett meines Kapuzenpullovers) blickt, mich ansieht und sagt: »Ab nach Hause, Junge, hier hast du nichts verloren!«

Aber Fritz stellt keine Fragen, er wirkt interessiert, ohne mich zu bedrängen, und freut sich, dass ich gekommen bin; anscheinend kommen nicht jeden Freitagvormittag Interessenten ins Parteibüro. Ich komme mir wie eine willkommene Abwechslung vor; Fritz gerät ins Plaudern und erzählt mir, dass er nur in München gelandet ist, weil er von der Partei diesen Bürojob angeboten bekommen hat. Ich finde ihn schrullig, irgendwie ungewöhnlich, aber ich mag solche Menschen, am besten gefällt mir, dass er sich nicht anbiedert.

Nach fünf Minuten kommen Fritz und ich zum offiziellen Teil: Er drückt mir eine Eintrittserklärung und eine Einzugsermächtigung in die Hand, außerdem eine Tabelle, aus der ich ersehen kann, welchen Mitgliedsbeitrag ich monatlich zahlen soll. Ehrlich gesagt war mir nicht klar, dass sich mein Mitgliedsbeitrag aus dem Einkommen berechnen würde – ich habe auch gar nichts bei mir, keine Kontoauszüge, Bürgschaften oder so –, aber Fritz, der meine Unsicherheit zu bemerken scheint, erweist sich als aufmerksamer Gentleman und rettet mich: »Du musst hier nichts vorlegen«, sagt er, »kreuz einfach an, läuft auf Vertrauensbasis.«

Ich verstehe. Jeder muss mit sich selbst ausmachen, ob er ehrlich zu der Partei ist. Ziemlich naiv, finde ich, selbst für die LINKE, die stärker als andere Parteien von der Hoffnung ausgeht, dass der Mensch gut ist. Auf der anderen Seite: Wie angenehm. Ich habe die Wahl, ich kann die Wahrheit sagen, muss aber nicht.

Ich entscheide mich für Option Nummer zwei, weil der Monatsbeitrag ab einem gewissen Verdienst gar nicht mal so niedrig ist und ich mir die Sache ja erst mal anschauen möchte. Ich will die Partei aber auch nicht übers Ohr hauen, dafür bin ich zu ehrlich, also studiere ich die Tabelle noch mal gründlich:

Wer unter 400 Euro netto verdient, zahlt 1,50 Euro im Monat. Wer 2500 Euro verdient, zahlt 75 Euro. Ich liege drüber, aber weiter reicht die Tabelle nicht. Ich entscheide mich für einen Nettolohn zwischen 1700 und 1900 Euro, was einem monatlichen Mitgliedsbeitrag von 55 Euro entspricht. Ich kreuze das entsprechende Kästchen an, fülle die Textkästen aus, Name,

Adresse, Kontonummer, zuletzt setze ich meine Unterschrift drunter und denke, dass alles vorbei ist, ist es aber nicht, weil Fritz mir ein weiteres Formular unter die Nase hält: Mitgliedsbeitrag für die Europäische Linke (EL).

Seit 2004 sind 15 linke Parteien in Europa unter einem Dachverband organisiert, der so genannten Europäischen Linken; ihr Vorsitzender heißt Lothar Bisky. »Mindestens 6 Euro im Jahr«, sagt Fritz, ansonsten sei es mir überlassen, welchen Beitrag ich zahlen möchte. Ich entscheide mich für 10 Euro. Nicht viel, ich weiß, aber wenn man bedenkt, dass mein Geld unter anderem die estnische Linkspartei unterstützt, versteht man mich vielleicht. Fritz nickt, er scheint einverstanden. Und eigentlich sind wir jetzt fertig. Mehr gibt es nicht zu sagen. Er bringt mich zur Tür und ich strecke die Hand aus, als ich aus dem Augenwinkel einen gütigen Ausdruck auf seinem Gesicht bemerke und mir noch denke: Sag es nicht, sag es bitte nicht, aber da haben die Worte seinen Mund schon verlassen: »Willkommen im Club«, sagt er. Er ist jetzt mein Genosse. Ich bin das 524. Mitglied der Linkspartei im Kreisverband München.

5. »Schau mal, der Dicke mit der Brille ist unser Bundeskanzler«

Wie ich Helmut Kohl die Hand schüttelte und nichts dabei empfand

Ich bin reich. Steht zumindest im Armuts- und Reichtumsbericht der Bundesregierung. Reich ist, wer im Monat mehr als 3418 Euro netto zur Verfügung hat; meistens schaffe ich das, je nachdem wie viel ich mir zu meiner Pauschale bei der *Süddeutschen* dazu verdiene, trotzdem gondle ich nicht auf einer Yacht durchs Mittelmeer, war erst einmal auf Sylt und bin nur in Ausnahmefällen in Clubs, in denen Champagner und Erdbeeren gereicht werden – ich arbeite, ich muss arbeiten. Natürlich ist mir ein Cashmere-Pullover lieber als einer aus Merino-Wolle, trotzdem bin ich nur ein bisschen dekadent und überhaupt nicht verantwortungslos oder unpolitisch. Auf seinen Konservatismus angesprochen, hat Brian Ferry mal gesagt: »Ich leide in meinem Verstand und in meiner Seele. Was nicht bedeuten muss, dass ich mir ohne Not ein schlechtes Frühstück zumute.« Besser könnte ich es nicht ausdrücken.

Meine Eltern sind nicht links und nicht rechts, sie sind vernünftig, das mag ich sehr an ihnen. Als ich meinem Vater erzählte, dass ich in die LINKE eingetreten bin, hat er gelacht. »Du?«, fragte er in einem Tonfall, der größtes Amüsement ausdrückte. »In die LINKE?« – »Na, da bin ich mal gespannt. Du hast dich doch noch nie für was engagiert außer für dich selbst.«

Er hat es nicht böse gemeint, aber er kennt mich. Ich war

nicht bei der Bundeswehr, ich habe keinen Zivildienst geleistet, ich wollte nie Klassensprecher und auf keinen Fall SMV-Sprecher werden. Menschenansammlungen und Vereine machen mich nervös. Menschen in Funktionen sind mir suspekt. Nie im Leben hätte ich einen Text für die Schülerzeitung geschrieben. Das haben nur Typen gemacht, die heute unsere Klassentreffen organisieren, weil sie so gern an früher denken und der Meinung sind, dass die Schulzeit die schönste und verrückteste ihres Lebens war.

Meine Jugend war unideologisch und sorglos. Ich weiß noch, wie verwirrt ich war, als ich zum ersten Mal einen Schulfreund besuchte, der mit seinen Eltern in einer 75-Quadratmeter-Mietwohnung lebte. Ich war verwöhnt, ein Söhnchen, das in den Ferien im Garten oder am See lag, während die anderen für 8,50 Mark Beton anmischten. Ich musste nicht abspülen, den Tisch abräumen oder den Müll raustragen. Ich musste auch nicht putzen. Das machte Frau Daschner, eine freundliche Frau mit Brille, die dreimal die Woche zu uns kam. Ich kann nichts dafür, aber der Gedanke, dass ein Staat für mich sorgen muss, ist mir fremd. Das liegt auch daran, dass nie einer für mich sorgen musste. Ich hatte Glück, in meiner Familie geht es allen gut, keiner ist arbeitslos, es gibt nicht mal jemanden, der in einer Gewerkschaft ist, die meisten sind selbstständig, gut situiert, viele Ärzte, ein paar Anwälte, mein Lieblingsonkel hat eine »Burger King«-Filiale am Bodensee.

Da fällt mir ein, dass ich doch mal Geld vom Staat genommen habe, nur sechs Monate lang, aber das reichte, um anschließend dem deutschen Sozialstaat bis heute skeptisch gegenüberzustehen: Ich war Ende 20 und hatte mein Studium sowie zwei Jahre Hamburger Journalistenschule hinter mir. Wir schrieben Bewerbungen, trafen Ressortleiter zum Mittagessen und führten die ersten Verhandlungen unseres Lebens.

Ich wollte in Hamburg bleiben, ein bisschen frei arbeiten, Spaß haben. Ich wohnte am Hafen und wurde jeden Morgen vom Nebelhorn einer der Tanker geweckt, die aus der ganzen Welt in Hamburg einliefen, mein Leben gefiel mir.

Meine Kollegen bewarben sich auf feste Stellen, manche suchten in der Zeitung nach einer Eigentumswohnung, als ich kurz vor unserer offiziellen Verabschiedung aus der Schule auf dem Gang ein Wort aufschnappte, das sich interessant anhörte: »Überbrückungsgeld«, eine Art Mini-Stipendium für angehende Selbstständige, von dem ich noch nie zuvor gehört hatte. Meine Kollegen hatten sich rechtzeitig informiert und seit Monaten auf den Zuschuss aus der Staatskasse spekuliert. Ich hatte kein gutes Gefühl bei der Sache, fast schämte ich mich, das Antragsformular auszufüllen, weil ich nicht das Gefühl hatte, etwas geleistet zu haben oder darauf angewiesen zu sein. Am Ende habe ich das Geld doch beantragt und war sechs Monate lang jedes Mal wieder überrascht, als alle vier Wochen 1000 Euro von irgendwoher auf mein Konto flossen.

Mit dem Interrailticket nach Amsterdam, einen Joint rauchen, ein Second-Hand-Sakko in Camden Town kaufen, auf einem Punk-Konzert Pogo tanzen – es gibt eine Phase im Leben, da fühlt sich fast jeder links, sogar der *Spiegel*-Redakteur Jan Fleischhauer. Der beschreibt in seinem Bestseller *Unter Linken*, wie er 15-jährig mit seiner Mutter darum gekämpft hat, nach Brokdorf fahren zu dürfen, um »den Atomstaat in die Knie zu zwingen«, und Bücher von Franz Fanon, den Theoretiker des antikolonialistischen Freiheitskampfes, gelesen hat. Heute geht er selten ohne Anzug und Einstecktuch aus dem Haus – eine Entwicklung, die ich absolut nachvollziehbar finde. Geht doch fast jedem so: Nach der ersten heimlichen Zigarette am Busbahnhof rebelliert man gegen Regeln, Konventionen, Eltern und die Kleinstadt, 20 Jahre später findet man alles gar nicht mehr so schlimm und kauft sich die Regenjacke bei Tchibo, weil sie praktisch und günstig zugleich ist. Mit 15 wütend, mit 40 vernünftig, das ist der Lauf der Welt.

Ich war nie links. Ich war erst mal 20 Jahre lang gar nichts. Links, rechts, für mich waren das Richtungen, keine politischen Haltungen. Ich bin 1975 geboren, Helmut Schmidt war seit einem Jahr Kanzler. Meine Eltern waren beide nach ihrem Studium zurück in die Heimat gezogen; ein Schritt, den ich nie ganz verstanden habe. Es ist schön dort, die Natur, der Bayerische Wald, viele Bäume, ein kleiner Fluss mit Mühlrad, aber aufregend und weltläufig ist was anderes. Trotzdem wollten sie es so. Heimatliebe? Nostalgie? Feigheit? Was weiß ich, auf jeden Fall blieb mir nichts anderes übrig, als in der bayerischen Provinz im Schatten des Eisernen Vorhangs aufzuwachsen: Roding, 10 000 Einwohner, CSU-Bürgermeister, zwei Eisdielen, ein Freibad mit Rutsche, 50 Kilometer östlich von Regensburg, 40 Kilometer westlich der tschechoslowakischen Grenze. Auf meiner Grundschule gab es einen Jungen aus Bolivien, der Rest kam aus Michelsneukirchen, Wetterfeld, Stamsried, Pösing oder Roding.

Der Übervater meiner Generation war Helmut Kohl. Als er an die Macht kam, war ich sieben, als er gestürzt wurde, 23. Während er Deutschland regierte, lernte ich lateinische Verben konjugieren, fing an Klavier zu spielen und hörte wieder auf, kam in den Stimmbruch, küsste Martina Schulze aus dem Freibad und versuchte, das erste Mal Sex zu haben. Ich machte den Führerschein, mein Abitur und begann zu studieren: 16 Jahre Kohl, das sind 192 Monate, eine lange Zeit – eigentlich ideal, um ein junges Leben zu prägen, doch genau das ließ ich nicht zu. Ich verehrte Kohl nicht, ich hasste ihn nicht, er interessierte mich nicht. Für mich war er der mächtige, große Mann aus dem Fernsehen, der immer dicker zu werden schien. Dabei bin ich ihm einmal ganz nah gekommen, ich muss zehn oder elf gewesen sein:

Auf dem Rückweg von einem Wochenendausflug an den Bodensee stoppten meine Eltern bei der barocken Wallfahrtskirche Birnau, als Polizeiautos vorfuhren und ein olivgrüner Hubschrauber auf der Wiese gegenüber landete. Das Gras bog sich, die Rotorblätter zauberten Muster auf die Wiese und standen noch nicht ganz still, als zwei Männer ausstiegen: Helmut Kohl, der dicke Mann aus dem Fernsehen, und François Mitterrand, damals Premierminister von Frankreich, was ich natürlich nicht wusste. Ihre Trenchcoats flatterten im Wind; ich war beeindruckt, vor allem vom Hubschrauber. Mein Vater erklärte mir, dass da gerade die zwei wichtigsten Männer Europas auf uns zukämen, der Dicke mit der Brille sei der Höchste von Deutschland, und ich solle doch ruhig hingehen und ihm die Hand schütteln. Genau das tat ich und wenige Sekunden später legte sich eine schmächtige Kinderhand in eine riesige, pfälzische Männerhand. Der Händedruck etablierte sich nicht als denkwürdiges Ereignis in meiner Erinnerung. Es war, nun ja, ein Händedruck. Heute glaube ich, dass ich dem Kanzler nicht aus Ehrfurcht die Hand gegeben habe, sondern um meinen Vater nicht zu kränken, der das Ganze als »Erlebnis« wahrnahm. Nach diesen 10 Minuten – Kohl und Mitterrand gingen in die Kirche und wir mussten draußen bleiben – interessierte mich der deutsche Kanzler 10 Jahre lang nicht mehr.

So scheint es nicht allen aus meiner Generation gegangen zu sein. Zu Kohls 80. Geburtstag las ich den Essay eines *Spiegel*-Redakteurs, der ein Jahr nach mir, also 1976, geboren worden war. Darin hieß es: »Auch ästhetisch waren die Kohl-Jahre problematisch. Ich hätte damals gern einen Kanzler gehabt, auf den ich stolz sein konnte, einen, der cool und lässig war, einen Mann, der Humor besaß oder wenigstens einen schicken Anzug. Die anderen hatten eine Eiserne Lady oder einen Hollywood-Schauspieler an der Spitze ihres Landes. Wir hatten den Mann mit der Strickjacke.« Der Redakteur tat mir leid. Was muss er für eine Kindheit gehabt haben? Hatte er mit 14 tatsächlich darunter gelitten, dass der Bundeskanzler eine Strickjacke trug?

Die Mauer fiel, ein Jahr später war Deutschland vereinigt, die DDR gab es nicht mehr. Beim Mauerfall war ich 14, bei der Wiedervereinigung 15 Jahre alt. Beide Ereignisse rauschten an mir vorbei, ich habe so gut wie keine Erinnerung daran. Ich sah im Fernsehen, wie die Menschen auf der Mauer tanzten, aber ich würde lügen, wenn ich behauptete, dass ich mich mit ihnen gefreut hätte. Auf einmal machten in der Schule alle Bananen-Witze, im Ort sah man viele Trabis, die meisten waren vollgestopft mit Elektrogeräten, manche hatten eine Waschmaschine aufs Dach geschnallt. Mir war bewusst, dass sich etwas Großes ereignet hatte; Deutschland war wieder ein Land, die Menschen mit den geometrisch gemusterten Pullovern und den langen Haaren im Nacken waren wieder frei, sie mussten nicht mehr auf eine Mauer und auf Stacheldraht schauen – und es war mir vollkommen egal. Ich glaube nicht, dass ich herzlos war, eher war ich unreif, kindlich und vor allem mit anderen Dingen beschäftigt: Musik, Freunde, Mädchen, Tennis, am See abhängen, Ferien und ab und zu Hausaufgaben. Politik hatte keinen Einfluss auf mein Leben, alles spielte sich ganz unmittelbar ab, in der Gegenwart, ohne auf etwas anderes oder Zukünftiges zu verweisen. Ich saß auf Kirschbäumen, verliebte mich, trank Bier, erst heimlich, dann offiziell, verreiste zum ersten Mal ohne meine Eltern; ich las keine Zeitung, kein Magazin, das Leben war aufregender, als darüber zu lesen, ich lebte ausschließlich im Hier und Jetzt, ohne Kontext, ohne Sinn für die Zeit, in die ich hineingeboren worden war. Ich machte genau das, wofür die Menschen in Berlin und New York heute viel Geld ausgeben: Ich dachte nicht an gestern, ich dachte nicht an morgen, ich atmete ein, ich atmete aus, ich war frei.

Als ich Mitte der neunziger Jahre mein Studium begann, konnte ich nicht länger verhindern, dass die Realität und mit ihr die Politik in mein Leben traten. Ich begann den *Spiegel* zu lesen und beschloss, unter dem Einfluss meiner Kommilitonen, die Grünen gut zu finden – bis Claudia Roth auftauchte. Ich habe nichts gegen Claudia Roth, ich finde sie nicht unsympathisch, aber kaum sehe ich sie in der Zeitung, entsteht vor meinem geistigen Auge der Hintergrund eines Kreuzberger Straßenfests oder eines Ich+Ich-Konzerts, ehrlich gesagt, es entsteht alles Mögliche, nur nicht die Umrisse des deutschen Parlaments. In einem Gremium, das Entscheidungen für das Land fällt, in dem ich lebe, hätte ich sie eher nicht so gern. Ist nur so ein Gefühl, aber es ist da.

Zugegeben, sie bringt Farbe in die deutsche Politiklandschaft, aber leider wegen ihrer Haare und Seidenschals, nicht wegen ihrer Ideen. Vor ein paar Jahren schlug sie vor, den Geburtstag Mohammeds als deutschen Feiertag einzuführen. Edmund Stoiber meinte damals, dass sie nicht mehr alle Nadeln an der grünen Tanne habe. Ich finde die Metapher weder geglückt noch lustig, aber in der Sache hatte er Recht.

Trotzdem finde ich Claudia Roth erfrischend. Sie erinnert mich an Momo, die voller Herz und Idealismus gegen die grauen Herren kämpft. Sie haut Fritz Kuhn spontan auf den Rücken, wenn sie sich freut, und lacht laut und scheppernd, auch ohne dass ein Fotograf sie dazu auffordert. Sie verströmt gute Laune, Unangepasstheit und Spontaneität, mit Sicherheit hat sie ein Herz, so groß wie das von Dirk Niebel und Markus Söder zusammen, aber reicht das?

Claudia Roth beweist, dass Politiker auch nur Menschen sind. Aber nur weil ein Politiker auch ein Mensch ist, ist er noch kein guter Mensch. Und schon gar kein guter Politiker: Nicht alles, was gut gemeint ist, ist auch gut. Nicht alles, was niemandem wehtut, ist gut für ein Land. Und nur weil jemand eine Sache mit Leidenschaft angeht, muss es keine gute Sache sein. Mein Freund Christian sagt immer: »Wenn Claudia Roth Kanzlerin wäre, würde sie – noch bevor sie den Hartz- IV-Satz erhöht – eine Sonderabgabe einführen, um die vom Aussterben bedrohten Schopfgibbons retten.« Ich finde, er übertreibt, aber ich weiß, was er meint.

Bei der Bundestagswahl 2005 habe ich Angela Merkel gewählt. Ich war nicht überzeugt, aber wollte ihr eine Chance geben. Vor allem konnte ich Schröder und Fischer nicht mehr ertragen. Dieses Machogehabe. Die Arroganz, die Selbstzufriedenheit. Die Jäckchen unter dem Sakko, der Rotwein, die Sprüche. Und diese Sprache, die den Zuhörer durch ihre aufreizende Langsamkeit desavouiert. Schröder und Fischer, für mich waren das zwei Paradelinke, die auf den Geschmack gekommen waren, zwei Revoluzzer, die beim Marsch durch die Institutionen oben angekommen waren und ein Bewusstsein für Macht und Statussymbole entwickelt hatten, mit dem nicht mal ihre Gegner von einst mithalten konnten. Beide haben seit ihrem Ausscheiden aus der Regierung nichts getan, um das Gegenteil zu beweisen. Schröder ist Vorsitzender des Aktionärsausschusses der europäisch-russischen *Nord Stream*, Fischer berät BMW, Siemens und *Nabucco,* ein Pipelineprojekt des Energiekonzerns RWE, der auf Braunkohle und Atomenergie setzt, zwei Energieträger, die er als Grüner jahrzehntelang bekämpft hat. Joschka Fischer und Atomenergie, so weit war es gekommen – ein paar Jahre zuvor war er noch auf einer Apfelsinenkiste gestanden, wenn er eine Rede gehalten hat.

Warum ich glaube, dass beide ein schlechtes Gewissen haben? Weil sie wie trotzige Buben reagieren, wenn sie von Journalisten darauf angesprochen werden. Fischer ist sogar richtig frech. Er behauptet, im Gegensatz zu Schröder wenigstens die politische Schamfrist eingehalten zu haben. Immerhin habe *er* 3 Jahre gewartet, bis er sich in einer Art Altersteilzeit vom früheren Feind bezahlen ließ, Schröder sei schon nach ein paar Monaten schwach geworden. Vielleicht bin ich naiv, aber Angela Merkel traue ich so eine Doppelmoral nicht zu (was natürlich auch daran liegen kann, dass sie so selten eine klare Position bezieht, dass sie kaum dagegen verstoßen kann).

Wenn Angela Merkel begeistert ist, zum Beispiel von einem Schweinsteiger-Tor, dann klatscht sie wie ein kleines Kind. Sie formt die Handflächen nicht wie ihre männlichen Kollegen zu Hohlräumen, damit es souverän und laut klingt, sondern patscht ihre Hände unbeholfen aufeinander, so dass ein helles, dünnes Geräusch entsteht. Wer so klatscht, dem ist es für einen Moment egal, was die anderen über einen denken, der ist für ein paar Sekunden ganz bei sich. In diesen Momenten mag ich Angela Merkel, weil sie rein und unschuldig wirkt und ich glaube, dass es dieser kindliche Charme ist, der sie als Außenpolitikerin so erfolgreich macht, weil sie mit ihm die Alphatiere Sarkozy, Berlusconi, Obama und Medwedew ein ums andere Mal um den Finger wickelt.

Abgesehen davon konnte ich Angela Merkel nie richtig fassen, als Mensch nicht und als Frau nicht, dafür war sie mir zu fremd, zu karg, zu protestantisch. Aber gravierende Charakterschwächen schien sie nicht zu haben. Raffinesse ja, Machtbewusstsein auch, aber ohne sollte man nicht versuchen, ein Land zu führen. Als Mutter hätte ich sie nicht so gern, zu viel

Physik, zu rational, zu kühl, zu weit weg irgendwie, als Lehrerin, die man aus der Distanz respektieren kann, schon eher. Eine, die weiß, wovon sie spricht, und sich nicht mit ihren Schülern gemein macht, aber manchmal, wenn sie lächelt, von einer Sekunde auf die andere extrem liebenswürdig sein kann. Eine, die das ganze Jahr über streng ist und am letzten Tag vor den Ferien Pizza für alle bestellt. Das fand ich eine gute Voraussetzung, um sie zur Kanzlerin zu machen. Sie verkörperte alles, was Schröder nicht hatte: Distanz, wenn schon nicht zur Macht, dann wenigstens zu sich selbst, vor allem aber Scharfsinn und Bescheidenheit. Als sie es geschafft hatte, mit miesen 35,2 Prozent für die Union, war ich nicht glücklich, aber neugierig.

2009 habe ich – diesmal nach langem Ringen – wieder Merkel gewählt. Eigentlich wäre ich gern umgeschwenkt, aber es gab keine Alternative. Einen Bundeskanzler Steinmeier konnte ich mir nicht vorstellen, zu seriös, zu konfliktscheu, zu ausgleichend; zwei Jahre später bin ich ziemlich ernüchtert. Was ich an Merkel so gemocht hatte, das Zögerliche, Nicht-Laute, hat sich zu ihrem Problem entwickelt. Sie ist so pragmatisch, dass man anfängt, sich nach einer Utopie zu sehnen. Sie ist konservativ, liberal und sozial, je nachdem was gerade politisch opportun ist. Ohne Idee moderiert sie von Panne zu Panne, von Pressemeldung zu Pressemeldung, von Reförmchen zu Reförmchen. Wenn ihre Berater sie davon überzeugen, dass es an der Zeit ist, Stärke zu zeigen, trifft sie Spontanentscheidungen, die manchmal aus Versehen richtig sind. Unterboten wird sie lediglich von ihrem Vizekanzler Guido Westerwelle, der es im ersten Jahr als Außenminister geschafft hat, vor lauter Eifer und Unsicherheit immer noch einen drunter zu setzen. Alle reden von der Mitte, alle streben in die Mitte, kein Wunder, dass so wenig vorangeht, dass ich mir in manchen Momenten Schröder zurückwünsche, berauscht von der Macht und sich selbst, aber staatsmännisch führend, vielleicht in die falsche Richtung, aber wenigstens irgendwohin.

Bei uns zuhause wurde wenig über Politik gesprochen, wir unterhielten uns über Liebeskummer, Ärger in der Schule, Bücher, Klaviermusik, Fußball, gute Noten, schlechte Noten oder Tante Eva, die in den Adel eingeheiratet hatte. Meine Eltern waren aufmerksam, liebevoll und engagiert, aber eher nach innen als nach außen. Die Familie kam immer zuerst. Die Gesellschaft – ich glaube, dieser Begriff war ihnen zu abstrakt, zu weit weg.

Meine Mutter ging auf ein Kloster-Internat, anschließend auf ein Musikkonservatorium. Sie spielte Klavier, Bratsche und Flöte; nach allem, was ich weiß, war sie ein schüchternes Mädchen. Das wenige Taschengeld, das sie bekam, gab sie für Schallplatten aus, Beethoven-Sinfonien, Mozart-Klavierkonzerte, Schubert-Lieder. Sie sparte eisern und freute sich so ehrlich über jede neue Aufnahme, dass sie noch heute zusammenzuckt, wenn ich in ihrer Sammlung blättere, um Musik aufzulegen. »Sei bitte vorsichtig«, sagt sie dann, »du weißt, was sie mir bedeuten.«

Sie heiratete meinen Vater, da war sie 19 Jahre alt, ein Jahr später traten nacheinander meine Schwester, ich, die Praxis meines Vaters und der Bau des ersten eigenen Hauses in ihr Leben. Der Alltag legte sich auf das Dasein meiner verträumten Mutter, anfangs gab sie noch Klavierstunden, irgendwann hörte sie auf, kochte, wusch die Wäsche, kaufte ein und verbrachte Zeit mit uns Kindern. 35 Jahre lang hat sie jeden Abend auf meinen Vater gewartet, oft war das Essen schon kalt, als er aus der Praxis kam, und sie musste es aufwärmen. 35 Jahre lang hielt sie meinem Vater den Rücken frei. Klavier spielt sie erst wieder, seitdem meine Schwester und ich aus dem Haus sind, aber lange nicht so leidenschaftlich wie früher. Bis heute sagt sie, dass sie nicht darunter leide, sich nicht verwirklicht zu haben. Ich glaube ihr, weiß aber auch, dass sie es am wenigsten beurteilen kann.

1968, als in Paris und Berlin die Studenten auf die Straße gingen, lernte mein Vater für sein medizinisches Staatsexamen. »Die 68er waren wichtig«, sagt er heute, »ihr Einsatz für eine offene Gesellschaft, ihr Kampf gegen das Schweigen und die bigotten, verkrusteten Strukturen, ihr Aufschrei gegen das kleinbürgerliche Establishment modernisierten das Land, trotzdem fehlte ihnen jeder politische Weitblick. Ihre Forderungen waren verständlich, aber nicht durchdacht. Ihr utopieberauschter Überschwang war sympathisch, aber kein Konzept für die Zukunft.«

Selbst wenn ich wollte, ich kann ihm nicht widersprechen, also ich fühle mich so frei, dass ich längst darunter leide: So viele Facebook-Freunde, so viele Salzsorten, Netzanbieter und Massagearten, die man buchen, kaufen, ausprobieren kann; ständig müssen wir uns entscheiden. Wir sind so überfordert, dass wir den Widerspruch, in dem wir leben, nicht mehr bemerken: Auf der einen Seite wollen wir uns von niemandem gängeln lassen und ungestört »unser Ding« machen, auf der anderen wünschen wir uns nichts sehnlicher, als dass Merkel, und wenn die es nicht kann, dann wenigstens Guttenberg, endlich sagt, wo es langgeht. Die unüberschaubare, komplizierte, globalisierte Gegenwart verwirrt uns so sehr, dass wir uns Günther Jauch als Bundespräsident vorstellen können. Wir wollen wissen, wie es weitergeht, mit dem Land, mit uns, mit unseren Kindern, und wollen es von Menschen erklärt bekommen, die wir für kompetenter halten als uns selbst.

Gleichzeitig ahnen wir, dass die 68er-Bewegung mit ihrem Ideal von antiautoritären Institutionen und Laissez-faire-Erziehung nicht *nur* Vorteile hatte. Zum Beispiel scheinen 40 Jahre Frauenbewegung das ehemals schwache Geschlecht nicht zufriedener gemacht zu haben – oder warum lese ich jeden zweiten Tag, dass Hunderttausende von Akademikerinnen die halbe Nacht auf Flirtbörsen im Internet verbringen, weil sie im echten Leben keinen Typen abkriegen. In seiner Studie »Deutschland auf der Couch« kommt der Sozialpsychologe Stephan Grünewald zu dem Schluss, dass die »Deutschen sich ein visionäres Leitbild wünschen, eine Orientierung und Hierarchisierung«. Und wenn die Politik keine Orientierung mehr bietet, dann suchen wir sie woanders: In die Kirche gehen wir nicht, aber wenn ein Pater aussieht wie ein weiser Mann und ein Buch über den inneren und äußeren Frieden schreibt, dann kaufen wir es. Und wenn der Allzweckphilosoph Richard David Precht über irgendwas schreibt, dann kaufen wir es auch.

Wenn Konservative sich über Linke lustig machen, bemühen sie Klischees: lange, fettige Haare, dicke Joints, haarige Frauenachseln, Wohngemeinschaften, in denen jeder mit jedem vögelt. Wenn Linke sich über Konservative lustig machen, bemühen sie auch Klischees: Mutter Beimer, Friedrich Merz, Hausmusik, Trachtenjanker, Jägerzäune. Ich bin konservativ großgeworden, aber nicht spießig. Ich hatte viele Freiräume und konnte machen, was ich wollte. Meine Eltern schrieben mir nichts vor, sie gaben mir Ratschläge, und auch nur dann, wenn ich sie darum bat. Es gab einen weitgesteckten Rahmen, innerhalb dessen ich mich ausprobieren konnte. Bis heute weiß ich, es gibt einen Ort, an den ich, egal, was passiert, immer zurückkehren kann: das Haus meiner Eltern.

Im Gegensatz zu meiner Mutter ist mein Vater ein politischer Mensch. Er informiert sich, aber er mischt sich nicht ein, dafür hatte er 65 Jahre lang keine Zeit. Er hat jede Woche 80 Stunden gearbeitet, meistens waren es mehr. Wenn er um 20 oder 21 Uhr nach einem 13 Stunden-Tag aus der Praxis nach Hause kam, verbrachte er lieber Zeit mit seiner Frau und seinen Kindern als der *Tagesschau*. Mein Vater liebte seinen Beruf so sehr, dass er in ein großes schwarzes Loch fiel, als er ihn nicht mehr ausüben konnte. Für seine Patienten hatte er versucht, rund um die Uhr da zu sein. Wenn einer am Sonntag wegen 38 Grad Fieber anrief, besuchte er ihn, obwohl er selbst 39 Grad hatte. Regelmäßig fuhr er in irgendein Dorf, um einer 90-jährigen die Hand beim Sterben zu halten, oft mitten in der Nacht, bei Nebel und dichtem Schneetreiben. Manchmal war ich dabei. Es sind die wertvollsten Erinnerungen meiner Kindheit.

Politik war meinem Vater immer zu hemdsärmelig und unmanierlich. Er könnte nie einen Menschen offen angreifen, er würde auch nie nach Schwachstellen bei einem Gegenüber suchen. Er ist kein Machtmensch, er ist leise und immer auf der Suche nach einem Kompromiss. Er will, dass alle zufrieden sind. Wenn zwei sich streiten, wird er ganz nervös. Konflikte sind nichts für ihn. Das kann auch anstrengend sein.

»Papa, warum explodierst du nie?«, habe ich ihn mal gefragt. »Weil ich die *ataraxia* habe«, sagte er dann. *Ataraxia* ist altgriechisch und heißt so viel wie Gelassenheit. Mein Vater freut sich darüber, dass er immer noch Latein und Griechisch lesen und übersetzen kann. In fast jedem Brief, den er mir schreibt, bringt er irgendein Zitat aus der Antike unter, inzwischen Gott sei Dank ironisch, weil er weiß, dass ich es prätentiös finde. Der Mittelpunkt seines gesamten Denkens ist die Familie, das Weitergeben von Erinnerungen, Geschichten, Ritualen. In unserem Wohnzimmer stehen viele gerahmte Schwarzweißfotos, manche sind vergilbt: meine Großeltern, meine Urgroßeltern, Tanten und Onkel, Cousins und Cousinen. Erinnerungen. Bezüge zu einer vergangenen Welt. Für ihn ist die Familie ein

Bollwerk gegen die unsichere Welt. »Wie soll eine Gesellschaft besser, gerechter, menschlicher werden, wenn es in den Familien nicht stimmt«, sagt er. Man kann das konservativ nennen, aber mit jedem Jahr, das ich älter werde, verstehe ich ihn besser. Es kommt mir so vor, als wäre das Leben meines Vaters erfüllt, weil es sich in einem abgezirkelten Bereich abspielt, irgendwo zwischen Liebe, Arbeit, Familie und Glauben. Soweit ich weiß, hat er nie einen Tag in der Praxis gefehlt. Seit 60 Jahren geht er jeden Sonntag in die heilige Messe. Er würde nie ein Hotel buchen, das mehr als drei Sterne hat. »Warum sollte ich?«, sagt er, »ich schlafe doch nur darin.«

Die Einzige aus meiner Familie, die so tat, als engagiere sie sich für die Gesellschaft, war meine Schwester. Als 1986 in Tschernobyl ein Reaktor explodierte, trat sie einer Umweltschutz-Jugendgruppe namens »Lindwurm« bei. Sie war drei Jahre älter als ich und konnte gut zeichnen, ein Talent, das sie zur Art-Direktorin des Lindwurm-Magazins machte. Sie malte abgestorbene Bäume und explodierende Atomkraftwerke und half, Kopien des Magazins, das eigentlich nur aus zusammengelegten Zetteln bestand, beim Bäcker und beim Friseur auszulegen; nach zwei Ausgaben löste sich die Gruppe auf. Meine Schwester behauptete trotzdem noch jahrelang, ein »Öko« zu sein, was wohl so was wie eine Jugendkultur war. Ökos trugen Jeans mit Löchern auf Kniehöhe, abgetretene Camel-Boots, lange Wollpullover, die ihnen Freunde aus Peru oder Nepal mitgebracht hatten. Sie hörten Tracy Chapman, Miriam Makeba oder – wenn sie tanzen wollten – *So lonely* von The Police. Ich war eher ein Popper, aber ohne es zu wissen. Ich war zu jung für solche Selbstfindungsgeschichten – ich hatte mich ja noch nicht mal verloren –, aber ich kann mich erinnern, wie befremdlich es war, meiner Schwester dabei zuzusehen, wie sie mit unserer Nagelschere Löcher in ihre neuen Jeans schnitt.

So war das im Bayerischen Wald, als ich jung war. Heute kreide ich meinen Eltern an, dass ich mit ein paar Jahren Verspätung in der realen Welt angekommen bin, aber richtig böse bin ich nicht. Wenn ich mich entscheiden müsste, bin ich ihnen vor allem dankbar, dass sie mich so lange Kind sein ließen.

6. »Ich esse nur Französisch, Indisch und Ayurvedisch«

Eine Hippiefrau füttert mich mit Apfelscheiben und Rosinen

Zurück aus New York, liegt ein Brief vom Landesvorstand der LINKEN in meinem Briefkasten: Meine Mitgliedschaft sei in der Datenbank vermerkt, meine Mitgliedsnummer 8035024. Man freue sich über mein Engagement und werde meinen Kreisverband darüber informieren, dass es mich gibt. Eigentlich könne ich sofort loslegen, nur die Zusendung meines Mitgliedsausweises würde noch ein wenig Zeit in Anspruch nehmen, ich solle Geduld haben.

Die Wochen danach warte ich auf Nachricht. Irgendwas muss doch jetzt passieren, ein weiterer Brief oder ein Anruf. Die Finanzkrise wird jeden Tag schlimmer, wie ein Krake greift sie um sich und droht Banken und Staaten in den Abgrund zu reißen. Ein gigantischer Bankenschutzschirm spannt sich wie eine transparente Plastikfolie über unser kleines Land, die deutschen Banken werden mit 480 Milliarden Euro stabilisiert. Mein Freund Christian hebt seine gesamten Ersparnisse ab, er neigt zu Panik und apokalyptischem Gedankengut; ich gehe zum Angriff über und kaufe ein, ein paar DAX-Werte, ein, zwei Fonds für die Mischung und ein bisschen *Emerging Markets*, Brasilien, Russland, Indien, China. Vor ein paar Wochen stieg die VW-Aktie innerhalb eines Tages von 150 auf 1000 Euro, verrückte Wochen sind das, da kann man doch mal mitmischen.

Den Zeitpunkt meines Parteieintritts hätte ich nicht besser wählen können: Die Krise müsste meine Partei beflügeln. Weltweit brechen die Aktien-Indizes ein, Banker in New York und London tragen ihr Hab und Gut in Kartons aus den Büros und wenige Wochen später tauchen die ersten Artikel über ehemalige Investmentbanker auf, die Fußpflegesalons oder Eiscafés eröffnen. Die LINKE schreit: Der Kapitalismus ist am Ende. Alle anderen: Das wird schon wieder. Fakt ist: Der Kapitalismus steckt in der tiefsten Krise seiner Geschichte. Wenn kein Wunder passiert, müsste die LINKE in den nächsten Wochen zum Höhenflug ansetzen. Die etablierten Parteien müssten an Zustimmung verlieren, allen voran die FDP, die das Schlamassel offensichtlich mit verursacht hat mit ihrem Mantra von Markt und Geld und Eigenverantwortung.

Eigentlich eine gute Zeit, um in der Linkspartei zu sein. Die Realität gibt mir recht, die LINKE hat es immer gesagt: Ohne Staat geht es eben doch nicht. Der Kapitalismus ist nicht nur sozial ungerecht, er führt auch zu globalen Ungleichgewichten, in letzter Konsequenz zur Zerstörung von Arbeitsplätzen, Wohlstand und Produktivität. Michel Houellebecq schreibt, die kapitalistische Gesellschaft tue alles dafür, Begierden zu wecken, ohne die Mittel zu ihrer Befriedigung bereitzustellen. Ich finde, es ist umgekehrt: Der Kapitalismus weckt die falschen Begierden und stellt zu viele Mittel zu ihrer Befriedigung bereit. Und dagegen kann ich jetzt endlich vorgehen, weil ich in der sozialsten und scheinbar auch visionärsten Partei Deutschlands gelandet bin. Die LINKE hat es immer gewusst: Der Kapitalismus macht die Armen ärmer und die Reichen krank.

Leider merke ich bisher nur daran, dass ich in ein LINKER bin, weil ich jeden Monat 55 Euro weniger auf dem Konto habe. Der Mitgliedsbeitrag wird pünktlich abgebucht, sonst kümmert sich keiner um mich. Mal bekomme ich Post vom Kreisverband, mal vom Jugendverband, aber auf nächtliche Sitzungen und Demonstrationen, auf heimliche Absprachen und Aufrufe warte ich vergeblich. Irgendwann begreife ich, dass es mit einer Partei ist wie mit einem guten Freund. Man muss sich kümmern, aufmerksam sein, aktiv werden. Die Partei wird nicht zu mir, ich muss zur Partei kommen. Von da an besuche ich täglich die Website meines Kreisverbandes, klicke mich durch die Termine und siehe da: Wer sich engagieren will, hat jeden Tag die Möglichkeit dazu: Lesungen, kubanische Abende, Protestmärsche, Workshops, Bankenaktionstage, Streiks, Menschenketten, Vorträge. Man kann die Parteizeitung austragen, Stammtische besuchen, Diskussionsplattformen beitreten. Wer sich allein fühlt oder mit seinem Leben nichts anfangen kann, sollte einer Partei beitreten. Er wird nie wieder einsam sein.

Ein paar Tage später bekomme ich über den Mailverteiler eine Einladung zur regionalen Betriebs- und Personalrätekonferenz. Ich weiß, dass ich dort nichts verloren habe, aber irgendwo muss ich ja anfangen: Wieder findet die Veranstaltung im DGB-Haus statt. Es gibt Wurst- und Käsesemmeln, dazu schwarzen Kaffee. Und wieder kämpfe ich mich durch linke Standardrhetorik, Themen, Sprüche, Parolen, die ich bald auswendig rauf- und runterbeten kann: Deutschland, nein, eigentlich die ganze Welt schlittert in eine Katastrophe. Bald wird es nur noch wenige Milliardäre und eine Heerschar verarmter, ungebildeter und eingeschüchterter Menschen geben, vollkommen wehrlos im Kampf gegen ein System, in dem es nur um Profit und nicht um die Menschen geht. In einem Zwei-Klassen-Gesundheitssystem werden die Reichen von den besten Ärzten behandelt und den Armen notwendige Medikamente verweigert. In der Autoindustrie werden Tausende von Arbeitnehmern ihren Job verlieren, weil kein Mensch mehr die großen Limousinen von Daimler und BMW kauft. Vielleicht gibt es diese Marken bald gar nicht mehr. Die Regierung hat einen Schutzschirm für die Banken aufgespannt, aber wo ist der Schutzschirm für die Menschen? Das Casino, in dem die Banker unser Geld verjubeln, wird nicht geschlossen, es wird frisch lackiert und steht kurz davor, noch glänzender wieder eröffnet zu werden. Die Energiewirtschaft muss kontrolliert und in die Hände der Kommunen gelegt werden. Der freie Markt richtet nichts, er richtet nur zugrunde. Alles läuft schief und keiner merkt es. Wir rasen auf einen Abgrund zu, und keiner drückt auf die Bremse.

Es ist nicht anders als mit Stefan Raab oder Günther Jauch: Wenn es zu viel wird, schaltet man ab. Wenn nicht ein, sondern hundert Teufel an die Wand gemalt werden, hört die Angst auf und die Gleichgültigkeit setzt ein. Wirklich in Erinnerung bleibt mir nur eine Karikatur mit dem Titel »Der neue Terrorismus«, die jemand an die Wand projiziert: Zu sehen sind ein paar Banker, einer hat einen Telefonhörer in der Hand, am anderen Ende der Leitung sitzt Angela Merkel. In einer Sprechblase steht, was der Banker der Kanzlerin ins Ohr schreit: »50 Milliarden auf die Hand oder wir lassen den ganzen Laden in die Luft fliegen.« Die Karikatur bringt auf den Punkt, was sich die armen und wahrscheinlich auch ein paar reiche Menschen in Deutschland denken: Warum ist nie Geld für Forschung, Bildung, Schulen und die Kinder da, wenn über Nacht eine halbe Billion für ein paar Banken lockergemacht werden?

Ein paar Tage später bekomme ich per Brief eine offizielle Einladung zur »Mitgliederversammlung zur Wahl von VertreterInnen für die VertreterInnenversammlung zur Europawahl«. Wer dabei sein will, muss nach Ingolstadt kommen. Dort könne man die Menschen wählen, die ein paar Tage später die Menschen wählen, die bei der Europawahl im Juni gewählt werden können.

»Mitgliederversammlung zur Wahl von VertreterInnen für

die VertreterInnenversammlung zur Europawahl«: Die LINKEN lieben solche Satzmonster, sie mögen auch Abkürzungen und Wortneuschöpfungen, nicht weil sich damit Zeit sparen lässt, sondern weil sie den Wortschatz des Establishments ablehnen. Statt Transparent sagen sie »Transpi«, statt Schlafbörse »Pennbörse«. Über dem Sportteil der *taz* steht nicht wie bei jeder anderen Zeitung »Sport«, sondern »Leibesübungen«. Das so genannte Binnen-I lieben sie fast so sehr, wie sie Hans-Olaf Henkel hassen. Zwar will eine *taz*-Redakteurin bemerkt haben, dass sich Frauen seit kurzem wieder verstärkt davon distanzieren, um nicht als Feministinnen, oder, wenn sie Feministinnen sind, nicht als verkrampfte Feministinnen zu gelten, aber irgendjemand findet sich immer, der sich diskriminiert fühlt, und deshalb gibt es immer noch Menschen, die MetzgerInnen statt Metzger und Flaniermeile statt Fußgängerzone sagen. In den USA wurde sogar darüber diskutiert, ob sich *history* durch *herstory* ersetzen ließe.

Wer die Zeit hat, über solche Dinge nachzudenken, braucht sich meiner Meinung nach nicht beschweren, wenn er von den anderen nicht ernst genommen wird. Aus Prinzip dagegen sein ist Sache von 13-Jährigen. Die können das machen, die sollen das machen, um sich von den Eltern abzugrenzen, mit dem Unterschied, dass die dabei kreativ sind: Zum Beispiel sagen sie zu einem Unterhosenetikett, das hinten aus der Jeans schaut »Arschfax«, was ich viel kreativer finde als »Leibesübungen«.

Die ganze Gender-Sache ging mir von Anfang an gegen den Strich. Nicht weil ich finde, dass die Emanzipation eine schlechte Sache ist, sondern weil die Debatte verlogen ist: Die Frauen, die sich in den letzten Jahrzehnten durchgesetzt haben, Thatcher, Merkel, Hillary Clinton, waren doch deswegen erfolgreich, weil sie Methoden von *den* Männern übernommen haben, die die Frauenbewegung verachtet. Sie alle haben Rivalen aus dem Weg geräumt oder ausgehungert, sie alle haben Krieg geführt.

Geht es bei der LINKEN um Posten, werden immer zuerst Frauen gewählt, um auszuschließen, dass sich die Männer gegenseitig protegieren und aufs Schild heben. Selbst in der CSU setzt man jetzt auf die Frauenquote, aber ich frage mich, was die bringen soll, wenn sich die Inhalte nicht ändern. Horst Seehofer fordert doch keine Quote, weil er frauenfreundliche Politik fördern, sondern keine Wähler verlieren will; es handelt sich nicht um Einsicht oder ein Wunder, sondern Opportunismus. Und wer es mit der Modernisierung ernst meint, muss keine Quote einführen, sondern eine moderne, zeitgemäße, familienfreundliche Politik. Wenn die Frauenzeitschrift *Brigitte* männliche Leser gewinnen will, muss sie ihre Inhalte ändern, und zwar überzeugend – die Zeitschrift am Kiosk neben die Männermagazine zu platzieren bringt überhaupt nichts. Meiner Meinung nach verhindert die Quote eine echte Gleichstellung, aber vielleicht täusche ich mich ja und alles ist dufte.

An einem Samstagmorgen im Januar 2009 fahre ich also nach Ingolstadt, um zum ersten Mal mein Stimmrecht wahrnehmen zu können, und parke vor dem Vereinsheim des TSV: Willkommen in der Welt der Leberknödelsuppen, Salatgarnituren und Billigpokale. Ich sitze mit 57 Genossen in einem Saal, zusammen sind wir 5,9 Prozent derer, die eingeladen wurden. Im Saal nebenan feiert ein Ingolstädter seinen 60. Geburtstag, unter Girlanden steht ein Alleinunterhalter am Keyboard. Kurz denke ich an meine Kindheit, als ich vergeblich versucht hatte, mich in einem Fußballverein wohlzufühlen. Ich entdecke Fritz, heute trägt er ein Johnny Cash-T-Shirt, sitzt aber ganz vorn beim Podium, das ist mir zu heikel. Sonst kenne ich niemanden. Ich setze mich neben einen Ossi mit einem ICE-

Zug als Krawattennadel; am Tischende hat ein junger Mann mit Baskenmütze zwei Bücher vor sich ausgebreitet: *Der Zweite Weltkrieg* von Winston Churchill und *Perestroika* von Michail Gorbatschow. War er zum Lesen gekommen? Wollte er die Schlusspointe seiner Rede umarbeiten? Bald tauchen weitere Fragen auf: Kränke ich einen Hartz-IV-Empfänger, wenn ich das teuerste Gericht auf der Karte bestelle? Wie viel Trinkgeld ist angemessen? Sonst gebe ich zehn Prozent. Geben LINKE weniger? Oder mehr? Weil man doch, wenn man »Reichtum für alle« fordert, gleich mit der Bedienung in Ingolstadt anfangen könnte? Die Frage mit dem Essen erübrigt sich schnell: Der Ossi bestellt in schneller Folge Schweinsgulasch mit Nudeln, mehrere Tassen Kaffee und drei Kugeln Nuss-Eis mit heißen Kirschen.

Nach der Vorstellung unseres Europawahlprogramms, das unter dem Motto »Solidarität, Demokratie, Frieden« steht, werden die Delegierten für die Europawahl gewählt. Manche Kandidaten stellen sich selbst vor, andere werden von Genossen vorgeschlagen und mit warmen Worten beschrieben. Jeder hat drei Minuten Redezeit. Wer überzieht, wird von einer kleinen Glocke unterbrochen, trotzdem hält sich keiner dran, alle reden weiter, obwohl das Glöckchen deutlich zu hören ist.

Es geht viel um den Lissabon-Vertrag, den anscheinend alle außer mir gelesen haben. Er sei ein »Dokument des Militarismus und des Neoliberalismus« und definitiv abzulehnen. Er enthalte eine Aufrüstungsklausel und verhindere das Austrocknen von Steueroasen. Und außerdem sei man nicht im Geringsten gegen Europa, sondern nur gegen diesen Vertrag und alles andere sei eine schmutzige Medienkampagne. Um die Europafreundlichkeit der Linkspartei symbolisch zu untermauern, wird die Parteispitze wenige Wochen später beschließen, die Plakate für die Europawahl nicht wie üblich in Rot, sondern in der Farbe Europas, also blau, zu gestalten, was sich als verhängnisvoller Fehler herausstellen wird.

Während der Debatte um den Lissabon-Vertrag meldet sich immer wieder ein kleiner Mann mit Nickelbrille zu Wort, den offensichtlich keiner leiden kann, auf jeden Fall verdrehen viele Genossen die Augen, sobald er den Mund aufmacht. Nach seinem zweiten Wortbeitrag weiß ich, warum. Der kleine Mann meckert darüber, dass die Versammlung in Ingolstadt stattfindet. Das mache keinen Sinn, ein anderer Ort wäre besser gewesen, da hätten die meisten Genossen einen kürzeren Weg gehabt und da gebe es auch noch ein paar andere Punkte, die ihn stören würden.

In der LINKEN darf jeder alles sagen, schon aus Prinzip, weil man niemanden unterdrücken oder abweisen möchte, aber das Problem ist, dass die Liste des Mannes mit Nickelbrille nicht mehr aufhört, sie wird immer länger, er redet und redet, und zwar nur über Dinge, die keinen außer ihn interessieren.

Ich dachte immer, dass nur Kinder altklug sein können, aber ich muss mich getäuscht haben: Kleine Männer um die 50 mit Bauchansatz und Nickelbrille können es auch. Ich kenne diese Sorte Mensch. Sie machen »Psssst«, wenn sich in der Sauna zwei unterhalten, und lesen nachts, wenn alle schlafen, im BGB, um gegen *Google Street View* oder den neuen Mieter in der Wohnung gegenüber vorzugehen. Sie halten sich für genau und gerecht, dabei sind sie nur pedantisch und profilneurotisch. Es macht ihnen nichts aus, dass sie ihren Mitmenschen auf die Nerven gehen, im Gegenteil, es spornt sie an.

»Jetzt lass mal gut sein, Sepp«, sagt eine Genossin nach der vierten Unterbrechung, »wir müssen jetzt mal weitermachen.«

Monate später erfahre ich, dass Sepp, die Nervensäge, ein kleiner Star ist: Als Elektrotechniker aus Rosenheim hat er im Jahr 1999 den Freistaat Bayern spektakulär in die Knie gezwungen, als er vor dem Bundesverfassungsgericht durchsetzte, dass in Bayern Kruzifixe abgehängt werden müssen, wenn sie beanstandet werden. Meine Menschenkenntnis hatte mich nicht im Stich gelassen. Der Sepp ist ein hochanständiger Bürger, der sich für Gerechtigkeit und Ordnung einsetzt, ein Typ wie Reinhard Mey, der auf einem Barhocker sitzt und von Käfern singt, aber zur Polizei rennt, wenn einer auf dem Nachbargrundstück zu laut Rasen mäht.

Bei der Wahl der Delegierten gebe ich meine Stimmen den vier Frauen und Männern (Gleichberechtigung!), die mir am sympathischsten sind, darunter eine 77-jährige Genossin; später erfahre ich, dass ich eine waschechte Trotzkistin nominiert habe. Um 16 Uhr sind wir fertig, der Saal leert sich und alle gehen nach draußen, als ich bemerke, dass ich einer der wenigen bin, die mit dem Auto gekommen sind. Fast alle laufen zu Fuß zum Ingolstädter Bahnhof, um auf den nächsten Zug nach München zu warten. Für mich ist das ungewohnt, eine so kurze Strecke mit der Bahn, die Genossen tun mir ein bisschen leid, mit ihren Rucksäcken auf den Schultern, aber es ist nun mal so, dass fast keiner meiner Genossen ein Auto besitzt – ein Umstand, der mich für die Partei noch sehr bedeutsam machen wird.

Ich frage ein paar Leute, ob sie bei mir mitfahren wollen, ein Mann um die 60, der Henning heißt, und eine ältere Hippie-Frau namens Valerie nehmen mein Angebot an. Während der Fahrt füttert sie mich mit Apfelscheiben und Rosinen, die sie in einer Tupperschüssel mitgebracht hat. »Ein Steak hat so viel Energie, man könnte damit 25 Menschen satt machen«, sagt sie. Sie sei Vegetarierin und esse lieber Französisch, Indisch und Ayurvedisch. Henning sagt: »Aber wir sind Allesfresser, wie die Schweine.« Ich schließe ihn sofort in mein Herz. Dabei ist es Valerie, die eine gute Freundin werden wird.

7. »Sag mal, horchst du uns aus?«
Meine lieben Genossen aus dem Ortsverband Mitte-West

Die ersten Monate meiner Mitgliedschaft dienten dazu, mich in den Rhythmus des Parteilebens einzuarbeiten. Ich lernte viel Neues dazu, banale Kleinigkeiten, bürokratisches Zeug, aber mir erschien es wichtig. Ich wollte mich ja nicht nur links fühlen, sondern linke Politik machen; das Superwahljahr 2009 hatte begonnen, mit acht Kommunal- und sechs Landtagswahlen, der Europa-, der Bundespräsidenten- und der Bundestagswahl – für meine Partei ein entscheidendes Jahr, an dessen Ende feststehen würde, ob sie sich endgültig im deutschen Parteiensystem etabliert hat oder doch nur kurzfristiger Nutznießer der Krise war.

Die Lage auf dem Arbeitsmarkt spricht für die LINKE, selbst die Bundesregierung geht in ihrer Frühjahrsprojektion (April 2009) davon aus, dass im Laufe des Jahres die Zahl der Erwerbslosen von 3,78 Millionen (2008) auf 4,62 Millionen (2010) steigen werde. Keine Sitzung, kein Stammtisch, kein Vortrag kommt ohne Panikmache aus, alle betonen, dass die Zahl der Erwerbslosen in den nächsten Jahren explodieren werde. Im Moment dämpfe die Kurzarbeit die katastrophale Lage der Realwirtschaft noch ab, aber schon in wenigen Monaten werde sich das ganze schreckliche Ausmaß der Weltrezession zeigen.

»In der LINKEN sind fünf bis zehn Prozent Irre«, hat Gregor Gysi mal gesagt. Zumindest wurde er mit dem Satz von allen Zeitungen zitiert. Gesagt hatte er etwas anderes: »In der

LINKEN sind – wie in jeder anderen Partei auch – fünf bis zehn Prozent Irre.«

Auf jeden Fall ist die LINKE eine besondere Partei: Sie hat mit 37 Prozent (im Osten sind es sogar 44 %) einen genau so großen Frauenanteil wie die Grünen (CDU: 25,5 %, SDP: 31,2 %, FDP: 22,6 %), aber auch die ältesten Mitglieder: Über 55 Prozent sind älter als 60 Jahre (CDU: 48 %; Grüne: 11,4 %), im Osten sind sogar 20 Prozent jenseits der 80. Umgekehrt sind nur 6 Prozent ihrer Mitglieder unter 30, bei der FDP sind es immerhin 10 Prozent, bei den Grünen 13 Prozent. Den schlechtesten Wert hat die CDU mit 5 Prozent.

Die LINKE ist hinter CDU, SPD und CSU die viertgrößte Partei Deutschlands. Sie hat deutlich mehr Mitglieder als die Grünen und die FDP. Trotzdem ist sie nach wie vor eine Ostpartei: Von den gut 75 000 Parteimitgliedern leben 60 000 im Osten. Während die LINKE im Osten Volks- und Regierungspartei ist, gilt sie im Westen als radikal und realitätsfern. Die Freaks, die Spinner, die Altkommunisten, von denen Gysi gesprochen hat, sitzen überwiegend in den alten Bundesländern. Sie hängen an veralteten Sozialismusvorstellungen; im Gegensatz zu ihren Ost-Genossen mussten sie das Scheitern ihrer Idee nie miterleben.

Der bayerische Landesverband hat 3200, der Münchner Kreisverband 500 Mitglieder, die einen durchschnittlichen Monatsbeitrag von 11 Euro zahlen, was einem Nettogehalt von 800 Euro entspricht. Wer denkt, dass meine Münchner Genossen im Durchschnitt 800 Euro verdienen, täuscht sich: Viele machen es wie ich und schummeln, wenn sie ihren Nettoverdienst angeben. Im Jahr 2008 sollen 38 Prozent der Mitglieder überhaupt keinen Beitrag gezahlt haben. Bayernweit liegt der durchschnittliche Monatsbeitrag noch niedriger – um die 7 Euro. In Berlin, der Stadt der Suppenküchen und Hundehaufen, wo fast jeder vierte von Transferleistungen lebt (München: 6,7 %), liegt der Durchschnittsbeitrag bei über 20 Euro. Verkehrte Welt.

Der Münchner Kreisverband gliedert sich in drei Ortsverbände, den OV Nord, den OV Mitte-West und den OV Süd. Da mir selbst meine Genossen nicht mit Sicherheit sagen konnten, zu welchem ich gehöre – ich wohne genau an der Grenze zwischen zwei Ortsverbänden –, dauerte es eine Weile, bis feststand, dass der OV Mitte-West der Richtige war.

Als wolle sich die Partei bei mir entschuldigen, dass sie mich so lange hat warten lassen, bekomme ich Anfang Februar gleich zwei Einladungen auf einmal: die erste zu einem Informationsabend für Neumitglieder, die andere zu einer Berlinfahrt mit Besuch der Bundestagsfraktion. Die Fahrt scheidet aus. Die Teilnehmer würden in Doppelzimmern übernachten, was für mich aus zwei Gründen nicht in Frage kommt: erstens wegen der Doppelzimmer und zweitens, weil mich der Ausflug in die Bredouille brächte. Ich weiß doch, wie das ist, wenn man zu zweit im Bett liegt, nicht schlafen kann und abwechselnd an die Decke und aufs Stand-by-Licht des Fernsehers starrt, vorausgesetzt es gibt einen Fernseher. Man wälzt sich herum, legt sich auf den Bauch, dreht sich auf den Rücken und hofft, dass der andere nicht genervt ist oder aufwacht. Früher oder später stellt sich heraus, dass es dem anderen genauso geht, also macht man das Beste aus der Situation, plaudert ein bisschen und spricht erst über das Abendessen, dann über die Partei und kommt dann – wenn es mit den Gesprächsthemen langsam eng wird – zu persönlichen Angelegenheiten.

»Sag mal, was machst du eigentlich beruflich?« – »Wie bist du aufgewachsen?« – »Was machen deine Eltern?« – »Warum bist du eingetreten?« Nein, nein, im Bett mit einem Genossen das wäre viel zu gefährlich, da käme ich nur ins Lügen, da bleibe ich lieber zu Hause.

Dafür gehe ich zum Info-Abend. Er wird vom Sprecher des Kreisverbandes abgehalten, einem gewissen Michael Wendl, den ich auf Anhieb sympathisch finde, Ende 50, vernünftig und pragmatisch; er kann ausgezeichnet sprechen, man hört ihm gern zu. Wendl scheint ein klassischer Intellektueller zu sein, der die Fäden im Hintergrund zieht, weil er für die erste Reihe zu differenziert denkt; ein Soziologe, der Marx-Lesekurse abhält, außerdem Mitglied der deutschen Keynes-Gesellschaft, Gewerkschaftssekretär der ÖTV, Mitherausgeber der Zeitschrift *Sozialismus*.

Wendl schreibt Bücher und Aufsätze, früher war er in der SPD, seit 15 Jahren sitzt er im Aufsichtsrat der MDAX-notierten Rhön-Klinikum AG, was ihm von seinen ultralinken Gegnern bei jeder Gelegenheit vorgehalten wird. Einmal habe ich erlebt, wie ihn mehrere Genossen des radikal linken Flügels wütend beschimpften, weil er als Aufsichtsrat mit Konzernbossen am Tisch sitze – offenbar hatten sie vergessen oder nicht verstanden, dass genau das, also die betriebliche Mitbestimmung, eine der großen linken Errungenschaften ist.

Mitunter sagt er Sachen, die klingen so nach SPD, dass ich vergesse, dass ich im Büro der LINKEN sitze. Er wirkt selbstbewusst, bisweilen elitär und ein bisschen eitel, was ich sofort sympathisch finde. Endlich keine Opferhaltung, kein Mitleid, keine Atmosphäre der Empörung über die da oben, die Ausbeuter, die Bösen. Die Partei scheint auch nicht das Einzige auf der Welt für ihn zu sein. Sicher hat er eine nette Frau und zwei süße Kinder und geht am Wochenende in die Berge oder gut essen. Es macht richtig Spaß, ihm zuzuhören, gelegentlich sagt er Sätze, die mir ausgezeichnet gefallen, zum Beispiel: »Ich gebe es zu, ich bin gern Kapitalist« oder »Mit einem primitiven Antikapitalismus kann ich nichts anfangen.«

Ich bin mir nicht sicher, ob unsere Genossen wissen dürfen, dass er Neumitglieder mit solchen Thesen begrüßt, aber mir gefallen sie ausgezeichnet. Endlich ein Genosse, der einen unideologischen Sozialismus verfolgt, der in der Realität zu leben scheint und die Gegenseite nicht verurteilt, sondern sich mit ihr auseinandersetzt. Vielleicht ist der Laden ja doch nicht von gestern. Vielleicht ist der demokratische Sozialismus, von dem sie die ganze Zeit reden, nur ein anderer Ausdruck für einen sozialen Kapitalismus oder einen liberalen Sozialismus, der auf Wachstum und Wettbewerb setzt, ohne das weltweite Gleichgewicht und uns alle durch hochriskante Spekulationsgeschäfte zu gefährden. Denn eines muss auch gesagt werden: Der Kapitalismus, wie wir ihn heute erleben, erzeugt nicht nur Gewinner und Verlierer, sondern absolut wehrlose Verlierer; und natürlich lehne ich den Sozialismus ab, aber als Utopie, als philosophisches Gedankenspiel, als unrealistischer Traum, der die Menschen nicht reich und wahnsinnig und leer, sondern zufrieden macht, hat er seinen Reiz.

Leider sorgen die anderen Neu-Mitglieder dafür, dass sich mein Gesinnungsschwenk, mein Anflug von Hoffnung im Laufe des Abends in Luft auflösen, und zwar nicht weil sie so radikal, sondern weil sie so langweilig sind: Ein Studentenpärchen starrt immer wieder minutenlang betreten auf den Boden; ein Taxifahrer in Badelatschen sagt ständig das Gleiche: »Diese fiesen Bonzen. Diese verwöhnten Erben. Die haben doch psychische Probleme. Diese reichen Typen da oben.« Und dann noch ein Akademiker mit Pferdeschwanz, der sich im Laufe des Abends als Profilneurotiker mit Pferdeschwanz herausstellt. Denn egal, worüber wir sprechen, er zitiert Luhmanns Systemtheorie, obwohl es überhaupt nicht zum Thema passt, dabei glaube ich, dass es ihm nur an menschlicher Zuwendung mangelt. Während für alle anderen die Investmentbanken an der Krise schuld sind, findet er, dass niemand für die

Krise verantwortlich und alles eine Frage des Systems sei. »Man muss das System verstehen, um es zu verhindern«, sagt er und der Taxifahrer nickt.

Von jetzt an traf ich meine Genossen regelmäßig im Parteibüro und im *Bürgerheim*, einem bayerischen Gasthof im Westend, in dem jeden zweiten Mittwochabend ein Nebenzimmer für uns reserviert war. Der Saal ließ sich mit einer Schiebetür auf- und zumachen, auf den Tischen standen rote Wimpel mit dem Schriftzug der Partei. Hartz-IV-Empfänger hatten ein Getränk frei – was für mich eher ein Zeichen echter Fürsorge als der Beweis war, dass in Lafontaines Keller vielleicht doch die SED-Milliarden lagern.

Als ich das erste Mal ins *Bürgerheim* kam, blieb der Stuhl neben mir den ganzen Abend leer; lieber quetschten sich die Genossen auf die immer enger werdende Sitzbank. Musste einer aufs Klo, stand einer nach dem anderen auf und ließ ihn raus; kam er zurück, standen wieder alle auf und ließen ihn zurück an seinen Platz. Keiner setzte sich auf den Stuhl neben mir, obwohl er nicht unbequemer als die anderen aussah.

Henning, den ich vor ein paar Tagen von Ingolstadt mit nach München genommen hatte, saß am anderen Ende des Raumes. Ab und zu drehte er den Kopf in meine Richtung und lächelte. Ob er wusste, wie gut das tat?

Ich mache niemandem einen Vorwurf. Ich hätte mich selbst wohl auch nicht angesprochen. Ich muss unsicher gewirkt haben, vielleicht sogar arrogant, was ja oft dasselbe ist. Mein Hemd und meine Budapester hatte ich im Auto vorsichtshalber gegen ein Sweatshirt von American Apparel und Turnschuhe getauscht: ein lächerlicher Camouflage-Versuch, aber das verstand ich erst Wochen später, als ein neues, ganz besonderes Mitglied begrüßt wurde: Olivier aus Frankreich.

Olivier sah aus wie ein Unternehmensberater, was daran lag, dass er einer war, und im Gegensatz zu mir versuchte er seine wahre Identität auch gar nicht zu verschleiern. Er lebte seit einigen Jahren in Deutschland, an seinem ersten Abend im *Bürgerheim* trug er einen tadellos sitzenden dunklen Anzug und glänzend polierte schwarze Lederschuhe. Zu Beginn der Versammlung stellte er sich vor. Er wirkte wohl erzogen und redete in diesem charmanten französischen Akzent, bei dem man sich immer vornimmt, dass man diesmal nicht auf ihn reinfällt, und es am Ende doch wieder nicht schafft. Während der ersten zwei Stunden hörte er aufmerksam zu, sagte wenig, aß einen Salat mit Putenbrust, trank einen Rosé und nach dem Essen einen Espresso. Ich habe ihn beobachtet, wie er den Zucker in die kleine Tasse gab, nicht viel, nicht wenig, eine mittlere, genau abgemessene Menge, danach rührte er um, nicht nebenbei, sondern bewusst und konzentriert, als ob er den Zucker mit jedem Molekül des Kaffees vermengen wollte. So rühren Lebemänner um.

Oliviers Auftreten war distinguiert, trotzdem schien er meinen Genossen nicht suspekt zu sein. Während ich das Gefühl hatte, dass sie hinter meinem Rücken über mich tuschelten, schienen sie Olivier, obwohl er weltmännisch und vermögend wirkte, zu respektieren, ja zu bewundern. Es kam mir so vor, als wollten sie ihm gefallen. Olivier schien unserem kleinen Ortsverband Mitte-West eine glamouröse Internationalität zu verleihen, auf die alle stolz waren. Immerhin kam er aus Frankreich, dem Mutterland des Protestes, in dem alles angefangen hat, damals in den Sechzigern, als eine poetische Energie durch Europa schwappte und jeden, der ein Herz im Leibe trug, mit sich riss. Olivier stand für linken Stil und linke Intellektualität, nicht für linkes, selbstgerechtes Kleinbürgertum wie der Sepp aus Rosenheim.

Olivier war in Frankreich lange Zeit Mitglied mehrerer linksgerichteter Organisationen gewesen; danach hatte er in Großbritannien gearbeitet. Er hatte tadellose Manieren, drückte sich gewandt aus und strahlte so viel Kampfgeist aus, dass er Froschschenkel hätte bestellen können, ohne dass ihm jemand böse gewesen wäre. Nach zwei Stunden war er besser in die Partei integriert als ich nach einem halben Jahr. Meine Genossen schienen sich von ihm eine Menge Rückenwind für den Wahlkampf zu versprechen.

Olivier sah aus wie ein Geschäftsmann und redete wie ein Linker. So einer war Gold wert. Sicher war er der Richtige, um neue Wählerschichten zu erschließen, Menschen, die sofort weiterlaufen, wenn ein Typ im Batik-T-Shirt auf sie zugeht. Mit so einem wie Olivier würde man endlich alle Lügen strafen können, die behaupten, dass die LINKE nur Versager anziehe, denen an der Aldi-Kasse die Zähne aus dem Mund fallen.

Olivier hatte sich vorgestellt, er hatte seine Biografie, Ideen und Erwartungen an die Partei skizziert. Alle hatten von der ersten Sekunde an gespürt, dass er ein Linker war. Im Gegensatz zu mir musste er sich nicht verstellen: Ich hatte mich nicht vorgestellt, sondern war auf einmal da gewesen; eigentlich unhöflich, linkisch und gar nicht meine Art, aber was sollte ich machen – meinen Genossen ins Gesicht lügen? Ihnen erzählen, dass ich mit Leib und Seele LINKER bin? Das konnte ich nicht.

Ein Paar rahmengenähte Schuhe können einen Charakter unterstreichen, aber auch verfälschen. Was viel mehr über einen Menschen verrät, sind seine Augen und Bewegungen, die Art, wie er isst und lacht, was er sagt und wie er spricht. Leider habe ich bis heute keinen meiner Genossen gefragt, welchen Eindruck ich an meinem ersten Abend hinterlassen habe. Gut möglich, dass sie einfach nur dachten: Wie schön, ein

Neuer. Vielleicht noch etwas schüchtern und seine Turnschuhe könnte er auch mal wieder putzen, aber immerhin, Hut ab, er ist da.

Meine erste OV-Mitgliederversammlung hielt ich nicht bis zum Ende durch. Um 22 Uhr war ich randvoll mit Zahlen, Namen und Informationen, ich fühlte mich plötzlich sehr einsam, verabschiedete mich und stahl mich aus dem Saal. Den Kollegen am Tisch nickte ich kurz zu. Sicher dachten sie, dass ich aufs Klo gehe oder vor die Tür, um eine zu rauchen oder frische Luft zu schnappen. Ich ging auch vor die Tür, aber ich kam nicht zurück. Ich trat ins Freie, atmete klare, kalte Luft und war auf den wenigen Metern zum Parkplatz, wo mein Auto stand, vollkommen glücklich. Lange hatte ich mich nicht mehr so beschwingt gefühlt. Ein Freiheitsgefühl senkte sich auf mich herab, das so überwältigend war, dass ich ausnahmsweise keine CD auflegte. Keine Musik der Welt hätte dieses Gefühl unterstreichen oder ausbauen können. In fast sakraler Stille fuhr ich durch die Nacht nach Hause, legte mich in ein heißes Bad mit Meersalz, öffnete das kleine Fenster, um frische Luft hereinzulassen, und schloss die Augen.

Das Freiheitsgefühl breitete sich in den folgenden Monaten jedes Mal in meinem Körper aus, sobald ich meine Genossen verlassen hatte. Es tauchte so zuverlässig auf, dass ich mich schon vorher darauf freute und es kaum erwarten konnte. Ich glaube nicht, dass die oft zähen Debatten oder die Tatsache, dass ich zu der Zeit keine Freundin hatte, schuld daran waren; es stimmt schon, ich war es seit Jahren gewohnt, frei über meine Zeit zu verfügen, meine Tage kompromisslos zu gestalten, aber sein Ursprung musste tiefer liegen: Ich glaube, dass ich in der Zeit, die ich mit meinen Genossen verbrachte, nicht ich selbst, sondern ein anderer war, weil ich versuchte, Erwartungen zu erfüllen, die ich mir in meinem Kopf zurechtkonstruiert hatte.

Sobald ich meine Genossen hinter mir ließ, kam es mir vor, als würde jemand das Korsett aufschneiden, das mir für Stunden das Atmen erschwert und jede Natürlichkeit geraubt hatte.

Zuhause angekommen fragte ich mich, wie lange die anderen noch bleiben würden. Denn wenn sie auch nicht besonders höflich gewesen waren, eines musste ich ihnen lassen: Ausdauer hatten sie. Auf der anderen Seite: Vielleicht hatten viele von ihnen nicht den ganzen Tag gearbeitet? Vielleicht hatten manche niemanden, der ihnen zuhört? Vielleicht waren einige so verzweifelt, dass ihnen nur noch die Partei Halt gab?

In den Wochen darauf gehen der Spielzeughersteller *Märklin* und der Unterhosenfabrikant *Schiesser* pleite, Deutschland diskutiert über Staatshilfen für Opel, weltweit melden Banken Rekordverluste. Der DAX fällt erstmals seit sechs Jahren unter 4000 Punkte, die Hypo Real Estate bekommt immer noch eine weitere Milliarde vom Staat, am Ende wird sie verstaatlicht, die Aktionäre werden enteignet. Die Abwrackprämie wird verlängert, die Kurzarbeit auch. »Lasst uns lieber den Kapitalismus abwracken«, fordern meine Genossen.

Die Deutschen halten die soziale Marktwirtschaft nicht mehr für sozial und die schwarz-gelbe Bundesregierung macht, was die LINKE seit Jahren fordert: Sie verstaatlicht Banken und gewährt Bürgschaften für Unternehmen. Dementsprechend schnellen die Umfragewerte in die Höhe – absurderweise nicht die der LINKEN, sondern der FDP. In Umfragen kommt sie auf 18 Prozent. Die LINKE stagniert bei 10 Prozent. Guido Westerwelle schwingt sich von einem Beliebtheitshoch zum nächsten und wird mit realsozialistischen 95,84 Prozent als Parteichef bestätigt. In ganz Europa profitieren nicht die linken Parteien von der Krise, sondern die rechten, Geert Wilders in den Niederlanden, Jean-Marie Le Pen in Frankreich. Die populistischen Parteien gewinnen an Zustimmung, was die

LINKEN zwar verurteilen, aber als Beweis dafür sehen, dass sie eines schon mal nicht sind: populistisch.

Die Kommentatoren sind sich einig: Der Kapitalismus kollabiert schneller, als die LINKE ihn zu Fall bringen kann. Die Investment- und Landesbanken melden Konkurs an, bevor sie reguliert werden können. »Regierung und Medien haben die Zeit erfolgreich als Ausnahmezustand darzustellen vermocht, der die Stunde der Exekutive sei«, analysiert der Politikwissenschaftler Georg Fülberth später. Finanzminister Steinbrück habe im richtigen Moment das gemacht, was Lafontaine im falschen verlangt habe: Er jagt Steuerflüchtlinge in der Schweiz und Liechtenstein und der LINKEN bleibt nichts anderes übrig als immer noch linker zu werden, um ihr Parteiprofil, ihren Markenkern nicht einzubüßen. Das schreckt unschlüssige Sympathisanten und schwankende SPD-Mitglieder ab, aber anders geht es nicht, ein Teufelskreis, die LINKE kann die Krise nicht für sich nutzen, die Deutschen wollen keine Experimente, nicht jetzt, wo sowieso niemand weiß, wie alles weitergeht.

Sicherheit geht vor Gerechtigkeit in diesen Tagen. Die Menschen klammern sich ans Vertraute. Sie wollen nicht die Gründe für die Krise erklärt bekommen, sie wollen Rezepte, wie man wieder herauskommt, und so profitieren ausgerechnet die Parteien von der Krise, die sie verursacht haben – verkehrte Welt, in der ein hessischer Mann namens Thorsten Schäfer-Gümbel wochenlang ausgelacht wird, weil er einen Doppelnamen trägt und eine randlose Brille.

Ich beobachte das Geschehen abwechselnd vom Fernseher und vom *Bürgerheim* aus. Anfangs war es nur ein Gefühl, ein Zweifeln, ganz leise, aber es wurde stärker und lauter, wie ein Pochen, das man erst ahnt und dann deutlich hört, das immer lauter wird: Es kam mir vor, als wäre ich zwischen zwei Realitäten eingeklemmt: In der ersten, in der Realität der Zeitungen, meiner Freunde und Kollegen, steht für alle fest, dass die USA und der Rest der G8-Staaten, die UNO, die EU, die Staats- und Wirtschaftslenker, die Ökonomen und Forscher alles tun, um die Krise zu meistern und die Welt zu einem gerechteren Ort zu machen. Konjunkturpakete helfen den Steuerzahlern, die Soldaten in Afghanistan den Afghanen, die Wirtschaft den Menschen und die Gesundheitsreform, die hoffentlich bald kommt, Millionen von Patienten.

In der zweiten – es ist die Realität meiner Genossen – gibt es die da oben und die da unten, Täter und Opfer, Lenker und Leidtragende. Täter sind alle, die nicht links sind, also Angela Merkel, Guido Westerwelle, Josef Ackermann, die Hedgefonds-Manager, die meisten Chefredakteure, Israel und Barack Obama, obwohl ihn die Hälfte aller Amerikaner als Sozialist beschimpft, die korrupten DAX-Konzerne, die NATO, die EU, die nach Auffassung der LINKEN längst ein »militärisch agierender *global player*« ist, die Polizisten, die Bundeswehr, die Rüstungskonzerne, Apple, Google, MTV und die *Bild*-Zeitung. Opfer sind die, die sich nicht wehren können, Menschen in Afrika und Lateinamerika, Arbeitslose, Niedriglöhner, Leiharbeiter, Asylbewerber, Alleinerziehende, alte Menschen, kranke Menschen, arme Menschen. Die zwei Realitäten. Da waren sie wieder. Ich war ihnen schon mal begegnet, in einem Gespräch mit meiner Genossin Nicole:

»Wie bist du eigentlich großgeworden?«, hatte ich sie mal beim Kaffeetrinken gefragt und Nicole hatte mir von ihrer Kindheit in einer Dreizimmerwohnung in Giesing erzählt. Ihre Eltern – Arbeiter, einfach, liebevoll, nichts Akademisches, aber ihre Schule habe genau an der Grenze zwischen Giesing und Harlaching gelegen, so dass die eine Hälfte ihrer Klasse aus Arbeiterkindern und die andere aus Sprösslingen reicher Industriellen- und Adelsfamilien bestanden habe.

»Eigentlich waren damals fast alle meine Freundinnen Millionärskinder«, hatte sie gesagt, und am Anfang sei das auch vollkommen egal gewesen, es habe keine Rolle gespielt. »Wie unterschiedlich wir waren, zeigte sich erst, als die ersten Kindergeburtstage gefeiert wurden.« Sie sei noch ein Kind gewesen, aber damals sei ihr mit einem Schlag klar geworden, welch unüberwindbarer Graben zwischen ihr und ihren Freundinnen lag. »Sie würden ihren Weg gehen, und ich meinen. Und beide würden nichts miteinander zu tun haben.«

»Wie waren die Geburtstage denn?«, hakte ich nach.

»Sehr verschieden«, antwortete sie und lachte. »Zu meinen Feiern durfte ich fünf oder sechs Kinder einladen, alles andere hätte die Wohnung gesprengt. Mein Vater sang Kinderlieder und bei der Tombola war der erste Preis eine Packung Gummibärchen.«

»Und wenn du eingeladen warst?«

»Tollten dreißig Kinder durch einen riesigen Garten, im Hintergrund eine Villa, vor der die Eltern an weißen Tischen standen und Champagner tranken. Es gab einen Zauberer, einen Clown und der erste Preis bei der Tombola war ein Farbfernseher.«

Ich schwieg, so rührend fand ich die Geschichte.

»Ich konnte damit umgehen«, antwortete Nicole, »ich wusste ja, dass meine Eltern keine Millionäre waren.« Trotzdem habe es sie gekränkt, das gehe gar nicht anders, wenn Kindern soziale Unterschiede zum ersten Mal bewusst würden. »Einmal«, sagte sie abschließend, »wurde ich sogar einen Tag vor der Feier wieder ausgeladen, weil ich nicht adelig war. Die Mutter meiner Freundin rief bei uns zuhause an und meinte, ich solle nicht böse sein, aber das würde einfach nicht zusammenpassen.«

Ich weiß noch, dass Nicole es war, die mir 2008, also noch vor meinem Parteieintritt, im Kreisbüro die ersten Broschüren in die Hand gedrückt hatte. Von diesem Tag an war sie mir sympathisch gewesen, aber jetzt, nach dieser Geschichte, verstand ich sie auch. Nicht dass sie mir leid tat, das wäre lächerlich, aber mir wurde klar, wie sie tickt, ich empfand Respekt vor ihrer Entwicklung. Im Gegensatz zu anderen Genossen ist sie lernfähig: Sie wurde in der Bewegung gegen den zweiten Golfkrieg politisiert, begann außerparlamentarisch in einer trotzkistischen Splittergruppe, seitdem scheint sie jedes Jahr ein Stück weiter in der Realität anzukommen. Sie ist radikal, aber auch radikal intelligent und begabt. Es hat etwas Magisches, wenn Menschen von etwas begeistert sind, wenn Menschen sich aus Überzeugung für eine Sache einsetzen: Nicole hätte auch bei der Event-Agentur bleiben können, bei der sie vor ihrem Eintritt in die LINKE gearbeitet hat, sie hat ordentlich verdient, aber sie hat sich für die Politik, ihre Überzeugung und das Risiko entschieden: Von einem Tag auf den anderen sackte ihr Monatsgehalt nach unten. Dafür wird sie jetzt belohnt: Sie ist Mitglied des Bundestags, hochschulpolitische Sprecherin der LINKEN und bekommt 7668 Euro im Monat. Neulich hat sie mir erzählt, dass sie sich endlich ihren Traum erfüllt habe: eine Reise nach Kanada. Manchmal sehe ich Reden von ihr auf Phoenix oder Youtube, sie werden immer besser, auch wenn ich inhaltlich nicht auf ihrer Linie bin. Nicole ist hübsch, man sieht sie gern an, sie hat ein aufgewecktes Gesicht, kluge Augen, blondes Haar, ich habe sie immer als intelligenten Menschen wahrgenommen, mit dem es sich zu sprechen lohnt.

Die LINKE ist eine extravagante Partei. Sie meint, für das Gute schlechthin zu stehen. Ist jemand nicht im Fußballverein, interessiert er sich nicht für Fußball; ist jemand nicht in der SPD, ist er eben nicht in der SPD, vielleicht ist er woanders, vielleicht auch nicht, vollkommen egal, es sagt nichts über den Menschen aus, er kann gut oder schlecht sein, sympathisch oder bescheuert, egoistisch oder altruistisch. Ist man nicht bei der LINKEN, verweigert ihr die Stimme oder kritisiert ihre Ansichten, gibt sie einem das Gefühl, ein schlechter Mensch zu sein, der auf der Seite der anderen, der Egoisten und selbstverliebten Bosse steht; ein Mensch, der sich an seinen armen und schwachen Mitmenschen vergeht. Es ist wie damals bei George W. Bush: Die anderen, das ist die Achse des Bösen. Wer nicht für die LINKE ist, ist gegen sie. Auf den Gedanken, dass neoliberale Ökonomen oder marktgläubige Politiker nicht notwendigerweise herzlos sind, sondern ihre Vorstellung von Wirtschafts- und Sozialpolitik langfristig für das gerechtere System halten, kommt sie gar nicht.

Die Partei sieht sich gern als Opfer und wittert überall Verrat. Einmal wurde ich ausgerechnet von Martin verdächtigt, ein Spion zu sein: Wir debattierten über die Gesundheitsreform und ich empfand Langeweile, weil sich seit drei Stunden nichts bewegte; ich spielte mit meinem Handy, scrollte mich durch *Spiegel-Online* und schrieb ein paar SMS, unter anderem eine an meinen Vater mit einem Friedrich Engels-Zitat, das ich neulich im Briefwechsel mit Marx entdeckt hatte: Die Partei ist eine Bande von Eseln, die auf uns schwört, weil sie uns für ihresgleichen hält. Gruß, Tobi.

Ein kleiner Witz zwischendurch, etwas Ablenkung, ich dachte mir nichts dabei, auch andere Genossen, vor allem die jüngeren, hatten ihr Handy ständig in der Hand, und die Kanzlerin macht es ja auch nicht anders. Politik ohne Handy, das geht gar nicht mehr, umso mehr erschrak ich, als ich Martins Stimme neben mir hörte.

»Hey, Tobias«, sagte er schroffer als sonst, seine Brille war nach unten gerutscht, so dass er mich über ihren Rand hinweg ansah.

Ich zuckte zusammen, gerade hatte er doch noch für ein steuerfinanziertes Gesundheitssystem plädiert.

»Sag mal«, fuhr er fort, »was tippst du eigentlich die ganze Zeit in dein Handy?«

»Nichts Besonderes. Warum?«

»Erstattest du jemandem Bericht?«

Ich wurde rot und wusste nicht, wie ich reagieren sollte. Ich fühlte mich ertappt, ohne etwas Falsches gemacht zu haben. Ich hatte doch nur eine SMS geschrieben und ein paar Aktienkurse nachgesehen. Es war symptomatisch für meine Position in der Partei: Ich hatte ein schlechtes Gewissen, aber nichts Böses getan. Und Martin schien genau das zu spüren: dass ich außerhalb der Partei stand, wenn auch nur innerlich, was doof klingt, aber meine Lage absolut korrekt beschreibt.

»Wem sollte ich denn deiner Meinung nach Bericht erstatten?«, fragte ich ziemlich schnippisch, weil ich so aufgeregt war.

»Keine Ahnung«, sagte Martin. »Vielleicht der Redaktion einer Zeitung oder dem Verfassungsschutz. Wir kennen dich noch nicht lange. Und du hast nie viel von dir erzählt. Du weißt, dass wir vom Bundesverfassungsschutz beobachtet werden, oder?«

Jetzt schauten mich auch die anderen an. Keiner sprach mehr ein Wort. Alle warteten auf meine Antwort. »Ach Martin«, sagte ich, »komm runter, du kannst dich beruhigen. Ich habe nur eine SMS an meinen Vater geschrieben. Ich bin kein Spion. Wie kommst du überhaupt darauf?«

Martin ist ein konfliktscheuer Mensch. Mein Gegenangriff und mein anschließender Rückzug ins Verbindliche würden ihn in die Flucht schlagen.

»Ist ja schon gut. Sei mir nicht böse«, sagte er.

»Kein Problem.«

Ich glaube, es tat ihm leid, mich verdächtigt zu haben, weil er mir für den Rest des Abends besonders zugewandt war. Er fragte mich nach meiner Kindheit und Jugend, was ich studiert habe, wie ich meine Abende verbringe, wofür ich mich interessiere. Wir unterhielten uns, zum ersten Mal seit Monaten unterhielten wir uns.

Die LINKEN glauben an einen Komplott der Starken gegen die Schwachen, an eine Verschwörung der Machthaber gegen den Rest der Menschheit, ein unsichtbares Kartell, ähnlich der Mafia, mit dem Unterschied, dass es schwieriger zu bekämpfen ist, weil es von den Menschen demokratisch gewählt wird, die es unterdrückt. Ein perfektes, ein perfides System. Eine Logik, nach der die gesamte Weltpolitik nicht dem Frieden und der Herstellung von Gerechtigkeit dient, sondern dem Machterhalt derer, die im Besitz der Macht sind. Nach meinen Genossen leben wir in einer Scheinwelt, einer Art perfekt inszenierter Truman-Show, in der wir gezielt falsch informiert werden, damit wir unsere Laune und Lebensfreude nicht verlieren: digitales Fernsehen, Handy-Flatrates und ein bisschen Elterngeld, Opium für das Volk, damit es sich einrichten kann im kleinen Glück und ja nicht auf den Gedanken kommt, große Zusammenhänge verstehen oder gar ändern zu wollen.

Nur die kleine Gruppe der LINKEN (und vielleicht noch Julian Assange) seien nicht käuflich. Nur sie durchschaue die Lügen der Bosse, widersetze sich ihren Bestechungsversuchen und strebe einen Politikwechsel an, der den Namen verdient. Nur sie sei im Besitz der Wahrheit und wisse, dass die Sicherheitskonferenz in Wahrheit eine Kriegskonferenz sei und Google keine Such- sondern eine Spionagemaschine. Nur sie wisse, dass die Soldaten in Afghanistan nicht für Demokratie und Freiheit, sondern für Öl und Gas kämpfen und die Volksparteien keine Politik für die Menschen, sondern für sich selbst und ein paar Industrie- und Wirtschaftsverbände machen.

Nach einer Weile kam ich mir ziemlich doof vor. Als wäre ich mein Leben lang einer Dauergehirnwäsche unterzogen worden, die verhinderte, dass ich die wirklichen Zusammenhänge erkannte. Ich fragte mich, ob es möglich war, dass ich 35 Jahre lang von einer zweiseitigen Medaille immer nur eine Seite zu Gesicht bekommen hatte? Ob es sein konnte, dass ich auf die Welt gekommen, gemeinsam mit Millionen anderer Durchschnittsindividuen formatiert und wieder nach draußen zu den anderen Mitläufern geschickt worden war, um ein bisschen zu spielen. War es möglich, dass nicht sie, sondern ich das Opfer war? Das Opfer eines riesigen globalen Täuschungsmanövers, welches das Ungleichgewicht der Welt nicht ausglich, sondern jeden Tag weiter verstärkte. Manchmal war ich kurz davor, paranoid zu werden. Ich begann, meine Überzeugungen in Frage zu stellen. Ich zweifelte und empfand meine Zweifel als erste Früchte meines Experiments. Ich fühlte mich mündiger, kritischer, unbequemer. Als wäre meine Zivilcourage gewachsen. Als wäre ich dabei, die Fesseln der Verdummung abzuwerfen und in die Wahrheit einzutauchen.

Was, wenn alle sich täuschten und meine Genossen Recht hatten? Wenn sich herausstellte, dass nur die LINKE im Besitz der Wahrheit war und der Rest einem riesigen Lügengebäude aufsaß? Ich musste an den Film *Der Planet der Affen* denken. Darin sind die intelligenten Menschen Gefangene der weniger intelligenten Affen. Waren die LINKEN die Menschen? Und ich der Affe?

Dann wäre der Kapitalismus nur ein umgekehrter Kommunismus mit anderem Namen; eine Wirtschaftsform, die die Menschen nicht durch Mangel, sondern durch Überfluss unterdrückt, ein System, in dem – genau wie im diktatorischen Sozialismus der DDR – eine unmündige Masse einer kleinen, privilegierten herrschenden Klasse gegenübersteht. Was aber, wenn der Kapitalismus den Armen nur weismacht, dass alles möglich ist? Dass sie es schaffen können, wenn sie sich nur richtig anstrengen, aber alles eine beschissene Lüge ist von Menschen, die sich über ihre Versprechungen und uns alle totlachen, wenn sie unter sich sind und Schwertfischcarpaccio essen.

Bisher hatte ich immer an die Unlösbarkeit heillos miteinander verschränkter Konfliktfelder geglaubt. Ich war davon ausgegangen, dass es unmöglich ist, ein Problem zu lösen, ohne ein anderes in Gang zu setzen, dass unsere Politiker nicht bösartig oder schlecht sind, sondern überfordert. Dass sie unter unmenschlichem Druck stehen und jeden Tag Entscheidungen von einer Tragweite treffen müssen, die sie nicht einmal erahnen. Dass sie plausibel klingende Argumente entwickeln, mit denen sie nahezu blind durch die Weltpolitik stapfen und mal hierhin, mal dorthin tasten, an der Leine kein Blindenhund, sondern so genannte Experten, von denen sich alle gegenseitig und manche sogar sich selbst widersprechen. Trial and Error. Über nichts anderes sprechen wir, wenn wir über Weltpolitik reden. Manchmal haben wir Glück, manchmal nicht, das Ergebnis wird als Konzept verkauft, die Fehler, die Verluste, die Todesopfer als Kollateralschäden.

Die Interferenzen zwischen Politik und Öffentlichkeit, zwischen politischen Entscheidungen und den Reaktionen, die sie hervorrufen, sind unüberschaubar geworden. Überall ist eine Kamera, weil überall ein Handy ist, eine SMS kann weltweit Panik auslösen, ständig sind alle gleichzeitig miteinander in Kontakt und beobachten sich gegenseitig, ständig wird alles von jedem kommentiert, weitergeleitet, vervielfältigt. Politik ist eine »Echtzeitmaschine« geworden, schreibt der Publizist Gustav Seibt, die sich in Umfragewerten, Deutschlandtrends,

Politbarometern, Sympathie- und Antipathiekurven spiegle. Im *Spiegel* stehen Guttenberg, Westerwelle und Trittin jede Woche auf Säulen, die je nach Beliebtheit länger oder kürzer sind, als ob der beliebteste Politiker automatisch der beste wäre, als ob Menschen immer das gut fänden, was langfristig richtig ist.

Alles wirkt so verfahren, dass ich mich jeden Tag darüber wundere, dass die Hartz-IV-Empfänger ihr Geld bekommen, der Fiskus seine Steuern und ich mein Geld aus dem Bank-Automaten. Angesichts der Komplexität unserer globalisierten Welt läuft eigentlich alles ziemlich glatt. »Im Gegensatz zum Sozialismus hat der Kapitalismus seine Versprechen noch immer eingelöst«, schreibt auch Jan Fleischhauer. Trotzdem werden die überforderten Berufspolitiker jeden Tag in der Zeitung verspottet. Seit einigen Jahren ist es Sitte geworden, Politiker zu verachten oder mit lustigen Namen zu verspotten: »Null-Bock-Köhler« oder »Porsche-Klaus« schreiben die Journalisten und die Leser lachen. Respektiert werden nur noch die, die tot sind oder so alt, dass sie der Sphäre des operativen Geschäfts enthoben sind: Helmut Kohl zum Beispiel, dessen Spendernamen keiner mehr wissen will. Oder Helmut Schmidt, der nicht nur rauchen darf, wo er möchte, sondern auch alles sagen und meinen darf, was er will, es ist immer richtig.

Nach einigen Wochen in der Partei verstand ich vieles besser als vorher. Vor allem Anja, die Soziologiestudentin, erklärte mir, dass die Genossen bei Mitgliederversammlungen nicht zufällig jedes Mal mit den gleichen Kollegen am Tisch sitzen und wer in der Partei mit wem und warum nicht auskommt. Dass manche Genossen sich nicht ausstehen können, hatte ich schnell gemerkt, aber die Feinheiten, die Splittergruppen, die fein verästelten Feindschaften und Vorbehalte kapierte ich erst nach und nach.

Man braucht eine Weile, um eine Partei zu verstehen, bei der LINKEN braucht man länger: »Kommunistische Plattform«, »Sozialistische Linke«, »Antikapitalistische Linke«, »marx 21«, »Linksruck«, »Sozialistische Alternative« – erst nach Monaten konnte ich die Genossen den einzelnen Gruppierungen und Bündnissen zuordnen. Anja erklärte mir, dass es LINKE gibt, die noch ein bisschen linker sind, und andere, die mit ihren Thesen so nah an der SPD sind, dass sie von den radikaleren Genossen als »neoliberale Verräter« beschimpft werden. Sie erklärte mir die Gräben, die quer durch die Partei verlaufen, zwischen Realos und Fundis, Wessis und Ossis, Reformern und Radikalen, Gewerkschaftern und Radikalkommunisten, Hartzern und Wichtigtuern, alten PDS-Mitgliedern und West-Genossen, die über die WASG zur LINKEN gestoßen waren. Die beiden letzten Gruppen verhalten sich zueinander wie alte Adelsgeschlechter zu neureichen Unternehmern. Die Adeligen sind die PDS-Genossen, die stolz darauf sind, schon immer da gewesen zu sein. Es gibt sogar einen Spruch, der ihre Abneigung gegenüber den Neu-Genossen auf den Punkt bringt: »Mit der WASG ist es wie mit einem Kondom: Ohne ist es schöner, aber mit ist es sicherer«, was so viel heißt wie: Wir können diese neunmalklugen Gewerkschaftsbonzen aus dem Westen, die keine Ahnung von Sozialismus haben, nicht ausstehen, aber wenigstens sind wir jetzt eine Partei, die Einfluss hat und von den Medien wahrgenommen wird. Vor der Fusion zur LINKEN war die PDS im Westen praktisch bedeutungslos. Abgesehen davon, dass sie alle paar Jahre ihren Parteinamen austauschte, hörte man nichts von ihr.

Spätestens im Frühjahr hatte ich mich so an meine Genossen, die Termine und Sitzungen gewöhnt, dass ich nur noch an den Reaktionen meiner Freunde merkte, dass ich mich auf einem merkwürdigen Trip befand. Sie machten sich über mich lustig, liebevoll, aber nicht grundlos, weil ich immer öfter Einladungen absagte, um einen Parteitermin wahrzunehmen. Was sollte ich machen? Es war mir ernst, und irgendwo gab es immer was zu tun und zu lernen: ein Vortrag, eine Diskussionsrunde, ein Info-Abend; bald würde der Wahlkampf beginnen, dann würde auch ich anpacken müssen: Plakate kleben, Infostände betreuen, Zeitungen austragen. Es passierte, was sich nicht vermeiden lässt, wenn man eine Sache mit Ernst und Leidenschaft angeht: Ich begann mich mit meinen Genossen zu identifizieren, nicht mit ihren politischen Ansichten, aber mit ihren Schicksalen und Biografien, und wenn ich in mich hineinhorchte, spürte ich, dass mein Verständnis für ihre Ansichten gewachsen war. Die Partei war mir nach wie vor fremd, aber die Menschen waren mir nähergekommen. Ich konnte verstehen, warum sie die LINKE wählten, warum die Partei für sie eine Art zweites Zuhause geworden war, ein Clubraum, in dem man immer abhängen konnte, wo einen keiner schief ansah oder Vorwürfe machte. Sie hatten keine andere Chance. Das Leben gab ihnen keine andere Chance. Was sollten sie tun? Die LINKE war die einzige Partei, die sie ernst nahm, seitdem die Grünen und die SPD immer weiter in die Mitte rückten. Zu den zwei Realitäten, den zwei Wahrheiten – die meiner Freunde und die meiner Genossen – waren weitere dazugekommen, lauter kleine, individuelle Mikrowahrheiten; ich fühlte mich, als wären wir alle in einem spinnennetzähnlichen Labyrinth eingewickelt und konserviert, die Spinne war Gott, aber gerade nicht da.

Ich wusste nicht mehr, was richtig und falsch war, konnte nicht mehr zwischen Wahrheit und Lüge, Schein und Sein unterscheiden. Bisweilen glaubte ich überhaupt nicht mehr an Wahrheit, nur noch an Meinungen. Das Ganze begann gefährlich zu werden. Ich wankte. Und immer wenn ich bei meinen Freunden war, vermisste ich die Ernsthaftigkeit und das politische Engagement meiner Genossen, den unbedingten Willen, die Welt zu einem besseren Ort zu machen. War ich bei der Partei, sehnte ich mich nach Ironie und Oberflächlichkeit, Verschwendung, Albernheit und sinnloser Eleganz, nach überflüssigen Fernsehserien und Christian und seiner Freundin, mit denen man so herrlich in Schweizer Berghotels oder auf Kunstmessen abhängen und sich über die Kunst und ihre Käufer lustig machen konnte.

Ich redete mir ein, wie eintönig eine Welt wäre, in der alle gleich sind, in der für alles gesorgt ist, in der niemand Angst haben muss; ich redete mir ein, dass meine Genossen zwar ganz nett, aber eben doch verbitterte Sozialisten und Systemfeinde sind, und merkte in meinem kleinen Ortsverband doch wenig davon: Die meisten waren nicht gefährlich, eher rührend, manche langweilig, irgendwie erinnerten sie mich an die Gallier aus *Asterix*: aufmüpfig, unfreiwillig komisch und nicht totzukriegen.

Ich traf aber auch Genossen, die gebildet, interessant und intellektuell waren. Im kleinen Kreis wurde oft auf so hohem Niveau über philosophische und ökonomische Zusammenhänge diskutiert, dass ich abends im Bett nachlas, was einige Genossen wieder von sich gegeben hatten. Ich weiß nicht, ob es bei einem CSU-Stammtisch auch zu solchen Debatten kommt, vorstellen kann ich es mir nicht, aber ich weiß natürlich auch, dass es nicht nötig ist, um gute Politik zu machen.

Dass ich einige Genossen lustig fand, hat mich am meisten überrascht. Linke haben keinen Humor, und wenn doch, dann einen wie Matthias Richling. Auch so ein Vorurteil, das sich über Jahre in mir festgesetzt hatte. Aber manche Kollegen aus dem Ortsverband waren richtig witzig, vor allem die, die keine

Posten wollten, Distanz zum Parteiapparat und eine gesunde Skepsis gegenüber der Parteiführung ausstrahlten; Felix zum Beispiel, der bei der Arbeitsagentur Hartz-IV-Empfänger berät und langweilige Parteisitzungen via Smartphone und Facebook in Echtzeit kommentierte. Oder German, der so treffsicher zynisch-komische Sprüche rausschleuderte, dass man ihn für einen gewissenlosen Investmentbanker und nicht für einen arbeitslosen Grafiker halten könnte.

Auch mit Henning verstand ich mich immer besser, wir mailten uns, er lud mich zu Attac ein und schickte mir Artikel aus dem *Neuen Deutschland*, Themen, für die in der *Süddeutschen Zeitung* kein Platz ist, wie er sagt. Valerie lud mich alle paar Wochen zum Essen ein, ohne Grund, einfach so, immer vegetarisch, immer ayurvedisch, immer sehr gut, ich habe noch nie in meinem Leben einen Menschen getroffen, der mit 250 Euro im Monat so glücklich ist. Ich war nicht so angesehen wie Olivier, aber ich war ein Teil der Partei, ein Teil meines Ortsverbandes geworden.

Die LINKE wird in fünf Bundesländern vom Verfassungsschutz beobachtet, unter anderem in Bayern. Die Partei, so die Begründung, distanziere sich nicht deutlich genug von der DDR-Diktatur. Denke ich an meine Münchner Genossen, finde ich das lächerlich. Wenn die Mitarbeiter des Bundesverfassungsschutzes die Zeit haben, Valerie beim Kochen zu beobachten und Martin, wie er mit einem Transparent durch München hinkt, dann viel Spaß dabei. Die beiden, aber auch Henning, Nicole und Anja wollen die grundgesetzliche Ordnung nicht umstürzen. Sie sind keine Revolutionäre, sie wissen auch, dass das keinen Sinn hat. Sie wollen den Kapitalismus überwinden, aber der genießt – was viele nicht wissen – keinen Verfassungsrang. Man kann gegen ihn sein und gegen ihn demonstrieren, ohne sich verfassungswidrig zu verhalten oder den Boden des Grundgesetzes zu verlassen. Die Genossen, die ich in meinen 18 Monaten bei der LINKEN – und nur für die kann ich sprechen – kennen gelernt habe, muss kein Mensch beobachten. Die sind nicht gefährlicher als Thilo Sarrazin oder Bushido – und die sitzen alle paar Wochen in einer Talkshow.

8. »Kannst du mal die Fahne schwenken, Tobias?«
Ich demonstriere und schaue in den Lauf eines Maschinengewehrs

Dass ich noch nie für oder gegen etwas demonstriert habe, stimmt nicht ganz: Ende der neunziger Jahre lief ich bei den Studentenprotesten meiner Universität mit, aber nur für eine Stunde und aus Spaß. Es war mir unmöglich, den Protestmarsch ernst zu nehmen. Die Versager von der AStA und der geisteswissenschaftlichen Fakultät II hatten Fahnen und Transparente gebastelt, um für bessere Studienbedingungen zu kämpfen, dabei waren sie vor lauter Kaffeetrinken und Kartenspielen am Proseminar II gescheitert.

Mit 33 nahm ich zum ersten Mal an einer richtigen Demonstration teil, sie richtete sich gegen die so genannte Münchner Sicherheitskonferenz, die eigentlich nur Münchner Sicherheitskonferenz heißt, aber von den LINKEN *so genannte* Münchner Sicherheitskonferenz genannt wird, weil sie in ihren Augen keine Sicherheits-, sondern eine Kriegskonferenz ist, ein Treffen von Staatsmännern, Wirtschaftsvertretern, Rüstungslobbyisten und Militärs, die unter Ausschluss der Öffentlichkeit beraten, wie sie die weltweiten Rohstoffe unter sich aufteilen und die armen Länder ausbeuten können.

Die Konferenz findet jedes Jahr im *Bayerischen Hof* statt, einem 5-Sterne-Hotel in München, dessen Spa-Bereich ich ab und zu besuche, weil mich die Mischung aus Kamin und Pool irgendwie beruhigt. Sie ist die größte und bedeutsamste ihrer Art weltweit, es gibt sie seit 1962, bei ihren Gegnern heißt sie

SiKo, was wie ein Zitrus-Reiniger klingt, aber nur ein Akronym, eine linguistische Kurzform ist.

Am SiKo-Wochenende lässt man sein Auto stehen und bleibt in der Wohnung, die halbe Stadt ist gesperrt, überall stehen Polizisten und blockieren die Straßen, in der Luft kreisen Hubschrauber, auf den Dächern sitzen Scharfschützen und warten, dass was passiert, was Gott sei Dank nie der Fall ist. Ausgerechnet München, die Stadt von Karl Valentin, Alfons Schubeck und Franz Beckenbauer, wirkt für zwei Tage, als könnte jeden Moment Bruce Willis im blutbefleckten Unterhemd vom Paulanerdach springen.

Immer wenn die SiKo in München ist, frage ich für meine Zeitung politische Schwergewichte für Interviews an. Leider hat es noch nie geklappt: kein Zeitfenster, zu enger Terminplan, *tight schedule,* sagen die Agenten, die meine Anfragen sicher nie weitergeleitet haben.

Auch dieses Jahr sind 300 der wichtigsten Menschen der Welt in München, ein Dutzend Staatsmänner und 50 Minister, darunter US-Vizepräsident Joe Biden, der iranische Parlamentspräsident Ari Laridschani, der afghanische Präsident Hamid Karsai, der frühere US-Außenminister Henry Kissinger, den die LINKEN wegen seiner Vietnampolitik für einen Kriegsverbrecher halten, Nicolas Sarkozy, Angela Merkel und Donald Tusk aus Polen. Auf der Themenordnung stehen der Krieg in Afghanistan, das iranische Atomprogramm, die Zukunft der NATO und das Verhältnis von Russland zum Westen, also eigentlich alles. Man fragt sich, wie 300 Menschen in 48 Stunden (mit Gala-Dinner) diese Fragen auch nur ansatzweise erörtern wollen; aus dem gleichen Grund wundert man sich nicht, dass nach dem Wochenende jedes Jahr alles so weitergeht wie vorher.

Meine Genossen finden die Konferenz aber nicht nur überflüssig, sondern gefährlich. Die »Verteidigung Deutschlands am Hindukusch« bringe nichts und erzeuge weiteren Terror. Sie sind überzeugt davon, dass bei der SiKo 48 Stunden lang darüber verhandelt wird, wie sich die Sicherheit von westlichen Konzernen gewährleisten lässt, die USA Militärbasen an geostrategisch wichtigen Orten errichten und sich die Industrienationen den Zugriff auf Öl- und Gasreserven sichern können. Die NATO sei nicht aus der Mode gekommen, sie sei eine »Mordmaschine«, die unter dem Deckmantel humanitärer Hilfe völkerrechtswidrige Kriege führe.

Bereits am Freitagabend haben sich 150 SiKo-Gegner auf dem Marienplatz versammelt, richtig los geht es am Samstag: Kundgebungen, Reden, Konzerte, Demo, das ganze Programm und ich zum ersten Mal dabei. Für mich ist das ungewohnt und – was es nicht leichter macht – ich bin von der Sache mit der angeblichen Kriegskonferenz alles andere als überzeugt. Ich kann nicht glauben, dass Angela Merkel, Joe Biden und Nicolas Sarkozy bei ein paar Gläsern Rotwein Kriegseinsätze planen und sich die Hände reiben. Ich glaube, dass sie angesichts einer hoch komplizierten Gemengelage Probleme haben, Lösungen zu finden. Ich glaube, dass sie in einer globalisierten Welt erschreckend machtlos sind.

Natürlich argumentiert jedes Staatsoberhaupt im Interesse des eigenen Landes, dafür wurde es gewählt, keiner will im Wettlauf der Mächte zurückfallen. Und ganz sicher kommt bei diesen Debatten und Abmachungen das eine oder andere Entwicklungsland zu kurz, und ja, das ist ungerecht und muss angesprochen werden und sich ändern, auf der anderen Seite kenne ich genug Leute, die grün wählen und losschreien, wenn wegen eines gestiegenen Entwicklungshilfebudgets die Sozialleistungen gekürzt werden müssen oder die Strompreise steigen, weil Öko-Strom nun mal teuerer als Atomstrom ist.

Als ich gegen 8 Uhr aufwache, bin ich schlecht gelaunt. Samstag ist ein freier Tag, da macht man einen langen Spaziergang oder geht in die Pinakothek, fährt zum Skifahren oder trifft Freunde zum Frühstück. Heute werde ich überhaupt keine Freunde zu Gesicht bekommen, nur Genossen. Menschen, mit denen mich nichts verbindet außer die Mitgliedschaft in dieser Partei, mit der ich mich immer noch nicht identifizieren kann. Der ganze Tag ist durchgeplant. Es ist ungemütlich und kalt, vor mir liegen acht Stunden Demonstration. Sich acht Stunden am Stück einer einzigen Sache zu widmen, als Mensch unter 40 kann man das heutzutage gar nicht mehr, man bricht ab, unterbricht, pausiert, wechselt ab, macht Dinge gleichzeitig – heute werde ich nur demonstrieren, den ganzen Tag, ohne Pause. Ich werde Teil einer Gruppe sein, aber im Grunde allein.

Ich ziehe eine lange Unterhose an, drüber eine Jeans, ein T-Shirt, ein Flanellhemd von früher, einen Wollpullover und eine schwarze Daunenjacke. An den Füßen trage ich schwarze halbhohe Schuhe, Curlingboots, die ich mir für die kalten bayerischen Winter gekauft habe. Für heute sind sie perfekt, weil sie von weitem aussehen wie Springerstiefel. Dass sie fünfmal so viel gekostet haben, sieht ja keiner.

Wegen der Japaner, die das Glockenspiel fotografieren, ist der Marienplatz fast immer voll und unbedingt zu meiden, aber heute ist er richtig voll. Schon von weitem sieht man PACE-Fahnen und Transparente; an der Rathausfassade, in der Nähe der Statue des Prinzregenten, lehnt ein Polizist und hält eine Kamera auf die Menge. Er müsste den unsichtbaren Grenzstreifen, der sich quer über den Marienplatz zieht, besonders gut erkennen, eine Art virtuelle Mauer, die man spüren, aber nicht sehen kann. Links von ihr stehen die Demonstranten, rechts von ihr, säuberlich aufgereiht wie Teilnehmer einer Lichterkette, Wochenendbummler aus Fürstenfeldbruck,

Familien mit Kindern und Einkaufstüten, Pärchen, die sich bei der Hand halten, und Touristen mit blau-weiß karierten Hüten. Sie wirken fröhlich, fast dankbar, als wären sie in eine Gratis-Vorstellung geraten, manche machen ein Foto mit dem Mobiltelefon.

Meine Partei ist mit 20 Genossen vertreten, der Rest sind andere Gruppierungen, die Grünen, die SDAJ, die DKP, die ver.di-Senioren, Attac, die üblichen. Viele müssen in den Tagen zuvor gebastelt haben, einer trägt eine fünf Meter lange Pershing-Rakete aus Pappe mit der Aufschrift »Abwrackprämie«, andere haben zum »60. Geburtstag der NATO« eine rosafarbene Torte zusammengeleimt, die Kerzen sind nur auf den ersten Blick Kerzen, auf den zweiten erkennt man, dass es sich um Dynamitstangen aus Bastelpapier handelt.

Weil ich noch nicht den Mut aufbringe, mich meinen Genossen anzuschließen, stehe ich ein bisschen herum. Ich würde gern beim Hugendubel rumstöbern, vielleicht ein paar Bücher kaufen, aber das wäre feige und so verwerfe ich den Gedanken wieder. Ich hätte nicht gedacht, wie schwer es mir fällt, aus der Gruppe der Passanten heraus- und in die der Demonstranten hineinzutreten. Es sind nur ein paar Schritte, aber von mächtiger Symbolkraft. Geht man unter in der Masse oder fällt man aus der Reihe? Ist man ein normaler Bürger, der am Samstag durch die Fußgängerzone schlendert, oder ein aufständisches Individuum, das sich auflehnt gegen die Regeln der bürgerlichen Gesellschaft?

Jeder kann mich sehen, Freunde, Kollegen, mein Chef, die Nachbarn, aber die sind nicht das Problem, die meisten wissen von meinem Experiment und wenn nicht, kann ich ihnen davon erzählen, schlimmer sind Menschen, die mich kennen, aber nicht gut kennen, die Marktfrau vom Käsestand, der Wirt der Jazzbar, über der ich wohne, der Kollege aus unserer juristischen Abteilung, dem ich an der Salattheke in der Kantine immer zuwinke. Im *Bürgerheim* sitzen ist eine Sache, auf die Straße gehen eine ganz andere. Es ist ein Unterschied, ob man seine systemfeindliche Haltung auf dem Marienplatz oder hinter einer Schiebetür im Westend auslebt. Hier bin ich – ob ich will oder nicht – einer der Aufständischen, der Punks, der LINKEN und Autonomen. Man sieht mir nicht an, was ich denke. Ich kann mir ja schlecht ein Schild um den Hals hängen, auf dem »Alles nur ironisch« steht. Abgesehen davon wäre es auch gelogen. Es geht um Krieg. Es geht um den Frieden.

Es ist nicht schwer, in dem Gewimmel aus Fahnen und Transparenten meine Genossen zu finden. Martin hat unsere Parteifahne mitgebracht, stolz und rot flattert sie über den Köpfen im Wind. Ich gehe an Teenagern und Punks vorbei, an Clowns mit bunten Perücken und einer Samba-Gruppe, die mit Holzklöppeln auf kleine Trommeln schlägt, an schwarz angezogenen Männern mit Kapuzenpullovern und Sonnenbrillen, dem schwarzen Block, der, wenn man genau hinschaut, ebenfalls fast nur aus Teenagern besteht. Neben einer Gruppe minderjähriger Punks bleibe ich stehen, um ein bisschen Zeit zu schinden. Sie sitzen im Schneidersitz im Kreis, auf der Lederjacke des einen steht »Feuer und Flamme für jeden Staat«. Ein paar Meter weiter verkauft ein älterer Mann Buttons und Aufnäher. »Kriegsdienstverweigerer – staatlich geprüft«, »Seien wir realistisch, versuchen wir das Unmögliche«, solche Sachen. Plötzlich fällt einer auf den Boden. Aufschrift: »Schäuble: Stasi 2.0«.

»Schnell, heb ihn auf«, flüstert der Punk mit der Lederjacke zu einem Mädchen, das zwischen seinen Beinen sitzt, und gibt ihr einen Stoß in die Rippen. »Mach schon, schnell.« Sie richtet sich auf, nimmt den Aufnäher und legt ihn nach kurzem Zögern zurück auf die Ablage, der Verkäufer sieht es nicht einmal. »Mann«, sagt der Punk, »das wäre deine Chance gewesen, das hätte der Alte nie gecheckt.« Ich halte fest: Krieg ist schlecht, aber Diebstahl, genauer, Diebstahl an einem alten Mann, der am Wochenende bei Minus zehn Grad Stoffaufnäher verkaufen muss, ist vollkommen in Ordnung.

»Hallo, Tobias«, sagt Henning, als ich auf ihn zugehe und ihm die Hand gebe, »wie schön, dass du dabei bist.«

Er sagt nicht »wie schön, dass du hier bist«, sondern »wie schön, dass du dabei bist«, das meint mehr als *dabei bei dieser Demonstration*, das meint *dabei beim weltweiten Kampf um Freiheit und Gerechtigkeit*, nicht heute in München, sondern immer und überall. Er hätte auch sagen können: »Wie schön, dass du einer von uns bist, einer von den Guten.« Nach ein bisschen Smalltalk drückt er mir einen Packen Flugblätter in die Hand. »Kannst du verteilen, wir treffen uns wieder hier.« Ich habe noch nie in meinem Leben Flugblätter verteilt. Dementsprechend gehemmt bin ich und lese mir erst mal durch, was draufsteht. 5 Gründe gegen die NATO:

1. Truppen raus aus Afghanistan
2. NATO-Osterweiterung bringt neue Kriegsgefahr
3. NATO heizt Rüstungsspirale an
4. Bush-Politik auch mit Obama
5. NATO-Option für Atomwaffeneinsatz

Ich finde, dass die Behauptungen zu pauschal sind und man Barack Obama auf keinen Fall mit George W. Bush vergleichen sollte, aber mit Fußnoten werden keine Wahlen gewonnen und schon gar keine Demonstrationen angeheizt. Demos erfordern Parolen und Slogans, keine Aufsätze mit Pro und Contra.

Letztlich, rede ich mir ein, kann es kein Fehler sein, für den Frieden aufzustehen, gebe mir einen Ruck und gehe auf die Menschen zu, die vor dem Vodafone-Laden stehen. Mein erster

Versuch scheitert, die folgenden auch. Immer wenn ich mich einem Passanten bis auf einen Meter genähert habe, drehe ich ab, tue so als würde mir etwas einfallen, tippe wild auf die Tasten meines Handys oder haue mir gegen die Stirn und murmle was vor mich hin. Ich traue mich nicht. Dabei ist es doch nur ein windiges Flugblatt.

Ich versuche es noch mal, diesmal bleibe ich mit meinem Stapel innerhalb der Demonstrationszone, drücke einem Teenager im Vorbeigehen ein Flugblatt in die Hand und bekomme prompt eines zurück, von der SDAJ, der Sozialistischen Deutschen Arbeiterjugend, die – genau wie wir – den sofortigen Abzug der deutschen Truppen aus Afghanistan fordert. Mein Stapel wird kleiner, ein Flugblatt nach dem anderen wechselt den Besitzer. Ein Glücksgefühl treibt mich weiter, spornt mich an, so schwer ist es gar nicht, wenn mich jetzt nur mein Vater sehen könnte: Ich gehe tatsächlich über den Münchner Marienplatz und verteile die ersten Flugblätter meines Lebens. Ein überwältigendes Gefühl von Sinnhaftigkeit durchströmt mich.

Nach wenigen Minuten muss ich mir eingestehen, dass es niemandem etwas nützt, wenn unsere Flugblätter nur von Menschen gelesen werden, die ohnehin für die Abschaffung der NATO sind. Ich muss auf die andere Seite, rüber zu den Bürgern, Bummlern und Glotzern, rein in die trostlose Durchschnittlichkeit einer deutschen Fußgängerzone am Samstagnachmittag, und versuche es noch mal, diesmal mit einem Trick: Ich vermeide Augenkontakt. Auf einmal bin ich mir ganz sicher, dass es beim Flugblätterverteilen darauf ankommt, anonym zu bleiben und sich in einen Fließbandroboter mit Schwenkarm, aber ohne Gefühle zu verwandeln, der nur ein einziges Programm auf seiner Festplatte hat: Flugblätter verteilen. Man darf sich auf keinen Fall ausmalen, was das Gegenüber denkt, ob es einen auslacht oder bewundert, verachtet oder ignoriert, man muss stur sein Programm abspulen. Ich steuere also mit etwas mehr Elan ein zweites Mal auf die Menschenkette zu, und halte erst inne, als zwei große Brüste meinen Blick kreuzen, Brüste, die ich schon mal irgendwo gesehen habe.

»Hallo, Tobias!«, sagt eine rauchige, leicht leiernde Stimme, die ich schon mal gehört habe, es ist eine Art kindlicher Singsang mit rauchiger Note, das muss Susanne sein, die Stimme, der Busen, passt alles.

»Hi«, sage ich leicht verwirrt.

Susanne arbeitet auch bei der *Süddeutschen Zeitung*, aber nicht in der Redaktion, sondern in der Verwaltung; wir sehen uns hin und wieder in der Kantine. Sie sagt »Mahlzeit«, ich »Guten Appetit«, jetzt steht sie vor mir und lässt mich nervös werden, weil ich so perplex bin und krampfhaft überlege, was ich sagen könnte. Als mir nach mehreren Sekunden immer noch nichts einfällt, was der Situation gerecht würde, frage ich: »Hey, was machst du hier? Auch für den Frieden?«

»Natürlich«, sagt sie lachend und wirkt vollkommen unverkrampft dabei. Ob sie merkt, wie nervös ich bin?

»Eigentlich wollte ich nur ein Buch kaufen«, fährt sie fort, »aber dann hab ich die Demo gesehen und mir gedacht, ist doch ’ne gute Sache, da geh ich mit.«

»Komisch«, sage ich, »hätte nie gedacht, dass ich hier jemanden aus dem Verlag treffe.«

»Tja, das Leben ist voller Überraschungen.«

»Dann demonstrier mal schön.«

»Ja, du auch. Bis Montag.«

Sie scheint sich nicht zu wundern, mir hier begegnet zu sein. Sonderbar – wirke ich so, als könnte man mich bei einer Demonstration gegen die NATO erwarten? Oder hat sie im Gegensatz zu mir weniger vorgefasste Meinungen und Erwartungen? Vielleicht hat sie ja nur so cool getan, glaube ich aber nicht, das würde nicht zu ihr passen; Susanne ist direkt und ehrlich, sie hätte es angesprochen, wenn ihr etwas komisch vorgekommen wäre. Zwei Tage später treffe ich sie auf dem Gang im ersten Stock des *Süddeutsche Zeitung*-Hochhauses. Unsere Begegnung erwähnt sie nicht einmal.

Um 13.15 Uhr beginnt die Kundgebung. Erst spielt eine schlechte Band Lieder mit sozialkritischen Texten, dann kommen die Reden. In vielen wird Wolfgang Ischinger, der Organisator der Sicherheitskonferenz, beschimpft, ein Mann, den ich nicht persönlich kenne, von dem ich aber weiß, dass er früher Diplomat war und heute als hoch bezahlter Berater für die Allianz arbeitet. Seine Tochter ist die beste Freundin einer Bekannten von mir, aber das erwähne ich vorsichtshalber nicht.

Fast jeder, der auf dem Podium steht, brüllt ins Mikro, dass sich die »Zivilbullen verpissen« sollen. Ein wenig wundere ich mich schon über die Ausdrucksweise. Alle 20 Minuten wird die Telefonnummer des Ermittlungsausschusses durchgesagt: »Wer festgenommen wird oder Festnahmen beobachtet, meldet sich bitte beim Ermittlungsausschuss.« Fast alle schreiben sich die Nummer auf, manche kritzeln sie sich mit einem Lackstift auf die Handfläche oder quer über den Unterarm. Es scheint eine Art Ritual zu sein.

»Viele unserer Busse wurden aufgehalten und durchsucht. Die Stuttgarter stecken schon fest. Passt auf die Kameras auf, Freunde und Genossen, passt aufeinander auf, und meldet jeden Übergriff dem Ermittlungsausschuss.«

Auf einmal führen sich alle auf wie in *Independence Day*. Ich kann mir nicht helfen: Mir kommt das lächerlich vor. Rast ein Meteorit auf München zu? Ist ein Kernkraftwerk in die Luft geflogen? Alle tun so, als hätte jemand den Ausnahmezustand ausgerufen. Ich dachte, wir ziehen zwei Stunden durch die

Stadt, halten Transparente in die Luft, skandieren ein paar Sprüche, und jetzt scheint es, als wäre eine Katastrophe passiert oder so. »Hallo?«, würde ich am liebsten rufen. »Wir sind hier in Bayern, auf dem Marienplatz in München. Drüben ist der Augustiner, gleich da hinten die Frauenkirche und weiter vorn der Stachus. Vor ein paar Monaten hat Schweini hier die Schale in die Luft gereckt. Kann mir mal einer erklären, was hier los ist?«

Ich hatte noch nie Ärger mit der Polizei. Mit 16 bin ich mit drei Flaschen Prosecco und ein paar Freunden ins Freibad eingestiegen. Wir waren übermütig, hatten nackt gebadet, die Polizei sah von einer Anzeige ab, was soll man sagen: Man kennt sich auf dem Land, der Bub vom Doktor, ein paar Mädels, mein Gott.

Ich habe in meinem Leben Hunderte von Strafzetteln bezahlt. Zweimal im Jahr wird mein Auto abgeschleppt. Vor ein paar Monaten musste ich wegen Rasens auf der Autobahn meinen Führerschein abgeben; alles ärgerlich, weil es sich läppert, aber ich hatte die Strafe jedes Mal verdient. Nie käme ich auf die Idee, einem Polizisten die Schuld in die Schuhe zu schieben.

Klar, man kann sich darüber aufregen, dass es in unserem Land zu wenige Parkplätze und zu viele Geschwindigkeitsbegrenzungen gibt. Man kann Deutschland hassen, weil es nur aus Verboten und Spießern besteht, die den ganzen Tag aus dem Fenster glotzen, um andere Menschen zu denunzieren, aber das ist mir zu blöd. Ich kenne Menschen, die vertreten allen Ernstes die Meinung, dass Polizisten nur durch die Stadt fahren, um Kaffee von *Starbucks* zu trinken und unschuldigen Menschen das Leben zu versauen. »Die Bullen sollen sich lieber um Kinderschänder kümmern, als den ganzen Tag Streife zu fahren.« So reden sie. Mir ist vollkommen egal, wie viele Polizisten Streife fahren. Die können auch Verkehrskontrollen machen, meine Papiere einsehen oder prüfen, ob ich angeschnallt bin. Kein Problem. Ein Polizist ist für mich kein Feindbild, sondern ein Beruf. Wenn ich beim Anblick eines Polizisten überhaupt etwas empfinde, dann Mitleid, weil ich weiß, dass er viel Zeit in einer Amtsstube mit Raiffeisenbank-Kalender verbringen und sich für 1900 Euro netto regelmäßig beleidigen lassen muss. Polizisten scheinen mit dem gleichen Schicksal wie Schullehrer geschlagen zu sein: Auf die schimpfen auch nur Schüler, die eine Fünf nach der anderen schreiben. Und ja, es gibt ganz sicher ungerechte Mathelehrer und sadistische Polizisten, aber es gibt auch unfassbar dämliche Demonstranten.

Die Polizisten, die uns durch die Stadt eskortieren, erinnern mich an Kriegsspielzeug von kleinen Jungs. Sie tragen einen Helm, Rücken-, Arm- und Schienbeinschoner und sehen aus wie rechteckige, gepanzerte Pakete. Einer trägt eine Art Feuerlöscher auf dem Rücken, in dem ich Tränengas vermute. Sieht brutal aus, trotzdem glaube ich nicht, dass er es in die Menge sprühen wird, um mal kurz einen Gag zu landen. Im Gegensatz zu den anderen Demonstranten fühle ich mich von dem Tränengas nicht bedroht, es macht mir keine Angst und es macht mich nicht aggressiv, es ist eine Vorsichtsmaßnahme, außerdem sehe ich dem Mann an, dass er selbst keine Lust hat, diese dämliche, schwere Flasche stundenlang durch die Stadt zu schleppen. Er ist ganz jung, Anfang 20, sicher wäre er viel lieber zuhause bei seiner Freundin, vielleicht haben sie ein Kind zusammen. Stattdessen muss er sich von minderjährigen Demonstranten, die zwei Bier getrunken haben, als »grünes Männchen« beschimpfen lassen. Am nächsten Tag sind es genau die Fotos dieses Tränengas-Kanisters, die auf Internet-Blogs als Beweis dafür dienen sollen, dass der deutsche Polizeistaat wieder mal unnötig aggressiv gegen friedliche Demonstranten vorgegangen ist. Mir ist das zu kindisch.

Ich bin davon überzeugt, dass eine Demonstration reibungslos über die Bühne gehen kann, wenn sich beide Seiten an die Regeln halten, oder ist das jetzt auch schon wieder spießig?

Um 15 Uhr setzt sich der Demonstrationszug eine Stunde später als geplant in Bewegung. Schuld sind – soweit ich das beurteilen kann – keine Restriktionen durch die Polizei, sondern die nicht eingehaltenen Redezeiten. Als es losgeht, bin ich komplett durchgefroren, aber erleichtert. Wir ziehen Richtung Viktualienmarkt, vorbei am Ochsenbrater und am Käsestand, wo ich gestern Abend mittelalten Pecorino und ein Schälchen Kräuterquark gekauft habe. Vorneweg marschieren die Organisatoren vom Friedensbündnis, alte Hasen mit gefütterten Winterstiefeln und Parkas, dahinter die Punks und Autonomen, der schwarze Block, gefolgt von einem alten VW-Bus, auf dessen Dach Lautsprecher geschnallt sind: »Hoch lebe die Internationale Solidarität«, schallt es aus ihnen. »Die Zivilbullen sollen endlich abhauen. Haut ab! Haut ab!« Und dann setzen alle ein, werden lauter und lauter, wie ein wütender Gefangenenchor: »Haut ab! Haut ab! Haut ab!«

Zusammen mit meinen Genossen gehe ich am Ende des Zuges, wo es ruhiger ist und man nicht ständig angerempelt wird; wir bilden die Nachhut, Männer in Cordjacken, Gewerkschafter, Lehrer, Familienväter, die finden, dass man für eine gute Sache auf die Straße gehen muss; dazwischen tanzt die Sambagruppe, zwei Schritte vor, einer zurück, Rasselgeräusche, manche hauen mit hölzernen Stöcken auf kleine Trommeln.

Würde ich nicht unsere Parteifahne schwenken, man könnte Henning und mich für zwei Spaziergänger halten, vielleicht für Vater und Sohn, die sich lange nicht gesehen haben und zufällig in die Demo geraten sind.

»Das wirst du nicht wissen« – so fangen viele Sätze von Henning an. Er ist 67, ein Jahr älter als mein Vater; politisiert wurde er in den Sechzigern; einer Zeit, die ich nur aus Büchern, Dokumentationen, Filmen und Erzählungen meiner Eltern kenne. »Das wirst du nicht wissen« – damit möchte er auch sagen: Tobias, du bist zu jung, um alles zu verstehen, die Partei und die Solidarität, die wir leben; du hast zu wenig erlebt, du weißt zu wenig von der Welt. Vielleicht auch: Du bist privilegiert großgeworden, dir ist immer alles leicht gefallen, aber dieses Glück haben nicht alle Menschen.

Henning war 1966 bei den ersten Sit-ins im Henry Ford-Bau in Berlin dabei, er war einer der wütenden Studenten, über die die Professoren drübersteigen mussten. 1968 war er beim Vietnamkongress in Berlin, später war er bei den Jusos, stellvertretender Vorsitzender der deutschen Journalistenunion und SPD-Mitglied – bis ihm klar wurde, dass er dort nicht richtig aufgehoben war. »Trotzdem, damals war Brandt mein Vorbild«, sagt er, »seine Friedenspolitik hat mich begeistert.« Mein Vater hat mir nie von Brandts Friedenspolitik erzählt, stattdessen, dass Franz Josef Strauß das beste Abitur in ganz Bayern gemacht hatte.

In den Siebzigern wurde Henning Redakteur der *Frankfurter Rundschau*, sein Spezialgebiet Afrika hat er so ernst genommen, dass er seinen Chefredakteur gebeten hat, vor Ort sein zu dürfen: »Von Deutschland aus Afrika verstehen, das geht nicht«, hat er gesagt, »ich muss da hin, nicht für ein paar Monate, sondern für ein paar Jahre.« Und weil sämtliche Korrespondentenstellen besetzt waren, Henning seine Sache aber ausgesprochen ernst meinte, kündigte er und ging für den Entwicklungsdienst nach Namibia. Er blieb mehrere Jahre, kam nach Hause und kehrte für den Rest seines Lebens immer wieder nach Afrika zurück. Der Kontinent wurde seine zweite Heimat. Er reiste durch Angola, Sambia, Äthiopien, schrieb Reportagen, machte Radiobeiträge, seine Frau, eine frühere

Spiegel-Redakteurin, arbeitete als Entwicklungshelferin. »Afrika hat mich zu einem anderen Menschen gemacht«, sagt er und im Gegensatz zu Angelina Jolie glaubt man es ihm.

Henning hat die SPD Jahre vor Schröders Agenda 2010 verlassen. »Ich trat aus, als Helmut Schmidt die Raketenbeschlüsse durchgesetzt hat«, sagt er. »Ich hatte Nachtdienst beim NDR, als ich am Morgen aus der Redaktion kam und direkt in den Zug nach Bonn gestiegen bin. »Tobias«, sagt er, »da standen 500 000 Menschen und haben geschrien und demonstriert. So was kann man sich heute nicht mehr vorstellen.«

Als Henning sich im Jahr 2006 endgültig in München niederließ, erkannte er sein Land nicht wieder. »Deutschland hatte sich verändert«, sagt er. »Es war kälter geworden. Zynischer. Ungerechter.«

Er wurde Mitglied bei Attac, dann bei der WASG; 2007 wurde er für ein paar Monate in den bayerischen Landesvorstand der LINKEN gewählt. Inzwischen ist er einfaches Mitglied, ohne Mandat oder Posten, trotzdem engagiert er sich, als wäre er Bundesvorsitzender. Ich habe ihn mal gefragt, wie viele Stunden in der Woche er für die Partei opfere. »23 bis 25 schätze ich«, hat er geantwortet. Drei Tage später lag eine Mail in meinem Postfach: »Tobias«, hieß es da, »in unserem letzten Gespräch hatte ich die Stundenzahl meines Engagements auf 23 bis 25 geschätzt. Ich würde meine Angabe gern auf 18 Stunden pro Woche korrigieren. Ich möchte nicht großsprecherisch wirken, weil sich mein Engagement für die Partei natürlich mit journalistischen und persönlichen Interessen überschneidet.«

Besonders am Herzen liegt ihm die Landesarbeitsgemeinschaft *Frieden und Internationale Politik* der Linkspartei, für sie recherchiert er, hält Vorträge, unterhält Netzwerke, knüpft Kontakte. Parallel arbeitet er als freier Journalist für *Radio Lora* (ehrenamtlich), das *Neue Deutschland* und eine Zeitschrift namens *Afrika Süd*, von der ich noch nie zuvor gehört hatte. Seine Spezialgebiete sind Afrika, der Welthandel, die EU-Außenpolitik, Entwicklungshilfe und der Nahost-Konflikt. Aus diesen Themenfeldern sammelt er Informationen und Gegeninformationen, zum Beispiel aus den besetzten Gebieten in Palästina. Jeden Vormittag sitzt er in seinem kleinen Büro in Neuhausen und telefoniert mit Kollegen, Historikern, Entwicklungshelfern, Politikern, Helfern vor Ort. Wäre Henning bei Facebook, er hätte Hunderte von Freunden auf der ganzen Welt. Es vergeht keine Woche, in der ich nicht eine E-Mail von ihm bekomme, in der er mich auf einen Text in der Zeitung, einen Film oder einen Vortrag hinweist. Als Ende Mai 2010 die israelische Armee ein Schiff der Gaza-Hilfs-Flotte angreift, stellt er wenige Wochen später einen Diskussionsabend mit Augenzeugen auf die Beine, die er nach München eingeladen hat. Henning möchte alles ganz genau wissen, aus erster Hand, nicht aus der Zeitung. Er hat mehr erlebt als Dirk Niebel, Ronald Pofalla und Andrea Nahles zusammen, das macht ihn nicht zu einem besseren Politiker, aber zu einem interessanteren Menschen.

Es ist dunkel geworden. Unsere Fahne habe ich abgegeben, um meine Hände in die Jackentaschen stecken zu können. Lärmend ziehen wir durch die Brienner Straße, vorbei an Galerien und Möbelgeschäften, in denen antike Lüster gelbes, warmes Licht auf Teakholzsekretäre werfen. Aus den Lautsprechern kommt Punkmusik, Slime und Daily Terror, Gruppen, die ich mit 15 gehört habe. Immer wenn ein Polizist in der Menge ein Transparent ausmacht, das mit dem Schriftzug zur Seite schaut, schiebt er sich in die Menge und fordert den Demonstranten auf, es nach vorne auszurichten. Erlaubt sind nämlich nur Transparente mit Schriftzug in Gehrichtung, was man natürlich auch schon wieder nicht versteht. Soll man sich daran halten oder nicht? Hat es einen Sinn oder ist es nur Schikane? Ich trage kein Transparent, würde es aber sofort nach vorne drehen, wenn mich ein Polizist dazu auffordert. Warum auch nicht? Ist doch egal.

Es ist Abend geworden, 18, 19 Uhr, im Ersten läuft die Sportschau. Vor uns liegt der Odeonsplatz mit der bläulich schimmernden Feldherrnhalle, über uns streckt sich ein dramatisch dunkelblauer Himmel. Der eisige Wind hat zugenommen, schwarze Wolkenfetzen jagen über das Dach der Residenz, auf dem sich Scharfschützen abzeichnen; einer hat sein MG zwischen die Zinnen geschoben, der Lauf zeigt direkt auf uns. Riesige Scheinwerfer, gelbliches Licht, skandierende Demonstranten und ich mittendrin, frierend, verwirrt, voll leerer Unruhe, in einem Meer aus Fahnen und Musik, um mich herum Menschen, zweitausend, dreitausend, vereint in einem großen Wunsch: Frieden. Ich habe es nicht für möglich gehalten, aber jetzt, ganz am Schluss, lasse ich mich für Sekunden dazu hinreißen, die Szene romantisch, ja historisch zu finden; als wäre ich Teil von irgendetwas Gutem und Großem.

»Wenn erwachsen werden heißt, Kriege zu führen, dann wollen wir nie erwachsen werden«, höre ich noch jemanden ins Mikrofon brüllen, aber da gehe ich schon die Theatinerstraße entlang, vorbei am Preysing-Palais, die Hände tief in den Hosentaschen vergraben. Tausend Fragen schießen mir durch den Kopf: Was macht Gutmenschen so unerträglich und wo ist der Unterschied zu guten Menschen? Warum sind die Sänger und Künstler, die ich verehre, links und ich nicht? Warum möchte ich immer, wenn ich *Wall Street* mit Michael Douglas anschaue, auf der Stelle der gewissenlose Gordon Gekko sein und auf keinen Fall der sympathisch-bescheidene Gewerkschaftsführer? Warum fühle ich mich nach einem 14-Stunden-Tag im Büro zufrieden und nicht ausgebeutet? Warum sind französische

Demonstrantinnen hübscher als deutsche? Und langweilige Menschen schlimmer als unverbindliche? Warum ist Ennui faszinierender als Begeisterungsfähigkeit? Vergeudetes Talent erotischer als gefördertes? Das Böse spannender als das Gute?

Auf dem Nachhauseweg kommt mir Volker entgegen. Volker ist auch Journalist. Abendessen, Pressetermine, Vernissagen, man läuft sich über den Weg. Vor ein paar Jahren – ich war gerade von Hamburg nach München gezogen – habe ich erlebt, wie er in einem Club Platten aufgelegt hat, Electro, Minimal House, ziemlich gut; er war unrasiert und hatte ein verschwitztes, viel zu großes T-Shirt an. Er sah cool aus. Dann aber hat er innerhalb eines Jahres geheiratet, eine große Wohnung bezogen, ein Kind und eine Gehaltserhöhung bekommen. Seitdem sieht er wie aus einer *GQ*-Modestrecke, aber nicht mehr glücklich aus; seit kurzem fährt er auch noch eines dieser Billig-Cabrios für 30 000 Euro. Ich sehe ihn nur noch im Anzug durch die Gegend rennen, keine Top-Qualität, aber halt ein Anzug. Er geht aufrechter als früher, zumindest bilde ich mir das ein. Sein Blick ist ernster geworden, als ob er die Freude am Leben verloren hätte. Sicher hat er viele Termine. Er tut mir leid.

Volker wohnt im gleichen Viertel wie ich und ich bin sicher, dass er mich genauso wenig mag wie ich ihn. Wenn wir uns begegnen, gelingt es mir meistens, rechtzeitig die Straßenseite zu wechseln oder so zu tun, als würde ich telefonieren, aber heute biegt er dermaßen rasant ums Eck, dass ich keine Chance habe. Ganz plötzlich steht er da und glotzt mich an. Kein Wunder, dass uns auf die Schnelle kein Gesprächsthema einfällt. Wir stehen da und grinsen debil, seine Augen wissen gar nicht, wo sie hinschauen sollen, ich rattere im Geist mögliche Smalltalkthemen durch, als er mich mustert, erschrocken ansieht, fast panisch ein »Hallo« hervorpresst und davonhastet, als hätte er einen Geist oder etwas Schlimmeres gesehen. Zuhause verstehe ich, was den armen Volker so irritiert haben muss: An meiner Daunenjacke hängt auf Brusthöhe ein großer roter Button. Aufschrift: »NATO NEIN!«

Zuhause lege ich mich sofort mit einer Wärmflasche ins Bett und lese ein bisschen Adalbert Stifter. Danach höre ich – wie so oft zum Einschlafen – das fantastisch friedliche Album *All The Pretty Little Horses* von Current 93. Es macht mich schläfrig, heiter und vorsichtig glücklich. Der Tag ist vorbei und ich habe das Gefühl, dass mich die Demonstration einen großen Schritt vorangebracht hat. Meinen Parteiausweis hat mir zwar noch niemand geschickt, aber ich fühle mich in der Partei endgültig angekommen und akzeptiert. Ich habe durchgehalten. Ich habe gefroren. Ich habe unsere Fahne gehalten. Am Montag danach steht in der Zeitung, dass Polizei und Veranstalter zufrieden seien. Die Protestkundgebungen seien weitgehend friedlich über die Bühne gegangen. 3700 Polizisten hätten kaum eingreifen müssen. 17 Personen seien festgenommen worden. Die Sicherheitskonferenz wird es auch im nächsten Jahr wieder geben. Die Proteste dagegen auch. So richtig gewonnen hat niemand. Verloren haben die Marktfrauen am Viktualienmarkt: Allein am Samstag betrug ihr Einkommensverlust mehr als 30 Prozent.

9. »Was soll ich spenden? Ich hab doch selber nichts«

Trotz Fußkettchen erinnert mich
Valerie an Jesus

»Ob in Bosnien, Kosovo und Afghanistan
Libanon, Georgien oder im Sudan.
Alle Länder fühlen sich bis zum Kap Horn
Seit die Bundeswehr dort kämpft, wie neugeborn.

Schaffen Schulen, Krankenhäuser, bohren Brunnen und
Bauen eine Wirtschaft auf, die durch und durch gesund.
Kämpfen selbstlos für den Frieden, das weiß jedes Kind
Ja, weil wir Deutschen halt mal so sind.
Bringen Frieden in alle Welt
Bis sie mal wieder in Scherben fällt.«

Das Lied ist nicht von Xavier Naidoo aus Mannheim, sondern vom Friedensbündnis aus München, mit dem ich am Ostersamstag durch Haidhausen laufe: der alljährliche Friedensmarsch. Henning und Valerie sind auch dabei. Auf den Balkonen stehen Kinder; der Frühling ist in der Stadt und alles kommt mir so schön und voller Hoffnung vor, dass ich mich nach einer Stunde abseile, in die Sonne setze, einen frisch gepressten O-Saft bestelle und meine *Ray Ban* aufsetze. Die Innenstadt ist vollgestopft mit Menschen, am Nachmittag spielt der FC Bayern gegen Eintracht Frankfurt, irgendwo findet ein Naziaufmarsch statt, da müsse man unbedingt noch hin, meinen die Genossen, aber da bin ich schon auf dem Weg zum Starnberger See, um die erste Renke des Jahres zu essen.

Ein paar Tage später bin ich bei Valerie zum Essen eingeladen. Valeries Küche ist so groß wie die Sauna meiner Eltern. An der Wand kleben Fotos, denen die Sonne die Farbe entzogen hat: Valerie als Kind, Valeries Töchter und immer wieder ein indisch aussehender Mann mit dichtem Kraushaar und orangefarbenem Umhang: Sai Baba. Valerie hält ihn für eine göttliche Reinkarnation. »Sai Baba ist mächtig«, sagt sie, »Sai Baba ist gut. Wenn er neben einem steht, spürt man seine göttliche Energie.«

In ihrem Flur hängt ein »Diplom als Lebensberaterin«, ausgestellt in Lichtenstein, in der Küche stehen ein Glas Akazienhonig und viele Gewürze, deren Namen ich noch nie gehört habe: Kurkuma, Garam Masala, Cumin. Am Türrahmen hängen Knoblauchknollen, es sieht aus wie in einem toskanischen Bauernhaus – trotzdem ist Valerie keine typische Linke. Sie ist nicht nur anders als unsere Genossen, sie ist anders als alle Menschen, die ich kenne. Sie scheint ausnahmslos gut zu sein – und geht einem trotzdem nie auf die Nerven. Als ich jung war, habe ich mir Jesus wie Valerie vorgestellt, nur als Mann und ohne Fußkettchen.

»Was machst du beruflich?« – normal kommt die Frage nach fünf Minuten. Valerie hat sie mir erst nach ein paar Wochen gestellt. Sie hat mich von Anfang an akzeptiert, auch wenn ich Manschettenknöpfe trug. Valerie doziert nicht, sie lässt einen ausreden, hört zu und stellt Fragen; mit ihrer Gleichgültigkeit gegenüber materiellen Dingen hat sie mich mehr ins Wanken gebracht als alle Reden von Lafontaine, Gysi und Ernst zusammen.

Valerie schimpft über die ungerechten Strompreise in

Deutschland, über Abzocke, Bürokratie, und freudlose Menschen. Über Handyrechnungen und die Netzanbieter, die kein Mensch mehr überblicken könne mit ihren Tarifen und Sondertarifen, Flatrates und Partnerkarten, aber richtig böse wird sie nie. Ihre Laune bleibt unbeeinflusst von ihrem Ärger. Sie lässt sich von der Wut auf eine ungerechte Welt nicht entstellen.

Valerie missioniert nicht, sie stößt einen ganz nebenbei auf die eigenen kleinen Schwächen. Wer mit ihr Zeit verbringt, fragt sich irgendwann automatisch, ob er ein guter Mensch ist oder nur ein Untertan und Egoist, der meint, ein guter Mensch zu sein. Nach ein paar Wochen stellt man alles in Frage: den Arbeitsplatz, die Wohnungseinrichtung, das Essen, die Zeitschriften, die Witze, die Telekom, die Stadtwerke und den eigenen Lebensentwurf. Plötzlich hat man das Gefühl, dass man sich zu viel gefallen lässt und nur so mitschwimmt statt zu leben; außerdem hat man den dringenden Verdacht, dass man von den Stromanbietern abgezockt wird.

Wenn ich mich über einen Genossen lustig mache, lacht Valerie mit, aber ich habe noch nie erlebt, dass sie von sich aus schlecht über jemanden gesprochen hat. Sollte es so was wie Freiheit geben, dann ist Valerie ziemlich nahe dran. Valerie geht davon aus, dass der Mensch gut ist. Wird sie enttäuscht, hält sie es für eine Ausnahme und geht weiter davon aus, dass der Mensch gut ist. Hat jemand Geburtstag, den sie mag, backt sie einen Kuchen. Hat jemand Geburtstag, den sie nicht mag, backt sie keinen Kuchen und gratuliert höflich. Valerie verkörpert alles, worüber ich mich jahrelang lustig gemacht habe: Sie kauft Bücher in Läden, die *Lichthaus* oder *Psycho-Buch* heißen und fährt, sobald sie ein paar Hundert Euro zusammen hat, in den Ashram nach Indien. Sie hat die Hälfte ihres Lebens in Kommunen gelebt. Um Geld zu verdienen hat sie für gestresste Deutsche Zigeunerferien im Wald organisiert. Valerie ist ein Hippie. Ich mag keine Hippies. Normalerweise. Aber Valerie hat mich entwaffnet. Sie ist kein guter Mensch, der stolz darauf ist, gut zu sein, sie denkt gar nicht darüber nach. Käme ich mit einem Porsche angefahren, würde sie es nicht kommentieren, wahrscheinlich würde sie es nicht einmal bemerken. Für sie ist ein Auto ein Auto. Es hat ein Steuerrad, vier Reifen und einen Kofferraum. Sie selbst fährt meistens mit dem Rad, zu Fuß ist sie nicht gut, wenn sie geht, zieht sie ein Bein nach, Arthrose, täglich schluckt sie Gelenkkapseln vom Aldi. »Eigentlich kann ich mir die Dinger nicht leisten«, sagt sie, »50 Euro im Monat, aber ohne geht es nicht.« Ich weiß genau, was mein Vater sagen würde, wenn ich ihm die Sache mit den Aldi-Kapseln erzählen würde.

Alle paar Wochen lädt mich Valerie zum Essen ein, dann bringe ich den Wein und sie macht das Essen, und immer wenn ich in die Küche komme, stehen Schüsselchen mit Reis, Pilzen, Spinat und frischem Salat auf dem Tisch sowie eine gläserne Karaffe mit Leitungswasser, in der Heidelbeeren und Orangenscheiben schwimmen. Zum Nachtisch gibt es Pfirsichscheibchen mit Honig, nach dem Essen einen Espresso. Am Ende bleibt nie was übrig, nie möchte man einen Nachschlag, nie fühlt man sich zu voll, Valerie kocht immer genau so viel, dass es passt. Als ich beim ersten Essen wegen meines nervösen Reizmagens das Glas Weißwein ablehnte, das sie mir eingeschenkt hatte, schickte sie mir am nächsten Tag eine Mail mit magenschonenden Rezepten aus der ayurvedischen Küche.

Valerie ist 2007 in die Linkspartei eingetreten, sie war gerade aus Italien nach Deutschland zurückgekommen. Damals ging es ihr wie Henning: »Ich traute meinen Augen nicht«, sagt sie. »Ich kam nach München und musste feststellen, dass die Politiker in meiner Abwesenheit den Sozialstaat abgeschafft hatten.«

In der Partei ist sie eine Außenseiterin. Sie polarisiert. Viele belächeln sie, weil sie spirituell ist, andere fragen sie hinter den Kulissen um ihre Meinung, weil sie ehrlich ist und einen klaren Blick auf die Dinge hat. Gut möglich, dass sie mich nerven würde, wenn sie Parteivorsitzende wäre, aber sie ist nicht Parteivorsitzende, sie hat nicht mal einen Posten, sie will auch keinen. Sie macht den Mund auf, wenn ihr was nicht passt oder einer den anderen beleidigt.

»Bei meiner ersten Sitzung war ich noch nicht mal Mitglied«, erzählte sie mir, »auf einmal fingen alle an, über einen Genossen herzuziehen, der gar nicht im Raum war. Da bin ich aufgestanden und habe gesagt, dass ich so ein Verhalten nicht akzeptiere, weil ich diesem Mann nie mehr vorurteilsfrei gegenübertreten könne.«

»Und dann?«, fragte ich.

»Stand einer auf und sagte: ›Du wirst uns doch nicht schon am ersten Tag deine Philosophie andrehen wollen?‹«

»Und was hast du geantwortet?«

»›Doch‹, habe ich gesagt, ›genau das will ich.‹«

In den Wochen darauf bekam sie böse Mails, aber sie hat sich nicht abschrecken lassen.

Valerie misstraut Unternehmen und Institutionen. Ich auch. Aber ich tue nichts dagegen. Erstens aus Bequemlichkeit und zweitens, weil es mir am Ende egal ist. Für mein Handy zahle ich 150 Euro im Monat, Flatrate, Internet, SMS-Guthaben, alles dabei. Seit zwei Jahren zahle ich für eine Partnerkarte, die ich letzten Herbst weggeworfen habe. Fünf Euro mehr oder weniger im Monat ändern mein Leben nicht. Fünf Euro mehr oder weniger sind mir egal. Und wenn jemand mit dem Spruch kommt: »Wer den Pfennig nicht ehrt, ist des Talers nicht wert«, dann sage ich, dass ich an diesen Spruch nicht glaube. Ich glaube überhaupt nicht an Sprüche. Läge morgen in meinem Briefkasten eine Rechnung über 320 Euro wegen Warmwassernachzahlung, würde ich das Geld umgehend überweisen.

In Valeries Briefkasten lag genau so eine Rechnung über 320 Euro Warmwassernachzahlung. Der Betrag kam ihr zu hoch vor. »Ich habe keine Waschmaschine und keine Geschirrspülmaschine und baden tue ich auch nicht.« Und weil Valerie nichts einfach so hinnimmt, radelte sie am nächsten Morgen zur Verbraucherzentrale und ließ die Rechnung überprüfen. Am Ende stellte sich heraus, dass sie nicht 320 Euro zu wenig, sondern 240 Euro zu viel überwiesen hatte, und bekam das Geld zurück.

Valerie ist eine Freundin geworden. Keine, mit der ich jeden Tag telefoniere, aber eine, die ich regelmäßig treffe, deren Meinung mir wichtig ist. Wir leihen uns gegenseitig Bücher, hin und wieder eine DVD. »Tobias, die musst du dir ansehen«, sagt sie dann, »hochinteressant, aber schau sie dir an, wenn du wach bist und konzentriert« – die letzte trug den Titel »Zeitenwende 2012«, zum Lesen empfahl sie mir vor kurzem die Reden des Südseehäuptlings Tuiavii.

Ihre Mails beginnen mit »Carissimo« oder »Cher Tobias«. Valerie hat in Frankreich studiert und 20 Jahre in der Toskana gelebt. Heute gibt sie Sprachunterricht, 25 Euro die Stunde. »Ich brauche das Geld«, sagt sie. Pro Monat bekommt sie 360 Euro Rente, dazu 300 Euro Grundsicherung; zieht man die Miete ab, hat sie jeden Monat 280 Euro zur Verfügung. Als Pakistan von der Flut heimgesucht wurde, habe ich sie gefragt, ob sie was spendet. »Ich? Spenden?«, hat sie gefragt, »ich hab doch selbst nichts.« Dann hat sie gelacht und sich Wein nachgeschenkt.

Wenn Valerie sagt, dass sie kommt, dann kommt sie: beim Wahlkampf, beim Kirchentag, beim Straßenfest. Und weil nie jemand Lust hat, die Parteizeitung zu verteilen, hinkt eben sie mit einem Rucksack auf dem Rücken durch Schwabing und hört erst auf, wenn alle Exemplare weg sind. Ich habe sie nie jammern hören und ich kann mir nicht vorstellen, dass sie jemals gelogen hat. Sie ist einer der interessantesten Menschen, die ich je kennen gelernt habe. Als ich sie nach Monaten gefragt habe, wie alt sie ist, hat sie geantwortet: »In Italien glauben sie, ich sei 1947 geboren, in Deutschland laufe ich unter dem Geburtsjahr 1937. Ganz ehrlich, Tobias, ich weiß es nicht genau, irgendwas zwischen 60 und 70.«

Als mein Text im *Süddeutsche Zeitung Magazin* erschien, war sie die Erste, die sich für mich eingesetzt hat. Sie sprach sich gegen meinen Parteiausschluss aus und schrieb mir folgenden (leicht gekürzten) Brief:

Lieber Tobias,

selten habe ich in Deutschland so gelacht wie beim Lesen deines Artikels. Complimenti!

Es gibt bei der LINKEN noch viel zu tun, eine Art Bewusstseinserweiterung und mehr Intelligenz müssen her, aber ich schaue optimistisch in die Zukunft. Ich bin sehr aktiv und lerne viel, muss gleich wieder zur Briefkasten-Aktion.

Mein Vorschlag: Komm doch bald mal wieder zum Essen zu mir, dann plaudern wir und tauschen Erfahrungen aus, va bene?

Tanti saluti, Valerie

10. »Von Flügelkämpfen verstehe ich nichts, ich bin doch kein Vogel«

Warum Peter Sodann Kommissar hätte bleiben sollen

Ich habe mich an Rückenschmerzen, den Nahost-Konflikt, Coffee to go, Eckart von Hirschhausen und Karotten-Ingwer-Suppe gewöhnt. Jetzt war ich dabei, mich an die Linkspartei zu gewöhnen. Meine Genossen wuchsen mir ans Herz, unsere Treffen waren ein selbstverständlicher Teil meines Lebens, meine Parteiarbeit Routine geworden.

Seit Monaten las ich das *Neue Deutschland* und wechselte vor jeder OV-Versammlung meine Klamotten; im Auto lagen immer Turnschuhe und Sweatshirts bereit, denn obwohl Olivier einen so guten Eindruck hinterlassen hatte, scheute ich mich nach wie vor, im Anzug oder einem frisch gebügelten Hemd mit Polospieler auf Brusthöhe zu erscheinen, nachdem mich ein Genosse mit einer Dallmayr-Tüte auf dem Rücksitz ertappt hatte.

»Hey, Dallmayr, gehört die dir?«, hatte er mich gefragt.

»Nein, hat ein Freund vergessen«, hatte ich geantwortet und mich geschämt, weil die Antwort so albern, feige und dämlich war.

Wenn man einen Satz tausendmal hört, büßt er seine Energie ein, irgendwann ist er nur noch ein Satz ohne Bedeutung und Schönheit. So ging es mir mit den Parolen meiner Partei: Nach einigen Monaten hatte ich sie so oft gehört, bewusst und unbewusst, dass sie nicht mehr radikal oder weltfremd klangen. Ich konnte mich nicht mehr erinnern, was am Kampf gegen Hartz IV oder dem Wunsch nach Frieden so skandalös sein sollte.

Nicht dass mich die Genossen überzeugt oder umgebogen hätten, ich war immer noch kein LINKER, auch im *Bürgerheim* fühlte ich mich nach wie vor als Fremdkörper und während jeder Sitzung fielen mir hundert Sachen ein, die ich lieber getan hätte, aber war es früher die LINKE gewesen, die mir als Feindbild vor Augen gestanden hatte, war es jetzt die Politik als solche, die mir umständlich und in ihrer hysterisch-reflexhaften Ausformung verachtenswert vorkam. Die LINKE war nur noch Teil eines größeren, überforderten Makrosystems, und natürlich konnte man sich über viele meiner Genossen herrlich lustig machen, trotzdem fing ich gerade an, mit dem einen oder anderen von ihnen eine passable Zeit zu haben. Aber immer wenn ich drauf und dran war, meine letzten Vorbehalte über Bord zu werfen, schickte mir der liebe Gott oder vielleicht auch der Geist von Otto Graf Lambsdorff ein Zeichen: Das konnte ein Leitartikel in der *FAZ* sein, der die LINKE in Grund und Boden argumentierte, oder Begegnungen, die mich daran erinnerten, dass die Partei doch nicht so interessant oder harmlos war. Anschließend sah ich klarer, meine Verwirrung legte sich und ich wusste wieder genau, dass meine Genossen eine Sorte Mensch waren und ich eine andere, dass sie am Ende Recht haben wollten und ich eine gute Zeit, dass diese Partei ganz einfach nichts für mich war.

Der Erste, der mich mit linkem Dilettantismus bekannt machte, war ein Mann namens David Goldner. Ich lernte ihn kennen, als er einen Vortrag über die Münchner Räterepublik hielt, Titel: »Freigeld für alle? Kritische Anmerkungen zu Silvio Gesell«.

Silvio Gesell – das hatte ich bei Wikipedia recherchiert – war ein Finanztheoretiker und Sozialrefomer, der Anfang des 20.

Jahrhunderts die Idee des so genannten Freigelds entwickelt hatte: Laut seiner Überzeugung müsste Geld – wie Arbeitskraft und Waren – mit der Zeit an Wert verlieren. Dadurch würden die Menschen es nicht mehr anlegen und horten, sondern ständig weitergeben. Das Geld befände sich im Fluss und wäre endlich der Diener und nicht mehr der Beherrscher der Menschen.

David Goldners Ausführungen über Silvio Gesell waren Teil einer Vortragsreihe, die von der Rosa Luxemburg-Stiftung unterstützt wurde. Der Münchner Kulturreferent Hans-Georg Küppers hatte – trotz des Obertitels »Bier & Revolution« – ein Grußwort geschrieben. Ich fand den Ansatz interessant, wollte mehr wissen und war pünktlich um 19.30 Uhr im Löwenbräukeller, wo sich 25 Interessierte eingefunden hatten. Als ein Mann aufstand, der David Goldner sein musste, ahnte man schon, dass nichts Großes zu erwarten war, so unbedarft und kindlich sah er aus, aber es kam schlimmer. Es folgte ein 15-minütiger Vortrag, für den ein Neuntklässler gerade noch eine 4 bekommen hätte, vorausgesetzt sein Lehrer wäre von der milden Sorte gewesen. Der Vortrag war inhaltlich naiv, formal holprig und abgelesen, eine Nacherzählung von Informationen, die sich der Referent ein paar Stunden vorher aus dem Internet kopiert haben musste; ein Schülerreferat ohne Metaebene und Hintergrund, Dramaturgie und Struktur. Ich war nicht der Einzige, der das so sah. Mehrere Besucher schimpften, die meisten wussten wesentlich besser über Silvio Gesell Bescheid als der Referent. Sie hatten einen gehaltvollen Vortrag erwartet, eine spannende Diskussion, aber daran war nicht zu denken, weil jede noch so banale Frage David Goldner überfordert und ins Straucheln gebracht hätte. Fairerweise verzichteten die Besucher auf die angekündigte Debatte und bestellten sich noch ein Bier oder verließen den Raum. Auch ich fuhr nach Hause, im CD-Player *Cars and Girls* von Prefab Sprout, volle Lautstärke, funktioniert fast immer. Um 20.15 Uhr war ich zuhause, machte mir einen Gin Tonic, stieg in die Badewanne, machte das Licht aus, schloss die Augen und konzentrierte mich auf das Plätschern des warmen Wassers. Fairerweise muss gesagt werden, dass weder David Goldner noch die Vortragsreihe »Bier & Revolution« direkt mit der Partei zu tun hatten, aber es dauerte nicht lange, da kam es auch im *Bürgerheim* zu einer absurden Szene, die mich für lange Zeit abschreckte:

Es waren die Wochen vor der Bundestagswahl und mein Ortsverband brauchte einen Kandidaten für die Bundestagswahl. Nach den üblichen Abstimmungen, Beschwerden und Terminen waren wir endlich beim Tagesordnungspunkt drei angekommen: der Wahl des Direktkandidaten unseres Wahlkreises. Die Sitzungsleitung nahm Vorschläge entgegen, drei Genossen, darunter Henning und Anja, standen schon auf der Liste, als ein Genosse mit grauem Vollbart, eine Art Schrat, die Hand hob. Er hatte gerade erst mit einem bunten Rucksack den Raum betreten, sich hingesetzt und mehrere Bücher ausgepackt. Ich hatte ihn noch nie zuvor gesehen.

»Ich möchte mich selbst vorschlagen«, sagte er.

Danach war es für mehrere Sekunden still. Die Genossen sahen einander an, einige flüsterten, als Johanna von der Sitzungsleitung das Wort ergriff: »Dann müssen wir erst klären, ob du noch SPD-Mitglied bist, Georg. Du weißt, dass du nicht kandidieren kannst, wenn du noch in einer anderen Partei bist.«

Alle hatten Johannas Worte als Aufforderung an Georg verstanden, sich zu seiner angeblichen SPD-Mitgliedschaft zu äußern – außer Georg.

»Sag schon, bist du noch in der SPD?«, fragte ein anderer Genosse.

Georg fummelte an den Trägern seines Rucksacks. Nach

einer Weile blickte er auf: »Ich bin noch in der SPD, aber ich trete sofort aus, wenn ich kandidieren darf.«

»Du darfst aber nicht kandidieren, wenn du noch drin bist, das steht in unserer Wahlordnung«, sagte Johanna. »Du musst erst austreten, dann kandidieren, nicht umgekehrt.«

»Ich trete morgen aus«, sagte Georg.

»Aber morgen ist zu spät.«

»Gleich morgen früh, ich verspreche es.«

»Nein, Georg«, Johannas Stimme wurde lauter und schärfer. »Du hattest wochenlang Zeit dazu. Jetzt ist es zu spät. Tut mir leid.«

»Aber wenn ich gleich morgen früh …«

»Nein!«

»Aber …«

Ich war mir sicher, dass jeden Moment Frank Elstner durch die Schiebetür spazieren und erklären würde, dass die »Versteckte Kamera« wieder mal zugeschlagen habe, aber er kam nicht. Ich konnte es nicht fassen, so hilflos fühlte ich mich; ich wollte aufstehen und schreien, aber irgendwas hielt mich zurück. Gott sei Dank hatten nicht alle Genossen so wenig Zivilcourage. Mit einem Ruck, als hätte ihn unter dem Tisch ein Tier gebissen, schnellte ein Junge aus der Studentengruppe in die Höhe. Er verzog das Gesicht, sein Körper vibrierte, seine Lippen zitterten, als er schrie, er schrie wirklich: »Verdammt noch mal, Alter, check's endlich, du kannst nicht kandidieren!«

Der Junge war noch nie im *Bürgerheim* gewesen. In seiner Oberlippe steckte ein Piercing. Eigentlich sah er verklemmt aus, aber danach war Ruhe. Georg blieb noch ein paar Minuten, dann packte er die Bücher in seinen Rucksack, stand auf und verließ den Raum. Wer dachte, dass die Sitzung jetzt normal weitergehen konnte, hatte nicht mit dem Typen gerechnet, der seit ein paar Wochen am Tisch des Ortsverbandsvorstands saß. Er saß da jedes Mal und trank eine Weißweinschorle, aber keiner kannte ihn so richtig. Die einen raunten, dass er mal bei den Grünen gewesen sei, die anderen, dass er private Probleme habe. Die Debatte um Georgs angebliche SPD-Mitgliedschaft war keine zehn Minuten vorbei, als er die Hand hob, um einen Wortbeitrag anzumelden. Als er aufgerufen wurde, sagte er vollkommen unironisch: »Tut mir leid, aber ich muss euch jetzt verlassen. Ich glaube, mein Hund muss scheißen.« Dann stand er auf und ging.

Unser Direktkandidat wurde schließlich Henning, knapp vor Anja. Dritter und Letzter wurde ein Genosse, dessen Rede selbst Sahra Wagenknecht zu radikal gefunden hätte. Er wollte alles verstaatlichen, was sich buchstabieren ließ. Ein paar Monate zuvor war mir von dem gleichen Typen ein Flugblatt in die Hände gefallen, Überschrift: »Die Reichen sollen zahlen!« Befund: »Die einen langweilen sich und geben in der Maximilianstraße ihr Geld für Pelze, Armani-Anzüge und 400 Euro-Feuerzeuge aus. Andere versuchen das Billigjoghurt bei LIDL zu ergattern.« In den wenigen Zeilen hatten sich aber gleich mehrere Fehler eingeschlichen; der Genosse war mit seiner großen Chance auf ein Mandat so lieblos umgegangen, er hatte das eigene »Bewerbungsschreiben« so verbockt, dass ich nach der Lektüre Zweifel hatte, ob mich so einer gut vertreten und regieren würde. Pedantisch, ich weiß, aber so was fällt mir eben auf und dann denke ich: Wie soll mir einer was über das Sozialsystem erzählen, der nicht mal fehlerfrei ein Flugblatt beschriften kann.

Im Frühjahr 2009 werde ich mit Einladungen zugeschüttet, Sitzungen, Symposien, Umfragen, jeder Tag müsste 48 Stunden haben, um überall dabei zu sein: Die Linksjugend lädt mich zur »Aufmucken gegen Rechts«-Party ein, fast jede Woche liegt ein Brief von der LINKEN im Postfach, mal ist es eine Umfrage, mal die Ankündigung des Aktivierungswahlkampfes; endlich bin ich akzeptiert – fehlt nur noch mein Parteiausweis.

Dafür tritt am Aschermittwoch der Schauspieler Peter Sodann aus Halle in mein Leben, der 45mal den Kommissar Bruno Ehrlicher im Leipziger *Tatort* gespielt hat. Ehrlicher ist ein stiller, deprimierender Kommissar; fast immer regnet es, wenn er einen Fall löst. Ehrlicher: Der Name passt zu Sodann, sicher hält er Politik für ein Lügengeschäft, obwohl er das natürlich nicht sagen darf. Und weil er findet, dass die Menschen die Wahrheit verdient haben, hat er sich vorgenommen, der zehnte Bundespräsident der Bundesrepublik Deutschland zu werden.

Oskar Lafontaine hatte sich im Vorfeld einen Kandidaten vom Schlage eines Jürgen Habermas gewünscht, meine Genossinnen haben für eine Frau plädiert, jetzt ist es halt Peter Sodann geworden. Monate später, vor der Bundestagswahl, veröffentlichte Fürst Alexander zu Schaumburg-Lippe in der *Welt* einen Text mit der Überschrift »Wen ich nicht wähle«, in dem er Sodann als »Kandidatendarsteller« lächerlich machte. Es ließe sich darüber streiten, ob Schaumburg-Lippe ein »Fürstendarsteller« ist, was aber nichts daran ändert, dass er in diesem Punkt Recht hatte.

Als ich dem bekennenden Kommunisten Sodann begegne, erzeugt die weltweite Krise gerade eine Hiobsbotschaft nach der anderen: Weitere Menschen werden ihren Job verlieren oder in Hartz IV ein Dasein in Angst und Sorge fristen. Die Reichen werden reicher, die Armen werden ärmer: »Wer zahlt die Zeche für die gierigen Banker?«, schreien meine Genossen und geben sich die Antwort selbst: »Wir. Die Bürger. Die kleinen Leute.«

Nun ist es so, dass im Frühjahr 2009 selbst einem liberal eingestellten Menschen wenige Argumente dagegen einfallen. Die LINKE scheint Recht zu haben: 80 Millionen Deutsche stützen ein paar systemrelevante Versager-Banken. Sie waren wieder da, die zwei Realitäten.

»Du wirst noch ein richtiger Linker«, scherzte mein Vater, als wir am Telefon immer öfter darüber debattierten, ob Deutschland Mindestlöhne brauche oder nicht.

»Wie soll eine angestellte Friseurin mit einem Tariflohn von 3,80 Euro in der Stunde ihr Leben finanzieren?«, fragte ich ihn. »Mit so einem Bruttolohn bleibt man unter dem Existenzminimum. Ist doch ungerecht, wenn ich für einen Text, den ich in drei Stunden schreibe, 1000 Euro bekomme.«

»Ich bin ja dafür, dass man von seiner Arbeit leben können muss«, sagte er dann, »aber irgendjemand muss das alles bezahlen, die höheren Hartz-Sätze, die Mindestlöhne, die Kosten für Forschung, Bildung, Gesundheit. Die LINKE fordert immer nur, nie hat sie gute Ideen.«

»Aber Papa«, sagte ich, »wie würdest du dich fühlen, wenn du 38 Euro am Tag verdienst und abends in den Nachrichten siehst, dass ein Bankmanager, der versagt hat, seine eigene Bank auf Millionenansprüche verklagt?«

In Bayern gibt es unzählige Bräuche, einer davon ist der Politische Aschermittwoch. Dann ziehen die Parteivorsitzenden Trachtenjanker an, mieten ein Bierzelt und beschimpfen den politischen Gegner in einer Sprache, die ein Reporter mal als »Bierzelt-Bayerisch« beschrieben hat, eine Art Dialekt, der sich dadurch auszeichnet, dass man sich mit ihm hervorragend der einfach gestrickten Landbevölkerung anbiedern kann. Es gehört zum Brauch, dass der politische Gegner nie böse ist, weil er ein paar Kilometer weiter ebenfalls im Trachtenjanker im Bierzelt steht und das Gleiche sagt, nur mit anderen Worten. Im Grunde schimpft jeder auf jeden, alle trinken Bier, am nächsten Tag ist die Sache vergessen und in Deutschland geht es weiter wie zuvor – eine Tradition, die für markige Lederhosen-Politiker wie Markus Söder oder Horst Seehofer ideal ist, für eine Partei wie die LINKE aber Tücken bereithält. Man assoziiert sie nun mal nicht mit Religion (am Aschermittwoch ist der Beginn der 40-tägigen Fastenzeit Jesu Christi), riesigen Bierkrügen oder weißblauem Rautenmuster. Die LINKE steckt in einem Dilemma. Was sie auch tut, sie macht einen Fehler: Schließt sie sich dem bayerischen Brauch an, sagen alle, die Ossi-Partei biedere sich an. Verweigert sie sich, sagen alle, man habe es doch schon immer gewusst: Die Stasi-Typen sind verbohrt, von gestern und haben keinen Sinn für Tradition und Humor.

Trotzdem. Wenn sie von einer ost- zu einer gesamtdeutschen Partei werden will, von einer Randerscheinung zur politischen Normalität, dann muss sie da durch und so kommt es, dass in diesem Jahr auch die LINKE einen Politischen Aschermittwoch auf die Beine stellt, keinen großen mit Freibier für alle, aber einen kleinen, bescheidenen, um den Wählern zu beweisen: Wir sind zwar die frühere SED, aber wir haben dazugelernt, wir öffnen uns, und selbst wenn wir dieses seltsame Bayern nicht verstehen, wir respektieren seine Sitten und alles, was wir von euch wollen, ist, dass ihr uns auch respektiert.

Ich fahre wieder nach Ingolstadt, diesmal ins Gasthaus *Daniel.* In der Gaststube sitzen alte Männer in Viererrunden und spielen Karten, daneben Familien mit Kindern, vor denen kleine Teller mit gemischtem Salat stehen und große, auf denen gebackene Karpfen traurig aus der Panade schauen.

»Wo geht's zum Politischen Aschermittwoch?«, frage ich eine Bedienung mit weißer Schürze.

»Zur LINKEN?«, ruft sie viel lauter, als nötig. »Erster Stock. Durch die Tür, Treppe hoch, dann rechts.«

Ich komme in einen holzvertäfelten Saal. Ungefähr 200 Menschen sind da. Auf einer Holzbühne steht eine Band und spielt Musik und weil nichts weiter passiert, höre ich ein paar Minuten zu. Das nächste Lied, erklärt der Sänger, sei der Rationalisierungs-Blues. »Wir haun den Aufsichtsrat davo und fanga mit der Rationalisierung von om her o«, heißt es im Refrain.

Peter Sodann ist seit ein paar Wochen Präsidentschaftskandidat der Linkspartei. Seitdem hat er sich vor allem lächerlich gemacht. Fast täglich hat er irgendwas gesagt, was ihn für das Amt disqualifiziert: »Mit Deutschland kann ich nichts anfangen. Ich weiß gar nicht genau, was das eigentlich ist« – ein bemerkenswerter Satz für einen Mann, der deutscher Bundespräsident werden möchte. Auf die Zerrissenheit der Partei angesprochen, antwortete er: »Von Flügelkämpfen verstehe ich nichts, ich bin doch kein Vogel.« Einmal hat er gesagt, dass er Josef Ackermann als Polizeikommissar von Deutschland gerne verhaften würde, und den Satz ein paar Tage später schwungvoll wiederholt, damit ja keiner auf die Idee kommen konnte, er sei ihm aus Versehen rausgerutscht. Seine Chancen auf das Amt hat er sich durch die Sprüche nicht vermasselt. Er hatte vorher schon keine.

Als Sodann den Saal betritt, jubeln die Gäste. Ich bin mir nicht sicher, ob sie ihn meinen oder den Kommissar aus dem Fernsehen. Sodann wird von einem Bodyguard begleitet, was absurd ist, weil er so harmlos wirkt, dass man sich nicht vorstellen kann, wie er irgendeine Art von Aggression auf sich ziehen könnte. Aber die Zeiten sind verrückt und sicher ist sicher, also muss ein Bodyguard mit Funkgerät her, offenbar steht draußen ein zweiter. Eine Frau, die aussieht wie ein gut gelaunter Igel mit Halstuch, umarmt den Präsidentschaftskandidaten: Eva Bulling-Schröter, die bayerische Landesvorsitzende der LINKEN. Man sieht ihr an, wie stolz sie ist, dass ein Mann aus dem Fernsehen für einen Abend nach Ingolstadt gekommen ist. Sie drücken sich lange, auch das hat Tradition bei der LINKEN. Keine Partei ist so körperlich. Irgendwer berührt, streichelt, umarmt oder tätschelt sich immer, meistens sind es zwei Frauen.

Dann drängelt sich ein Mädchen, vielleicht zehn oder elf Jahre alt, nach vorne. Auf ihrer Jeans prangt ein Totenkopf aus Strasssteinen.

»Du möchtest sicher ein Autogramm?«, fragt Sodann und lächelt wie ein Großvater, der weiß, dass er Karamellbonbons in der Tasche dabei hat.

»Ja«, sagt das Mädchen. Ihre Eltern müssen sie geschickt haben. Ich kann mir nicht vorstellen, dass sie wirklich ein Autogramm von ihm haben möchte.

»Aber gern«, sagt er, zieht eine Autogrammkarte aus dem Sakko, unterschreibt und lächelt wieder.

Nach einem Grußwort steht er gemächlich auf, Sodann ist 73, geht zum Podium, streift das Sakko ab und hängt es über einen Mikrofonständer.

»Treffen sich zwei Planeten. Sagt der eine: Du siehst aber schlecht aus. Was hast du? Sagt der andere: Ich habe Menschen. Sagt der Erste: Und was tust du dagegen? Sagt der andere: Nichts, ich glaube, die gehen von allein wieder.«

Kein schlechter Einstieg. Ein Witz zum Nachdenken. Eigentlich schrecklich, aber hier passt es ganz gut, die Aufmerksamkeit der Zuhörer hat er. Meine auch. Ich bin gespannt auf den Rest, doch es kommt kein Rest, keine Ideen, kein Inhalt; Sodann erzählt eine Anekdote nach der anderen, macht noch einen Witz, bringt noch einen Aphorismus; seine Rede besteht aus lauter potentiellen Einstiegen; Sprüche, Zitate, Verse, gegen die keiner was haben kann, weil sie von Leuten stammen, von denen die meisten als Genies in die Kulturgeschichte eingegangen sind. Er tut niemandem weh und lässt uns auf Teufel komm raus nicht wissen, was man vom Bundespräsidenten Peter Sodann zu erwarten hätte, außer dass er dafür kämpfen werde, dass alle Menschen in Frieden leben können.

Er ist gegen das Böse und für das Gute, gegen Ungerechtigkeit und für Gerechtigkeit, gegen Krieg und für den Frieden, das ist die Botschaft, die er sich aus Dutzenden von Aphorismen zusammengebastelt hat: Immanuel Kant, Albert Einstein, Johann Wolfgang von Goethe, Bertolt Brecht, Mahatma Gandhi, Heinrich Heine, Jean-Jacques Rousseau, irgendwann schalte ich ab und überlege, welches Detail im Gesicht des Bodyguards es ist, das für sein dümmliches Aussehen sorgt.

Gegen Ende der Rede erwähnt Sodann beiläufig, dass er zwar für die LINKE zur Wahl antrete, ihre Ansichten aber nicht teile, was beide Seiten schon aushalten würden – ein Satz, den er wahrscheinlich bis heute nicht verstanden hat. Ich habe zu keiner Sekunde das Gefühl, dass er sich vorstellen kann, deutscher Bundespräsident zu sein, schon allein deshalb nicht, weil er dann gelegentlich Optimismus versprühen und die Masche vom unverstandenen Trenchcoatträger aufgeben müsste. Am Schluss skizziert Sodann eine Welt, in der er gerne leben würde: »Treffen sich wieder zwei Planeten«, wiederholt er den Beginn seiner Rede. »Sagt der eine: ›Du siehst aber gut aus, was hast du?‹ Sagt der andere: ›Ich habe Menschen.‹ Sagt der Erste: ›Toll, ich will auch welche.‹«

Nach dem Auftritt wünsche ich mir eine Welt ohne Reden von Peter Sodann. Für Sätze, die hübsch klingen und die Welt nicht besser machen, muss ich nicht 160 Kilometer durch Oberbayern fahren, da lade ich mir für 99 Cent ein Zitate-App aufs Handy. Ich bin abgeschreckt, von Sodann, der Partei und allen Menschen, die von dieser Rede begeistert sind. Am meisten aber bin ich von Horst Seehofer abgeschreckt, der – laut Sodann – seit Tagen in jedes Mikro sagt, wie schockiert er über die steigende Kinderarmut in Deutschland sei, im Bundestag aber gerade gegen die Erhöhung der Hartz-IV-Sätze für Kinder gestimmt hat. Wenige Tage nach seinem Auftritt in Ingolstadt verkündet Sodann, dass er seine Erlebnisse als Bundespräsidentschaftskandidat kabarettistisch aufarbeiten wolle.

Bei der Wahl am 23. Mai 2009 wird Horst Köhler vor Gesine Schwan erneut zum Bundespräsidenten gewählt. Peter Sodann wird Dritter mit 91 Stimmen, was bemerkenswert ist, weil die LINKE nur mit 90 Vertretern in der Bundesversammlung sitzt.

Ein Jahr später – Horst Köhler war so genervt von den Medien, den Kollegen und wahrscheinlich auch von sich selbst, dass er panikartig in den Ruhestand geflüchtet war – musste der Bundespräsident erneut gewählt werden. Diesmal stellte die Linkspartei eine Frau auf, die frühere Journalistin und Bundestagsabgeordnete Luc Jochimsen. Die sagte zwar auch komisches Zeug – zum Beispiel, dass die DDR nach juristischer Definition kein Unrechtsstaat gewesen sei, was ja stimmen kann, aber für niemanden, der unter dem Regime gelitten hat, relevant ist –, trotzdem schlug sie sich deutlich besser als ihr Vorgänger. Im Gegensatz zu ihm wurde sie ernst genommen.

Eigentlich kamen wieder nur zwei Kandidaten in Frage: Christian Wulff von der CDU und Joachim Gauck, eine Art überparteilicher Messias, den SPD und Grüne – ohne Absprache mit der LINKEN – aus dem Hut gezaubert hatten, worüber Deutschland wochenlang aus dem Häuschen war. Am Ende war Pastor Gauck aus Rostock neben Lena Meyer-Landrut und der Vorzeigebüßerin Margot Käßmann der dritte Popstar des Jahres und Wulff der zehnte Bundespräsident Deutschlands, trotz seiner jugendlichen 50 Jahre und der Tätowierung an der Schulter seiner Frau.

Die große Überraschung: Christian Wulff bekam die absolute Mehrheit erst im dritten Wahlgang. Vorangegangen war ein Tag der politischen Ränkespiele; die Koalition wankte, aber fiel nicht, die Beinahe-Katastrophe konnte gerade noch verhindert werden – dramatische Stunden, in denen die LINKE nicht nur schimpfen, sondern endlich mal große Politik hätte machen können.

Die Lage war die: In den ersten beiden Wahlgängen war Christian Wulff zweimal überraschend durchgefallen. Im ersten hatten ihm 44 Wahlleute aus dem eigenen Lager die Stimme verweigert, so dass es im dritten und letzten Wahlgang auf die Linkspartei ankam: Stimmt sie geschlossen für Gauck, würden ein paar zusätzliche Abweichler genügen, um Geschichte schreiben zu können; dann wäre es möglich gewesen, die schwarz-gelbe Regierung und die Kanzlerin Angela Merkel zu stürzen. Es war die einmalige Gelegenheit der LINKEN, ihrem bürgerlichen Todfeind eine der bittersten Niederlagen in der deutschen Politikgeschichte zu verpassen. Was aber taten die 123 Delegierten der LINKEN bei der dritten Abstimmung des Tages? Sie enthielten sich. Sie ließen die Chance verstreichen. Wulff wurde Bundespräsident, Merkel blieb Kanzlerin. Beide waren mit einem blauen Auge davongekommen.

In den Kommentaren der Zeitungen und Nachrichtensendungen wurde meinen Genossen vorgeworfen, eine historische Chance verpasst zu haben. Die Partei sei nicht in der Lage gewesen, über ihren Schatten zu springen. So gekränkt sei sie gewesen, bei der Nominierung von Gauck nicht gefragt worden zu sein, dass sie im dritten Wahlgang beleidigt und kampflos geschwiegen habe. Wieder mal, schrieben die Kommentatoren, habe die LINKE bewiesen, dass sie für große Politik, für Kompromisse und Diplomatie, nicht zu gebrauchen sei. Sie habe sich selbstsüchtig und egoistisch verhalten, im Grunde wie ein trotziges Kind. Sie habe, sagte ausgerechnet Sigmar Gabriel, der die LINKE vorher ganz bewusst ausgeschlossen hatte, die »Riesenchance verpasst, sich als Teil des linken Lagers zu zeigen«.

Die LINKE versuchte sich zu wehren und erklärte ihre Gründe: Ein Bundespräsident Joachim Gauck sei für sie auf keinen Fall in Frage gekommen. Im Wahlkampf habe er sich für Hartz IV und den Krieg als Mittel der Politik ausgesprochen. Einen Kandidaten aber, der solche Positionen vertrete, könne die Linkspartei nicht unterstützen, egal wie historisch und groß die Chance auch sei. Die LINKE war wieder mal in ein Dilemma geraten, aus dem sie nur unschuldig schuldig herauskommen konnte.

Im Grunde nämlich hat sich die Partei korrekt verhalten: Sie hat einen Kandidaten nicht gewählt, mit dessen politischen Ansichten sie sich nicht identifizieren kann. Stattdessen ist sie ihren Grundsätzen und sich selbst treu geblieben. Sie widerstand der Versuchung und der Heuchelei, einen unliebsamen Kandidaten ins Amt zu heben, nur um die Regierung zu stürzen. Sie hat politisch unraffiniert, aber moralisch einwandfrei gehandelt.

Hätte sie Gauck im dritten Wahlgang gewählt, hätten ihr 80 Prozent der Journalisten im Land genau das zum Vorwurf gemacht. »Die LINKE fällt um«, hätten sie geschrieben. »Die LINKE verlässt ihre Grundsätze, um Merkel zu blamieren.«

Die LINKE hat es nicht leicht. Sie ist standhaft geblieben und hat verloren. Jetzt gilt sie als politisch unbrauchbar, naiv und unflexibel. Es scheint, als gelte ein gebrochenes Wort zur rechten Zeit inzwischen mehr als eine gerade Linie, Glaubwürdigkeit und Entsagung. Die LINKE hat alles richtig und doch wieder alles falsch gemacht.

11. »Gerecht, kompliziert, liebevoll und sensibel«
Das bezauberndste Mädchen der ganzen Partei

Immer wieder im Laufe meiner Mitgliedschaft begegnete ich aber auch Menschen, die meine Argumentation gegen die LINKE über den Haufen warfen und dafür sorgten, dass ich mich schlagartig für meine polemischen Ausfälle schämte. Eine von ihnen war Jennifer Karolewska aus Nordrhein-Westfalen.

Ich lerne Jennifer Karolewska auf dem Parteitag in Rostock kennen. Es ist Samstagabend, gerade werden die Stimmen für die Wahl des Schatzmeisters ausgezählt, als ein Genosse aufs Podium tritt und das Wort ergreift: »Und weil wir auf das Ergebnis noch warten müssen, möchte ich an dieser Stelle die älteste und die jüngste Delegierte des Parteitags begrüßen. Die Partei bedankt sich für das außerordentliche Engagement dieser Genossen.«

Die älteste Parteitagsteilnehmerin ist 79, die jüngste 18 Jahre alt: Jennifer aus dem Landesverband NRW. Sie sieht aus wie eines dieser Starnberger See-Mädchen, nur weniger gelangweilt. Ihre Haare sind weizenblond, ihre Augen hellblau, die Wangenknochen liegen hoch, der Blick ist warm und bescheiden. Um die Schultern trägt sie eine Art Stola aus fester grauer Wolle. Wenn sie lächelt, würde man ihr am liebsten einen Kuss geben und gleich danach drei Fragen stellen: Was tust du hier? Was suchst du an einem Juli-Wochenende in der Rostocker Stadthalle? Und was um Himmels willen hast du in der LINKEN verloren?

Wenn Jennifer fünf Zentimeter größer wäre, hätte sie eine gute Chance, bei *Germany's next Topmodel* in die Endrunde zu kommen. Warum sitzt sie hier und nicht beim Casting in München oder Düsseldorf? Genau das frage ich sie. »Kann ich Ihnen erklären«, sagt sie, »darf ich mich setzen?«

»Klar«, sage ich.

»Dauert aber. Ich muss ausholen.«

Jennifer Karolewskas Eltern kommen aus Polen; Arbeiter, das Geld reicht jeden Monat gerade so. Sie schicken ihre Tochter aufs Gymnasium. Sie soll es später mal besser haben. Jennifer ist klug und ehrgeizig, später möchte sie Jura studieren – aber dann wird sie schwanger, mit 16, von ihrem Freund. Das Kind war nicht geplant, Jennifer könnte es wegmachen lassen, aber das kommt nicht in Frage. Es ist ihr Kind. Und der Vater ist der Junge, den sie liebt. Neun Monate später bekommt sie eine Tochter. Sie gibt ihr den Namen Paulina.

Um für Paulina eine gute Mutter sein zu können, unterbricht Jennifer die Schule und geht in Mutterschutz, acht Wochen nach der Geburt macht sie weiter. Ihren Traum vom Jura-Studium hat sie nicht vergessen. Paulina feiert ihren ersten Geburtstag, der Freund wird zum Ex-Freund, das Geld ist knapp, Jennifer muss jetzt für zwei Menschen sorgen. Ab und zu stecken ihr die Eltern einen Schein zu, aber mehr ist nicht drin, sie haben selbst nicht viel.

Als Paulina vier Monate alt ist, muss Jennifer Hartz IV beantragen. Ein Computerprogramm oder irgendein Beamter berechnet ihren Regelsatz: 196 Euro im Monat. Den Betrag bekommt sie jeden Monat von der Arbeitsagentur überwiesen, dazu kommen Kindergeld und 130 Euro Unterhaltszahlungen. »Eigentlich hätte ich auch ein Anrecht auf Schwangerschaftsgeld gehabt«, sagt sie, »aber das hat mir bei der Hartz-Beratung keiner gesagt.« Sie denkt kurz nach, dann fügt sie hinzu: »Eigentlich haben die mich gar nicht beraten. Die haben mir einen Zettel unter die Nase gehalten und gesagt: Füll das aus.«

Ein paar Monate später, im Sommer 2009, bekommt sie einen Brief von der Arbeitsagentur. Sie müsse Geld zurückzahlen: Man habe ihr aus Versehen 2,96 Euro pro Monat zu viel überwiesen, ein Systemfehler, sie solle Verständnis haben. Jennifer überweist das Geld, kommt weiter über die Runden: Kaution für die Wohnung, Windeln für Paulina, Kinderwagen, Babyklamotten, Lebensmittel, sie zahlt alles selbst; dazu kommen Bücher für die Schule, Geld für die Klassenfahrt. »Essen und Rechnungen, mehr ist nicht drin. Ich kaufe nur Sachen, die wir wirklich brauchen«, sagt sie. »Am Monatsende ist das Geld jedes Mal weg.«

Als Jennifer von Hartz IV die Nase voll hat, versucht sie, Geld nebenher zu verdienen. 100 Euro steuerfrei sind erlaubt. Sie stellt sich bei einer Pizzeria vor, darf anfangen, zur Probe, nach vier Wochen werde der Eigentümer sich entscheiden. Jennifer freut sich, sie ist jetzt voller Elan: Am Abend bringt sie Paulina für ein paar Stunden zu ihren Eltern, um Nudeln und Pizzen zu servieren, ab 22 Uhr macht sie Hausaufgaben. Nach ein paar Wochen bricht sie ab, zu anstrengend, zu viel, die Schule leidet. Der Besitzer drückt ihr ein paar Hundert Euro in die Hand. »Nimm ruhig«, sagt er, »deine Belohnung. Hast deine Sache gut gemacht.« Zwei Monate später kommt ein Brief vom Zollgericht Bielefeld: eine Anzeige wegen Steuerhinterziehung. »Mir blieb nichts anderes übrig, als die Tat zuzugeben. Am Ende musste ich Gott sei Dank nur 35 Euro wegen einer Ordnungswidrigkeit zahlen.«

Als die Regierung das Kindergeld erhöht, freut sich Jennifer. Endlich würde sie mehr Geld zur Verfügung haben. Vielleicht könnte sie Paulina neue Klamotten kaufen. Ein paar Tage später erfährt sie, dass ihr die paar Euro mehr vom Hartz-IV-

Satz wieder abgezogen werden. Jennifer versteht die Welt nicht mehr: Um 6.30 Uhr steht sie jeden Tag auf, macht Frühstück für Paulina, bringt sie mit dem Rad zur Kindertagesstätte, radelt weiter zum Bahnhof, fährt mit dem Zug in die Schule, wo sie gute Noten schreibt, fährt mit dem Zug zurück, radelt vom Bahnhof zur Kita, holt Paulina ab, spielt mit ihr, isst mit ihr, lernt mit ihr, bringt sie ins Bett und setzt sich an den kleinen Schreibtisch, um ihre Hausaufgaben zu machen.

»Irgendwann war mir klar, dass ich was tun muss«, sagt sie. »Ich bin in den Jugendverband der LINKEN eingetreten. Ich wollte kämpfen, für mich, für Paulina und die vielen anderen Menschen, die von Hartz leben müssen. Meine Tochter soll später alle Chancen haben, die sie verdient.«

Jennifer verbringt immer mehr Zeit mit ihren Genossen, die alten Freunde aus ihrer Klasse werden weniger. Ihre Interessen wandeln sich, für die Disco hat sie kein Geld, sie liest jetzt viel Zeitung und schaut Nachrichten. Inzwischen ist sie im Kreisvorstand. Pro Tag, sagt sie, arbeite sie zwei bis drei Stunden für die Partei, vor allem nachts, wenn Paulina schlafe.

Als ich am Sonntagabend nach zwei Tagen Linkspartei nach Hause komme, gebe ich Jennifers Namen bei Facebook ein: Statt eines Profilfotos hat sie ein Schwarzweiß-Foto von Rudi Dutschke auf ihrer Seite. Unter der Rubrik »Lieblingszitat« hat sie ein Marx-Zitat geschrieben: »Die Revolutionen sind die Lokomotiven der Geschichte«, unter Selbstbeschreibung steht: »Gerecht, kompliziert, liebevoll und sensibel.«

12. »Wir gehen ans Telefon, wenn uns jemand anruft«

Mein Samstag ist futsch, aber Wahlkampf muss sein

Im Sommer 2009 beginnt die heiße Phase des Bundestagswahlkampfs. Die Volksparteien biedern sich an und rücken nach links, die Innenstädte füllen sich mit Wahlplakaten. Unser Wahlziel lautet zehn Prozent plus x.

Wir fordern die Erhöhung von Hartz IV, 10 Euro Mindestlohn, einen 100 Milliarden-Euro-Zukunftsfonds, die Vermögenssteuer, eine höhere Erbschaftssteuer, Mitbestimmung in Betrieben, einen höheren Spitzensteuersatz und den sofortigen Abzug aus Afghanistan. Wir versprechen soziale Gerechtigkeit und zwei Millionen neue Jobs. Mein Parteiausweis lässt weiter auf sich warten.

Durchhalten! Nur noch wenige Wochen bis zur Wahl! heißt es in der SMS, die ich von der Parteizentrale bekomme. Ich kann mich nicht erinnern, aber offenbar muss ich bei meinem Eintritt meine Handynummer angegeben haben. Im Online-Shop der LINKEN gibt es Kleinartikel für den Wahlkampf: Sonnencreme mit der Aufschrift »Die Sonne scheint, der Himmel lacht, das hat die LINKE gut gemacht«, außerdem Brillenputztücher, Lippenpflegestifte und ein Baby-Strampelanzug für 15 Euro, auf dem »Frech wie Oskar« steht.

Die Partei hat den so genannten Aktivierungswahlkampf ausgerufen, eine Art multimedialer Frontalangriff, den wir uns von Barack Obama abgeschaut haben. Bundesgeschäftsführer Dietmar Bartsch stellt jeden Montag eine Internet-Kolumne ins Netz, die LINKE greift an, auf allen Fronten, auch digital und virtuell, ich bin eher skeptisch: Obama kopieren, das hat schon die SPD nicht hinbekommen: Auf dem Nürnberger Parteitag vor ein paar Monaten stellte sich Generalsekretär Hubertus Heil aufs Podium und rief: »Ich würde von euch gern etwas hören, was Barack Obama dauernd sagt, also sprecht mir nach: Yes. We. Can.«

Als die Delegierten nur verlegen zur Seite schauten, forderte Heil sie noch einmal auf: »Das war ein bisschen leise, Genossen. Könnt ihr das lauter? Also: Yes! We! Can!« Aber wieder macht keiner mit, so dass er aufgibt und kleinlaut von der Bühne schleicht: Jetzt hatte auch er begriffen, dass Deutschland nicht Amerika ist, und Nürnberg schon gar nicht. Wir machen trotzdem »Aktivierungswahlkampf«: 3000 Genossen haben sich angemeldet, jeder soll möglichst viele Sympathisanten, Bekannte, Freunde ansprechen, überreden, überzeugen; vor allem im Internet soll sich die Botschaft verbreiten via SMS, E-Mails, Xing und Facebook. Und weil es ganz ohne körperlichen Einsatz eben doch nicht geht, sollen wir »Fußstreifen« und »Kneipentouren« machen, um unser Material an den Mann zu bringen. Wir bekommen eine Postkarte aus dem Berliner Wahlquartier, die wir so schnell wie möglich ausgefüllt zurückschicken sollen. Darauf können wir ankreuzen, ob wir besser morgens oder abends, am Wochenende oder unter der Woche Zeit haben, außerdem, ob wir ein Auto zur Verfügung stellen können und auf welche Weise wir beim Wahlkampf helfen möchten.

Fünf Optionen gibt es: 1. Plakatieren 2. Zeitungen in der Nachbarschaft verteilen 3. Flugblätter austeilen 4. Infostände betreuen 5. Eigene Aktionen organisieren. Ich kreuze »Zeitungen in der Nachbarschaft verteilen« an und schreibe meine Adresse daneben, kann aber bis zum Wahltag nicht tätig werden, weil ich jeden Tag vergeblich darauf warte, dass sie in meinem Postfach liegen.

Einmal gehe ich zu einem Parteitreffen mit dem Motto »Schutzschirm für Menschen«. Angeblich geht es darum, Flugblattaktionen vor Unternehmen und Kaufhäusern zu organisieren. Zur abgemachten Uhrzeit stehe ich ganz allein am Treffpunkt, fünf Minuten später erscheint die Organisatorin, zehn Minuten später German und noch einer. Wir sind zu viert – der Schutzschirm wird ziemlich klein ausfallen. Trotzdem trinken wir ein Bier und vereinbaren weitere Schritte. German erzählt mir, dass ein Polizist Martin den Arm gebrochen habe, obwohl der nur friedlich mit einem Schild gegen das Bundeswehr-Gelöbnis auf dem Marienplatz protestiert habe. Drei Polizisten hätten ihn aufgefordert sich auszuweisen, er sei nervös geworden und habe sich in die Ecke gedrängt gefühlt, als einer zupackte, seinen Arm brutal nach hinten drehte und ihm die Speiche brach.

»Hat er ihn angezeigt?«, frage ich.

»Er überlegt noch«, sagt Martin, »du weißt ja, wie Martin ist.«

Im Berliner Karl Liebknecht-Haus steht der »Rote Ordner«, er bündelt unsere Wahlkampfstrategie und enthält Argumentationshilfen für neue Genossen. Die Partei müsse als Marke verstanden werden, auf keinen Fall dürfen die Genossen vor Ort mit Logo-Varianten oder abweichenden Rottönen agieren; die LINKE müsse einheitlich auftreten und wieder erkennbar sein, alles andere wäre stümperhaft und kontraproduktiv. Einige Ratschläge für den Wahlkampf erscheinen mir besonders hilfreich, zum Beispiel: »Anfragen, die an uns gerichtet werden, müssen beantwortet werden.« – »Wir gehen ans Telefon, wenn uns jemand anruft.« – »Am Infostand darf kein Alkohol ausgeschenkt werden.« – »Unsere Wahlkämpfer sollten saubere

Fingernägel haben, außerdem saubere Kleidung und Schuhe tragen. Von einer Alkoholfahne ist abzuraten, ebenso von Drogenkonsum. Erlaubt sind bunte Haare, Zungen-Piercings und Nasenringe.«

Ich telefoniere ständig, bin ungepierct und habe ein Auto – ich bin der ideale Wahlkämpfer. Dementsprechend begehrt bin ich, als es darum geht, Freiwillige für Infostände und »Plakatierungsaktionen« zu finden. Ich finde es zwar verwunderlich, dass mir nach so kurzer Zeit zugetraut wird, ganz allein einen Infostand zu betreuen – komme aber schnell dahinter, dass wir keine andere Wahl haben: Die meisten Genossen wollen sich ihr Wochenende nicht durch übermäßiges Engagement verderben. Der Partei bleibt gar nichts anderes übrig, als mir zu vertrauen. Mein Ortsverband führt ein Wahlkampftagebuch, das per E-Mail-Verteiler an die Genossen geschickt wird, damit alle auf dem Laufenden bleiben. Täglich landen Nachrichten in meinem Postfach, Genossen verkünden Erfolge (»20 A0-Ständer in vier Stunden aufgestellt«) oder gestehen Misserfolge ein (»Der Infostand am Rotkreuzplatz kam mangels HelferInnen nicht zustande«).

Ein Infostand besteht aus einem ausklappbaren Tapeziertisch, einem Sonnenschirm und einem Trolley, wie ihn alte Frauen durch den Supermarkt ziehen. Im Rollkoffer sind Hunderte von Faltblättchen, geordnet nach Themengebieten: Hartz IV (»Wer sich nicht wehrt, lebt verkehrt«), Mindestlohn (»Für gute Arbeit und einen gesetzlichen Mindestlohn«), Krieg (»Bundeswehr raus aus Afghanistan«). Für die Kinder gibt es dreieckige Fähnchen, für die Eltern Kugelschreiber, Kondome und Pfefferminzbonbons. Nicht alle Wahlkämpfer sind so einfallslos wie wir: Ein Genosse berichtet, dass ein Ortsverband in Nürnberg eine Torwand aus Holz gezimmert habe, eigentlich sehe sie aus wie die aus dem *aktuellen sportstudio,* mit dem

Unterschied, dass beide Löcher links seien. »Die Wand ist der Renner«, sagt er, es bilden sich richtige Schlangen, weil jeder mal schießen möchte.

Im »Roten Ordner« steht, dass wir gut aufpassen sollen, weil die Passanten unter Umständen so gierig auf die Fähnchen und Luftballons reagieren, dass es am Infostand zu »ernsthaften Problemen« kommen könne. »Hat man Luftballons, Kugelschreiber oder andere kostenlose Kleinwerbemittel dabei, wird man leicht belagert«, heißt es. »Bitte pro Person nur ein Teil abgeben.« Ich stelle es mir vor allem deprimierend vor, erwachsenen Menschen ein Plastikfähnchen in die Hand zu drücken.

Es ist ein herrlicher Samstagvormittag im Frühsommer, als ich mich mit den Genossen Stefan, Bernhard und Siggi in Aubing treffe. Selbst nach einer Stunde kann von einer Belagerung keine Rede sein. Dabei haben wir uns direkt vor dem Aldi postiert, also genau da, wo die Menschen einkaufen, für die wir uns einsetzen. Meine drei Mitstreiter kenne ich vom Sehen: Bernhard ist um die 60 und trägt einen grauen Vollbart. Er sieht aus wie ein Märchenerzähler, lieb und sanft, fast ein bisschen weise. Stefan stottert, was kein Nachteil sein muss, wenn man bedenkt, wie heikel es ist, einen stotternden Menschen zu unterbrechen. Siggi scheint normal, nett und vernünftig zu sein, ein bisschen zu schüchtern für den Infostand vielleicht.

Heute Abend Sportschau? simse ich an Christian, weil ich eine Aussicht brauche, ein Ziel, irgendwas, worauf ich mich freuen kann. Vorsichtshalber schreibe ich eine zweite SMS an eine Freundin: Bald mal wieder Drinks? Heute? Morgen? Kuss, T.

Nach wenigen Minuten zeigt sich, dass wir ein Problem haben: Es gehen unwesentlich mehr Menschen in den Aldi als vor ihm stehen, um sie zu informieren. Es ist Ferienzeit. Nur alle zwei bis drei Minuten kommt ein Kunde vorbei. Wir unterstützen uns nicht, wir stehen uns im Weg. Vielleicht schrecken wir die Menschen sogar ab, so zu viert hinter dem winzigen Tisch, einer mit einem lilafarbenen Batik-T-Shirt. Wir überlegen, ob es besser ist, die Kunden vor oder nach dem Einkauf abzufangen, was nichts bringt, weil die Menschen verschieden und unberechenbar auf uns reagieren. Manche hören uns aufmerksam zu, obwohl sie schwere Einkaufstüten in Händen halten, andere weisen uns mit einem bösen Gesichtsausdruck ab. Die einen nennen Gründe, andere beschimpfen uns auf offener Straße, wieder andere laufen einfach davon.

»Lassen Sie mich in Ruhe«, fährt mich eine Frau an, »ich bin schwer krank«, schiebt sie hinterher und beschleunigt ihren Schritt. Im Davongehen zischt sie seltsame Sätze ohne Zusammenhang, irgendwas über einen Mann und eine unheilbare Krankheit, aber sie ergeben keinen Sinn, die Frau wirkt ernsthaft verwirrt, vielleicht ist sie schizophren. Ich will sie nicht bedrängen und ziehe mich zurück, beobachte aber, wie Bernhard ihr hinterherläuft, ihre Hand nimmt und beruhigend auf sie einredet. Insgesamt spricht er eine Stunde mit ihr. Hin und wieder kann ich einen Satzfetzen verstehen: »Gehen Sie doch mal zum Arzt«, höre ich ihn sagen. »Vertrauen Sie mir. Gehen Sie zum Arzt. Versuchen Sie es doch wenigstens mal.«

Natürlich stellt man sich sofort Markus Söder vor, wie er sich am CSU-Parteistand eine Stunde mit einer Wahnsinnigen unterhält, während das Wahlvolk vorbeiläuft. Er würde das nicht machen, und wenn doch, dann aus Kalkül. Zum ersten Mal bin ich stolz auf meine Partei. Die anderen reden nur, aber meine Partei tut auch, was sie sagt; für sie ist ein Mensch wertvoller als ein paar Stimmen – und ein bisschen drückt die Szene das Dilemma der LINKEN aus: großes Herz, wenig Weitblick.

Ehrlicherweise muss man dazu sagen, dass immer noch sehr wenige Menschen an unserem Stand vorbeikommen, so dass wir oft mehrere Minuten am Stück untätig nebeneinander stehen. Stefan kauft Apfelsaftschorle für alle, Siggi blättert in einer Hartz-IV-Broschüre, ich schreibe ein paar SMS. Christian hat geantwortet: Fußball bei mir! Don't forget the beer!

Wir betreuen den Stand zu viert. Vier Genossen an vier Ständen wären besser gewesen. Aber jetzt sind wir halt mal da: Immer wenn sich jemand nähert, verständigen wir uns mit Blicken. Wir wollen die Menschen auf keinen Fall verschrecken. Einer von uns geht auf die Person zu, von vorne, freundlich lächelnd, ein paar Broschüren in der Hand. »Entschuldigen Sie, darf ich kurz stören? Ich bin von der Partei die LINKE. Darf ich Ihnen was zum Thema Mindestlohn erzählen?«

Wir bieten ein, höchstens zwei Themen an. Im »Roten Ordner« steht: »Passanten nicht mit einem Gemischtwarenladen überfordern, sondern gezielt zu einem Thema Auskunft geben.« Aber die meisten Menschen haben kein Interesse an Sachthemen und Inhalten. Sie wollen auch nichts erläutert bekommen. Fast alle verbinden die LINKE mit DDR, Stasi, Stacheldraht und Oskar Lafontaine. Differenziertere Meinungen kommen nicht vor. Von unseren Zielen haben die meisten keine Ahnung. Ein dicker Mann mit Fahrrad brüllt eine Minute lang, dass wir uns schämen sollen. »Ihr seid so erbärmlich«, brüllt er. »Schaut euch mal an, ihr labert die ganze Zeit über soziale Gerechtigkeit, dabei seid ihr nur neidisch. Neidisch seid ihr, nichts anderes, auf den Ackermann und die Banker, weil die mehr Geld haben, aber ich sage euch was, die arbeiten auch hart dafür.«

Nach fünf Stunden ziehe ich Bilanz: Ich habe 100 Passanten angesprochen, 20 haben eine Broschüre mitgenommen. Wie viele sie lesen, weiß ich nicht. Wie viele uns wählen, auch nicht.

Mein Samstag ist futsch. Ich habe ihn der Partei geopfert und trotzdem nur 20 von 62 Millionen Wahlberechtigten erreicht. Wie ängstlich und voreingenommen viele Menschen auf uns reagiert haben: »Geben Sie's doch zu«, flüsterte mir einer ins Ohr, »Sie machen das doch auch nur, weil Sie Geld dafür kriegen.« Am überzeugendsten war ein Mann im gelben Hemd um die 50: »Ich verrate Ihnen jetzt mal was«, sagte er ruhig. »Wenn Sie wüssten, was ich durchgemacht habe, würden Sie nicht versuchen, mich von dieser Partei zu überzeugen.«

»Was haben Sie denn durchgemacht?«, fragte ich.

»18 Monate Knast«, sagte er. »Stasi-Knast in Cottbus. Es war die Hölle.« Sein Ausreiseantrag sei zu scharf formuliert gewesen, das habe ihn verdächtig gemacht. »Aber ich hatte keine Wahl«, sagt er, »ich musste rüber, meine Schwester lag im Sterben und ich wollte sie ein letztes Mal sehen.« In seinem Fall verzichtete ich auf die Frage, ob er an Infomaterial interessiert sei.

13. »Die kümmern sich um gar nichts mehr, die sind am Ende«

Kleine Hartz-IV-Kunde mit German

Zu German sagen alle nur »Dschörmän«. Er gehört wie ich zum Ortsverband Mitte-West und immer wenn er nicht im *Bürgerheim* saß, was selten vorkam, weil er jede Menge Zeit hat, war ich enttäuscht. Ohne ihn waren die Abende nur halb so lustig. German sieht aus wie eine Mischung aus Karl Valentin und Theo Lingen, er hat ein hageres Gesicht, in dem eine spitzige, lange Nase sitzt. Seine dünne Brille rutscht ihm ständig nach unten, so dass er einen über den Rand hinweg anschaut. Einmal habe ich ihn mit einem Fleece-Pullover von Polo Ralph Lauren erwischt, er muss ihm von früher geblieben sein; denn seit fünf Jahren kann German sich solche Marken nicht mehr leisten. Es war das Jahr 2005, als Germans zweites Leben begann, das mit seinem ersten nicht das Geringste zu tun hat.

Seit fünf Jahren bekommt German jeden Monat 359 Euro Hartz-IV-Regelsatz: Weiß man, kennt man, liest man ständig in der Zeitung. Was es bedeutet, weiß ich erst, seitdem ich German kenne: Für Essen und Trinken stehen ihm jeden Tag 3,75 Euro zur Verfügung. Mein Mittagessen in der Kantine der *Süddeutschen Zeitung* kostet das Doppelte. 3,75 Euro – dafür kriegt man in München einen Latte Macchiato. Gerade hat die Bundesregierung den Hartz-Regelsatz um fünf Euro auf 364 Euro erhöht, seitdem hat German pro Monat 10,17 Euro für Möbel zur Verfügung, 1,22 Euro für Spielwaren und Hobbys, 1,12 Euro für Sportartikel und 59 Cent für Uhren, was auch immer das bedeuten soll. Kinder von 6–13 Jahren bekommen 9,65 Euro für Schuhe, 16 Cent für Schuhzubehör, 1,79 Euro für den Friseur, 2,38 Euro für Bücher sowie 2,15 Euro für Toilettenpapier, Haarpflege- und Rasiermittel. Gott sei Dank ist er nie den beiden Wirtschaftsprofessoren aus Chemnitz begegnet, die 2009 mit der Forderung vor die Presse traten, den Hartz-IV-Regelsatz zu senken. Laut ihren Berechnungen würden 132 Euro im Monat für ein menschenwürdiges Leben vollkommen ausreichen, vorausgesetzt, man kaufe die Lebensmittel bei Aldi, die Kleidung in Restpostengeschäften und die Möbel im Ein-Euro-Laden. Für Freizeit, Unterhaltung und Kultur gestanden die offenbar geisteskranken Forscher den Betroffenen einen Euro im Monat zu.

German passt zu München. Hätte es Helmut Fischer nicht gegeben, hätte er die Rolle des Monaco Franze spielen müssen. Er ist lustig, ironisch und charmant, ein richtiger Schlawiner, der sich nicht unterkriegen lässt. Die Sprüche purzeln ihm nur so aus dem Mund, ich bin sicher, früher standen die Frauen reihenweise auf ihn. Er strahlt diese bayerische Leichtigkeit aus, eine Gemütlichkeit und Sicherheit, sich nicht von jedem Trend durcheinanderbringen zu lassen. Man kann den ganzen Tag lachen mit ihm, aber auch offen darüber sprechen, dass man ein paar Tausend Euro mehr im Monat zum Ausgeben hat. Für ihn ist das okay. Er hat es früher ja auch krachen lassen. An dem Tag, an dem er sich weigerte, »Transpi« zu sagen, hatte er bei mir gewonnen. Er sagt Transparent, alles andere findet er lächerlich. Und wenn so ein Transparent schlecht gemacht ist, regt er sich auf: »So ein Geschirrtuch trag ich nicht durch München, da muss man sich ja schämen«, sagt er dann. »Ich will ein richtiges Transparent, mit Haken und Ösen und nicht so einen Lappen.«

In der Partei eckt er manchmal an, weil er ehrlich und direkt ist. Zu direkt für die Politik. Er sagt, was er denkt, egal ob er mit der Bedienung vom *Bürgerheim* oder dem Bundesvorsitzenden spricht, und er sagt es, ohne vorher lange darüber nachzudenken.

In seinem ersten Leben war German freiberuflicher Grafiker. Über Jahre hatte er sich einen seriösen Kundenstamm erarbeitet, der ihn regelmäßig buchte, große Agenturen, Verlage, Bertelsmann, Burda, richtige Großkaliber. Sein Jahr unterlag einem ganz bestimmten Rhythmus, es gab Boom-Monate, in denen er den ganzen Tag am Rechner saß, und es gab Flauten-Monate, dann stieg er in seinen Mercedes 230 SE (»13 Liter auf 100 Kilometer«) und düste runter nach Österreich zum Yoga-Workshop, oft mehrere Wochen am Stück. Danach war er wieder frei im Kopf und die nächste Boom-Phase konnte kommen. »Mir ging es richtig gut«, sagt German. Eine süße Freundin, immer Geld in der Tasche, das Leben war schön, so konnte es weitergehen.

Ging es aber nicht. Ende der neunziger Jahre blieben die Buchungen aus. Erst eine, dann immer mehr. Ein Kunde nach dem anderen sprang ab, manche meldeten sich einfach nicht mehr. Medienkrise. Die Verlage stellten aus, angestellte Schreiber, Texter und Grafiker wurden freiberufliche Schreiber, Texter und Grafiker, es gab immer weniger Arbeit und immer mehr Menschen, die sie machen wollten. German war einer davon. »Der Markt wurde kaputtgespart«, erzählt er. »Einer unterbot den anderen, die Honorare fielen, ich verdiente immer weniger. Und weil es so nicht weitergehen konnte, mit ihm nicht, aber auch nicht mit der Branche und dem ganzen Land, beschloss er, politisch aktiv zu werden, und wurde Mitglied der Grünen.

Ein paar Jahre später hatten sich sämtliche Kunden verabschiedet. »Plötzlich stand ich ohne Job da und musste hilflos mit ansehen, wie sich die Arbeitsmarktsituation immer weiter verschärfte. Zuerst dachte ich, das wird wieder, ich redete mir ein, dass es sich nur um eine kurzfristige Krise handelte und bald wieder bergauf gehen würde, aber es ging nicht mehr bergauf.« German begann Bewerbungen zu schreiben. Er verschickte Mappen, erst 10, dann 50, dann 100, er wurde eingeladen und sprach vor, aber keiner wollte ihn – der Markt war hoffnungslos übersättigt. Als das Geld knapper wurde, leerte er sein Konto. »Ende 2004 stand ich vor dem Nichts. Mir blieb nichts anderes übrig, als mich arbeitslos zu melden. An so etwas hatte ich noch nie im Leben gedacht.« Ein Jahr später bekommt er das erste Mal 359 Euro überwiesen. »Du kannst dir nicht vorstellen, wie mir damals zumute war. Jetzt gehörte ich zu der Gruppe von Menschen, über die ich bisher nur in der Zeitung gelesen hatte.«

Ein paar Monte später geht die Beziehung mit seiner Freundin in die Brüche. »Sie hat nicht verstanden, dass alle von Arbeit redeten, aber keine mehr da war.« Dann verlässt er die Grünen. »Ich konnte doch nicht die Partei unterstützen, die Hartz IV mit erfunden hatte«, sagt er. »Die Grünen waren keine Heimat mehr für mich, sie hatten das Land unsozialer gemacht und dem Kosovo- und Afghanistan-Einsatz zugestimmt. Bei denen hatte ich nichts mehr verloren.«

Er tritt der Partei bei, die sich auf die Fahnen geschrieben hat, die Hartz-IV-Gesetze abzuschaffen oder wenigstens den Regelsatz zu erhöhen: der PDS. Aus seiner Sicht ein logischer Schritt: Solange die PDS (ab 2007 die LINKE) nicht an der Macht war, würde er mit 359 Euro im Monat auskommen müssen. Sobald sie mitregierte oder die anderen Parteien nach links zwang, konnte er die Hoffnung haben, dass sich sein Lebensstandard verbessern würde.

Was German in den Jahren danach erlebt, klingt amüsant, wenn er es erzählt, nüchtern betrachtet ist es eine Tragödie:

Er durchläuft die so genannte Jobvermittlung. »Fördern und Fordern« hat Gerhard Schröder das System genannt, auf das heute noch viele Wirtschaftsexperten stolz sind: German arbeitet als Kurier und LKW-Fahrer, sitzt in einem Seminar mit dem Titel »Wie bewerbe ich mich richtig?«. Anschließend macht er alles genau so, wie man es ihm im Seminar gezeigt hat. Er schreibt 200 Bewerbungen und zieht alle paar Tage ein paar Absagen aus dem Briefkasten. Er schreibt weitere Bewerbungen, 600 insgesamt, 100 Firmen sagen ihm ab, mal mehr, mal weniger freundlich, die anderen melden sich gar nicht. Zweimal kommt er in einem Unternehmen unter, aber immer nur kurzfristig, für ein paar Monate. »Die haben kurz jemanden gebraucht und als der Berg abgearbeitet war, haben sie mich nach Hause geschickt. Im Grunde wollten die nur eine billige Arbeitskraft und nebenbei Subventionen kassieren.«

Zuletzt wird er an einen Sozialverband vermittelt. Als Ein-Euro-Jobber betreut German Alleinstehende, Behinderte und Rentner. Eine der alten Frauen wartet seit drei Monaten auf einen Rollator, und weil nichts passiert, greift German zum Telefon und erkundigt sich bei einem Münchner Betrieb, ob ein Rollator zum Mitnehmen bereitstehe, schließlich will er helfen. »Ja, den können sie sofort mitnehmen«, bekommt er zur Antwort. Doch als er der Pflegerin davon erzählt, fällt sie aus allen Wolken. »Sind Sie verrückt, Sie können doch hier nicht machen, was Sie wollen. Wir führen genau Buch, da muss alles stimmen.« German versteht die Welt nicht mehr. Da ist eine alte Frau, die nicht mehr gehen kann, und dort ein Rollator, der frei ist, also für ihn passt das zusammen. »Spielen Sie nicht den Anwalt der alten Leute«, ruft die Pflegerin ihm noch hinterher. Der Ein-Euro-Job ist damit erledigt.

Seitdem ist die Partei sein Leben. Er engagiert sich, wo er kann. Im Superwahljahr sitzt er jeden Tag vier Stunden im

Parteibüro und nimmt Anrufe entgegen. Für den Wahlkampf entwirft er Flugblätter und Plakate, vor der Bundestagswahl fährt er mit Martin stundenlang, tagelang durch München und stellt Plakatständer auf. »Aber damit ist es nicht getan«, sagt er, »drei Tage später musst du die Plakate abfahren und auf Vordermann bringen, mindestens die Hälfte ist überklebt, weggerissen und vollgeschmiert.« Im Grunde sei man nie fertig, sagt er, sobald das letzte Plakat geklebt sei, müsse man schon wieder von vorne anfangen.

Als ich German das letzte Mal traf, im Sommer 2010, war er dabei, einen Vortrag über die Energieversorgung in Deutschland vorzubereiten. PowerPoint. 94 Seiten. Die Regierung hatte gerade die Verlängerung der Atomlaufzeiten beschlossen. Wer German kennenlernen will, muss nur am Montag- oder Donnerstagvormittag ins Parteibüro kommen, da sitzt er und berät ehrenamtlich Hartz-IV-Empfänger. Er hat jede Menge Tipps, weil er alles selbst schon erlebt hat. »Tobias«, hat er mal gesagt »du kannst dir nicht vorstellen, was da für Fälle dabei sind. Menschen die alles verloren haben, die psychisch am Ende sind und nur noch Tabletten nehmen. Die wissen nicht mehr, wie es weitergehen soll. Die kümmern sich um gar nichts mehr, die sind am Ende.«

Einmal habe ich German gefragt, ob das Leben, das er mit seinen 359 Euro im Monat führt, menschenunwürdig ist. »Ach«, hat er geantwortet, »menschenunwürdig wäre gelogen, aber ich kann halt nichts mehr machen, das mir Spaß macht.« Das fand ich fast noch schlimmer. German ist 53. Zu den Menschen, von denen er vor 2005 befreundet war, hat er keinen Kontakt mehr.

14. »Eine junge Frau in leicht geöffneter Jacke«

Unser Programm für die Bundestagswahl klingt überzeugend

Kurz vor der Bundestagswahl wird die LINKE von mehreren Parteiaustritten erschüttert. Prominente Mitglieder wenden ihrer Partei den Rücken zu, darunter die Europaparlamentarierin Sylvia-Yvonne Kaufmann und der Berliner Landespolitiker Carl Wechselberg. Ihre Begründung: »Überbordender Populismus« und »Politikunfähigkeit«, die innere Verfasstheit der Partei sei desolat. Die konservative Presse jubelt und zitiert fleißig: Wenn schon die eigenen Leute davonlaufen, kann es sich bei der LINKEN ja nur um eine dilettantische Chaostruppe handeln.

Doch die Interviews versenden sich, Tage später sind sie vergessen; viel gefährlicher wird meinen Genossen im Superwahljahr ein Buch mit knallrotem Einband: Der Wahlkampf ist bisher glatt gelaufen, die Prognosen sind ordentlich, um die 11 Prozent, die Ausläufer der Krise noch lange nicht überwunden, was für die Stimmung in Deutschland schlecht, aber für die LINKE gut ist, denn wäre der Zusammenbruch nach drei Wochen ausgestanden gewesen, bräuchte jetzt kein Mensch einen Systemwechsel. Dann hätten Angela Merkel, Peer Steinbrück und Hans-Werner Sinn bewiesen, dass sie einen Kapitalismus, der kurz aus dem Ruder gelaufen war, über Nacht problemlos wieder zurechtbiegen können. Aber so ist es nicht, die Zeichen stehen weiter auf Apokalypse, sogar der Marktideologe Hans-Werner Sinn schätzt, »dass wir in einem Jahr fast fünf Millionen Arbeitslose haben«. Das Jahr 2010, sagt er, werde ein schwieriges Jahr.

Und jetzt liegt auf einmal dieses Buch in den Läden. Titel: »Die Wahrheit über die LINKE«. Autor: Hubertus Knabe, Historiker und Direktor der Gedenkstätte Berlin-Hohenschönhausen.

Seit Jahren zählt Knabe zu den hartnäckigsten Kritikern der Linkspartei und veröffentlicht ein Buch nach dem anderen über die Schrecken der SED-Diktatur und den Terror der Stasi. Die Parteispitze der LINKEN bestehe überwiegend aus demokratiefeindlichen SED-Altkadern, die Partei sei nichts anderes als eine SED im demokratischen Gewand, die sich demokratisch gebe, in Wahrheit aber einen veralteten Sozialismus in der Tradition von Terror, Misswirtschaft und Diktatur installieren wolle. Ihr Kampf gegen Hartz IV sei nur das Feigenblatt für eine Politik der Unfreiheit.

»Die Wahrheit über die LINKE« ist ein bedrohlicher Buchtitel. Er suggeriert, dass der Autor im Besitz von Informationen ist, die der Öffentlichkeit bisher vorenthalten wurden. Unter meinen Genossen verbreitet das Buch Angst und Schrecken. Es ist »kenntnisreich und sorgfältig dokumentiert«, schreibt die Springer-Presse, es handelt sich um eine »einseitige und unlogische Schmähschrift«, schreibt das *Neue Deutschland*. Es versteht sich von selbst, dass ich mir das Buch sofort besorge. Und schon nach wenigen Seiten bin ich mir sicher, dass Oskar und Gregor das Gleiche tun und auf den 450 Seiten panisch nach Sätzen suchen, die ihnen kurz vor der Bundestagswahl den Kopf kosten könnten.

Die ersten Kapitel behandeln die Geschichte linker Parteien in Deutschland – interessant, aber das meiste lese ich quer, manche Absätze überspringe ich: Argumente gegen Rosa Luxemburg oder die SED genügen nicht, um mich von der

Demokratiefeindlichkeit meiner Partei zu überzeugen; der Schießbefehl von damals diskreditiert nicht automatisch die Idee des demokratischen Sozialismus von heute. Mich interessiert nicht die Vergangenheit, sondern die Gegenwart, nicht Luxemburg, sondern Wagenknecht, nicht die SED, sondern die LINKE. Zu ihr kommt Knabe im dritten Teil des Buches, dessen Kapitel Überschriften wie »Stasi im Bundestag«, »Partei der Spitzel« und »Betonkommunisten« tragen.

Am Anfang dieses Abschnittes beschreibt Knabe ein Internetvideo, das automatisch startet, wenn man auf die Homepage der LINKEN kommt. Es zeigt Oskar Lafontaine und die stellvertretende Parteivorsitzende Katja Kipping, wie sie um Parteispenden für die Bundestagswahl bitten. Der Autor beschreibt Kipping als »rothaarige junge Frau mit braunen Augen«, die »eine eng anliegende, leicht geöffnete Jacke« trage; ausgerechnet er als Historiker beschreibt das Outfit so blumig und detailverliebt, dass man annehmen muss, er möchte der Bundestagsabgeordneten vorwerfen, ihre weiblichen Reize über die Maßen einzusetzen, um die Spendenbereitschaft der Mitglieder anzukurbeln. Immerhin ist es doch möglich, dass Rentner aus Jena und Erfurt ganz gern fünf Euro mehr überweisen, wenn sie dafür der Kipping aufs »eng anliegende« Oberteil glotzen dürfen.

Wie es sich für einen seriösen Wissenschaftler gehört, listet Knabe auf den letzten Seiten des Buches seine Quellen auf. Ich gehe also auf die Homepage der Bundespartei und schaue mir das Video an: Erst spricht Lafontaine, dann Kipping. Die Kamera schwenkt von einem zum anderen. Nach einer Minute habe ich genug gesehen: Biederer als Katja Kipping kann eine Frau nicht angezogen sein. Sie trägt einen roten Kapuzenpullover aus leichter Wolle, der Reißverschluss ist nach oben gezogen, nur am Hals lugt ein helles T-Shirt hervor. Wenn man genau hinsieht, kann man erkennen, dass sie zwei Brüste hat. Aber das, finde ich, kann man ihr nicht zum Vorwurf machen.

Schade. Jetzt habe ich so viel von Herrn Knabe gelernt; zum Beispiel, dass die PDS 1990 versucht hat, Gelder auf Konten der sowjetischen Truppen zu parken. Oder dass die LINKE in nicht einmal zwei Jahren im Bundestag Anträge eingebracht hat, die mehr als 150 Milliarden Euro jährlich kosten würden – und jetzt liegt über jeder Information und Anekdote der Schatten der Parteilichkeit. Tragisch, weil ich glaube, dass der Rest, dass jede Zahl, jedes Datum, jedes Zitat korrekt recherchiert ist, aber jetzt glaube ich nichts mehr: Wer der LINKEN vorwirft, sie täusche ihre Wähler, sollte nicht seine Leser täuschen.

Das Bundestagswahlprogramm 2009 der Union trägt den Titel »Wir haben die Kraft. Gemeinsam für unser Land«. Das der SPD »Sozial und demokratisch. Anpacken. Für Deutschland«. Das der FDP »Die Mitte stärken. Deutschlandprogramm der FDP«. Das der Grünen: »Der Grüne Neue Gesellschaftsvertrag: Klima – Arbeit – Gerechtigkeit – Freiheit«. Am 21. Juni 2009 verabschiedet meine Partei ihr Programm. Titel: »Konsequent sozial. Für Demokratie und Frieden«. Wieder mal haben ein paar Werbeagenturen viel Geld damit verdient, Slogans zu erfinden, die sich kein Mensch merken kann und die niemandem weiterhelfen. Drei Tage später beschließt die Bundesregierung eine Rekordneuverschuldung in Höhe von 310 Milliarden Euro. In wenigen Wochen ist Wahl. Lafontaine ist überzeugt: »Schwarz-Gelb wird es nicht geben.«

Auf Seite sechs unseres Wahlprogramms heißt es: »Das kapitalistische Wirtschaftssystem ist den staatlichen und sozialen Lebensinteressen des Volkes nicht gerecht geworden« – ein Satz, wie man ihn im Programm einer linken Partei erwarten kann, trotzdem stammt er aus dem Programm der CDU – und zwar aus dem Jahr 1947. (Das so genannte *Ahlener Programm* der CDU ist bis heute einzigartig in der Parteigeschichte. Es konstituierte eine Art christlichen Sozialismus, der zwei Jahre später fallen gelassen wurde und nie wieder in Erscheinung trat.)

Die LINKE von heute zitiert den politischen Gegner von damals. Sie zitiert aus einer Zeit, in der es weder die Linkspartei noch die SED, noch die DDR gab. 1947 hatte Deutschland gerade den Krieg verloren. Was hat ein Verweis auf die CDU des Jahres 1947 im Wahlprogramm der LINKEN verloren?

Das Vorgehen ist ein Trick, wie ihn die LINKE häufig anwendet: Man nehme Zitate, Thesen, Statistiken aus vergangenen Zeiten und wende sie auf die Gegenwart an. Man lässt den politischen Gegner von früher das sagen, was die LINKE heute denkt. Das ist überzeugender, als wenn Politiker sagen, was man ohnehin erwartet hätte. Die LINKE setzt auf den Überraschungseffekt. Er soll die Wählerinnen und Wähler überzeugen. Ist doch klar, sollen die Menschen in Schwaben und Franken denken, dass der Kapitalismus ein Irrweg ist, wenn selbst ihre Union es sagt.

Meine Genossen zitieren Marx und Lenin und vergessen, dass der erste im 19. Jahrhundert gelebt und der zweite 1924 gestorben ist. Als Marx und Lenin ihre ökonomisch-philosophischen Thesen erarbeitet haben, war die Welt eine andere. Es gab keine EU, keine Globalisierung und die Bundesrepublik war nicht wiedervereinigt, es gab sie noch gar nicht. Vor allem an der Basis werfen Genossen mit Schlagworten und linksphilosophischen Versatzstücken um sich, die sie sich aus Lexika oder dem Internet zusammengesucht haben, anstatt zu versuchen, den Marxismus für die heutige Gesellschaft fruchtbar zu machen. Oder anders: Sie bekämpfen den Kapitalismus und tun so, als würden sie nicht in ihm leben. Ich kann mich noch gut an einen Aufsatz einer ultralinken Genossin erinnern, in dem sie – auf Basis des Lenin-Essays »Was ist eine revolutionäre Situation?« aus dem Jahr 1915 – den Beweis führt, dass Deutschland im Jahr 2010 ebenfalls eine Art vorrevolutionäre Konstellation erreicht habe – mit Argumenten und Thesen, die 100 Jahre alt sind und sich auf das zaristische Russland bezogen.

»Wenn wir Menschlichkeit wollen, müssen wir menschliche Verhältnisse schaffen« – meine Genossen lieben solche Sätze, aber es gibt Wichtigeres als Kalendersprüche, die gut klingen, zum Beispiel eine Gesundheits- oder Steuerreform, die den Namen verdient, einen Plan, wie es in Afghanistan weitergeht, wenn die ISAF-Truppen abgezogen sind, eine Idee, wie sich Erwerbslose effektiver zurück in Arbeit bringen lassen, oder eine konstruktive Auseinandersetzung mit Großunternehmen wie Google oder Facebook.

Was ich auch gut fände: Wenn nicht dauernd über das zwei- oder dreigliedrige Schulsystem debattiert, sondern endlich Anreize dafür geschaffen würden, dass die besten eines Abitur-Jahrgangs Lehramt studieren (um später meine Kinder zu unterrichten) und nicht die Mittelmäßigen, Faulen und Schlechten, die keinen Bock auf Jura oder Medizin haben.

Aber meine Genossen mögen halt lieber Sinnsprüche als sinnvolle Bildungsstrategien und im Grunde machen sie nichts anderes als die Journalisten, von denen sie behaupten, sie würden die LINKE in eine Schublade stecken. Sie stecken sich selbst in eine Schublade, und zwar in eine besonders verstaubte.

Das Bundestagswahlprogramm der Linkspartei hat 57 Seiten. Auf jeder zweiten steht ein Zitat oder ein Aphorismus, insgesamt sind es 29. So viele Sinnsprüche haben nicht einmal die Geburtstags- und Hochzeitsreden meines Vaters und die sind deutlich überladen. Mit dabei: Bertolt Brecht (natürlich), Karl

Marx und Rosa Luxemburg (logisch), aber auch Antoine de Saint-Exupéry (»Der ist ein Narr, der die Kultur von der Arbeit zu trennen gedenkt«), Mahatma Gandhi (»Es ist heilsam, daran erinnert zu werden, dass der Stärkste erlahmen und der Klügste irren kann«), Pablo Neruda (»Ich möchte Erde, Feuer, Brot, Mehl, Zucker, Meer, Bücher, Heimat für alle«), Willy Brandt (»Der beste Weg, die Zukunft vorauszusagen, ist, sie zu gestalten«) sowie eine US-Schauspielerin, die es im Laufe ihrer Karriere vom Sexsymbol zur Charakterdarstellerin gebracht hat: Jane Fonda (»Wir gehen mit der Welt um, als hätten wir eine zweite im Kofferraum«).

Was will die LINKE? Wofür steht sie? Was fordert sie?

(Und diese Fragen beziehen sich nicht nur auf die letzte Bundestagswahl, sondern auf die Programmatischen Eckpunkte der Partei, die 2011 zum ersten Parteiprogramm der Partei DIE LINKE gebündelt werden sollen.) Grob lassen sich die Forderungen der Linkspartei auf folgende Punkte reduzieren:

1. Nein zum Krieg in Afghanistan
2. Nein zu Hartz IV
3. Nein zur Rente mit 67
4. Nein zu Studiengebühren
5. Ja zum flächendeckenden Mindestlohn

Liest man die fünf Punkte, lässt sich wenig dagegen sagen. Sie klingen weder verrückt noch wirr, weder undemokratisch noch verfassungsfeindlich. Eigentlich klingen sie ziemlich vernünftig und jeder Mensch, der ein Herz im Leib hat, müsste laut und begeistert aufschreien: Denn wer ist schon dafür, dass unsere zwanzigjährigen Söhne in Särgen aus Afghanistan zurückkehren? Wer will den Studierenden, zumal aus sozial schwächeren Familien, Gebühren für Seminare und Vorlesungen aufbürden? Wer will, dass German und Valerie (und die anderen 6,6 Millionen Hartz-IV-Empfänger) am Wochenende nicht ins Kino oder ins Freibad gehen können? Wer will, dass sie nicht auch mal in die Berge oder ans Meer fahren können? Wer will, dass 18-jährige Friseurinnen in Thüringen jeden Abend mit 32 Euro nach Hause gehen? Und wer will, dass ein Mann oder eine Frau, 66 Jahre alt, mit Kreuzschmerzen, den ganzen Tag im Büro oder auf dem Bau schuften muss, statt im Liegestuhl Sudoku-Rätsel zu lösen? Adolf Grimme von der SPD hat gesagt: »Ein Sozialist kann Christ sein, ein Christ muss Sozialist sein.« Genau so geht es einem, wenn man den Forderungskatalog der Linkspartei liest. Er scheint viel Gutes, viel Christliches zu beinhalten. Es scheint, als würde er das Leben der Menschen besser und die Welt gerechter machen. Nur die LINKE scheint es gut mit den Menschen zu meinen, auch mit den armen und schwachen und alten. Und wer sich an ihnen nicht vergehen will, kann gar nicht anders, als ihr die Stimme zu geben.

15. »Von jeder Wahrheit ist das Gegenteil ebenso wahr«

Warum ich die LINKE trotzdem nicht wähle

September 2009: Die 5 Milliarden Euro aus dem Fördertopf der Abwrackprämie sind aufgebraucht. In zwei Wochen ist Bundestagswahl. Angela Merkel und Frank-Walter Steinmeier treten zum Fernsehduell an, ohne was zu sagen, auf jeden Fall kann man sich zwanzig Minuten später schon an nichts mehr erinnern. Unser Wahlkampf spitzt sich zu, ein paar Tage noch, wir verteilen, informieren, überzeugen, diskutieren: Mein Ortsverband hat 150 Mitglieder, 16 Genossen sind aktiv, die anderen drücken die Daumen oder schauen zuhause fern. Zusammen haben wir 21 Infostände organisiert, 14 000 Wahlzeitungen ausgetragen, 10 000 Wahlbriefe verteilt und 200 Plakatständer in der Stadt und im Landkreis aufgestellt. Ich bin jetzt fast ein Jahr dabei. Welche Partei ich am Wahlsonntag wähle, weiß ich noch nicht. Ich weiß, welche ich nicht wähle.

Auf den ersten Blick hören sich die Ziele meiner Partei verlockend an; sie scheinen unser Land gerechter zu machen, die Chancengleichheit zu erhöhen und den Graben zwischen Gering- und Spitzenverdienern zuzuschütten. Die Frage ist nur: Wirken die Maßnahmen wirklich? Wirken sie längerfristig und nicht nur in der Theorie, sondern auch in der Praxis? Umverteilung von oben nach unten klingt logisch bei 430 000 Millionären im Land, aber hilft es den sozial Schwachen tatsächlich, wenn man die Reichen zur Kasse bittet und das Geld nur den Besitzer wechselt? Ein Grundkurs in VWL reicht aus, um zu wissen, dass zu heftige Umverteilung gerade den niedrigen Einkommensschichten schaden kann: Hohe Steuern mindern die Leistungsanreize, das Steueraufkommen sinkt und der Staat hat immer weniger Geld zum Verteilen. Wenn es schlecht läuft, können ausufernde Staatsausgaben dazu führen, dass am Ende alle weniger haben. Klaus Ernst redet gern vom »Kuchen«, der gerecht verteilt werden muss, und vergisst, wie wichtig es ist, dass der Kuchen groß genug bleibt. Was hilft die beste Verteilungsgerechtigkeit, wenn es immer weniger zu verteilen gibt? Bei einem Zeltlager mit 50 Leuten kann Sozialismus funktionieren. Funktioniert er auch bei einem Zeltlager mit 80 Millionen Menschen?

Scheinbare Wohltaten können schlecht für das Gemeinwohl sein. Ziele, die auf den ersten Blick gut klingen, können auf den zweiten falsch sein. Wer zu viel will, hat am Ende oft gar nichts. Menschen mögen nun mal gern Sachen, die nicht unbedingt gut für sie sind und umgekehrt. Man muss nicht das komplette Programm einer Partei ablehnen, um sie nicht zu wählen. Man kann ihre Absichten schätzen, aber ihre Ansätze falsch finden. Man kann ihr auch den Realitätssinn und die Abgebrühtheit absprechen, die eine Regierung braucht, um eine alternde Industrienation im internationalen Wettbewerb ins 21. Jahrhundert zu führen.

Ich glaube, dass wir uns in der Wahlkabine wenig von Argumenten und viel von Gefühlen und Stimmungen leiten lassen, von Sympathie und Antipathie, irrationalen Anziehungs- und Abstoßungsreflexen, ungewollten Einmischungen des Unbewussten. Wir sind Opfer unserer Erziehung und Sozialisation, unseres heimlichen Wunsches, Teil von etwas Größerem zu sein. Wir streben in die Mitte, da fallen wir nicht auf, da müssen wir uns nicht rechtfertigen, da gehen wir kein Risiko ein. Sahra Wagenknecht erzählte mir mal, dass sie überzeugt davon sei, dass viele Menschen CDU oder SPD wählen, obwohl sie grün oder links denken.

»Und warum?«, fragte ich, ahnend, worauf sie hinauswollte.

»Weil sie keine Außenseiter sein wollen.«

»Aber Wahlen sind geheim«, entgegnete ich, »niemand weiß, was man gewählt hat.«

»Ja, aber dieser Wunsch, zur Mehrheit zu gehören, funktioniert auch ohne Mitwisser. Man will vor sich selbst kein Außenseiter sein.«

Wir verbringen unsere Sonntage auf Facebook, schauen *Hart aber fair* mit Frank Plasberg und lesen Überschriften auf *Spiegel-Online* – wir konsumieren Meinungen, keine Fakten. Im Theater der Berliner Republik sitzen wir ganz vorne, aber wir informieren uns nicht, wir unterhalten uns. In Talkshows soll es hoch hergehen, wir freuen uns, wenn einer den anderen beleidigt, Argumente interessieren uns nur, wenn sie von Klatsch flankiert werden. Sachthemen haben es nicht leicht. Kein Mensch liest sie, keiner will sich mit ihnen auseinandersetzen: Die glamouröse Geschichte der Guttenbergs, auf der Buchmesse mit Sarrazin, das Burn-Out von Anne Wills Lebensgefährtin – darum reißen sich die renommierten Autoren; den Lesern den Lissabon-Vertrag oder den Risikostrukturausgleich zu erklären, das überlässt man den Spezialisten, die sowieso keine schönen Sätze schreiben können. In den Redaktionen gibt es einen Begriff für inhaltliche Themen, die wichtig sind, aber keinen vom Hocker hauen: »Sachkack«.

Wie die meisten Menschen bin ich kein Politik- oder Wirtschaftswissenschaftler, Ökonom oder Wahrsager. Ich bin Wähler. Es gehört zu meinem Beruf, informiert zu sein, trotzdem war ich noch nie auf einer Bundespressekonferenz. Ich habe auch noch nie einen Leitartikel geschrieben oder auf einem

Podium mitdiskutiert. Ich bin Magazinjournalist, ich mache Unterhaltung, intelligent, aber Unterhaltung.

Ich habe keine Ahnung, ob ein Mindestlohn von 10 Euro, wie ihn die Linkspartei fordert, Arbeitsplätze vernichtet oder nicht – ich lese jeden Tag beides. Der eine Professor sagt ja, auf jeden Fall, am nächsten Tag sagt der andere nein, kompletter Unsinn; natürlich beauftragt jede Zeitung *den* Experten, der die politische Haltung des Blattes stützt. Am Ende hat man einen stimmigen Text gelesen und fühlt sich überzeugt – bis man 24 Stunden später das Gegenteil liest. Hermann Hesse hat gesagt: »Von jeder Wahrheit ist das Gegenteil ebenso wahr« – er muss den Mindestlohn gemeint haben.

Und das ist noch längst nicht alles: Ich habe auch keine Ahnung, ob 364 Euro genug sind für ein menschenwürdiges Leben. Denke ich an German, wie er nach den Sitzungen, wenn die anderen sitzen bleiben, nach Hause geht, »weil noch ein Bier nicht drin ist«, würde ich den Hartz-IV-Satz am liebsten eigenhändig nach oben schieben. Denke ich an Valerie und wie sie es schafft, mit zwei-, dreihundert Euro im Monat ein reiches Leben zu führen, gerate ich ins Zweifeln. Cindy aus Marzahn, die eigentlich Ilka Bessin heißt und vor ihrer Karriere selbst von der Stütze gelebt hat, hat es in einem Interview auf den Punkt gebracht: »Hartz IV reicht, um zu überleben. Es reicht nicht, um etwas zu erleben.«

»Hartz IV muss rauf!«, sagen auch Bekannte von mir, wenn wir auf das Thema zu sprechen kommen. »Wie soll man von 364 Euro im Monat leben können?«, fragen sie empört, vor allem die gutaussehenden Frauen, die sich kaum für Politik interessieren. Es sind die Gleichen, die auf die CSU schimpfen, weil sie ausländerfeindlich ist, die Grünen gut finden, weil sie die Umwelt schützen, und Ackermann für indiskutabel halten, weil sie das in der Zeitung gelesen haben. Natürlich würden sie auch nie im Leben die Nationalhymne mitsingen, »weil Deutschland eine so heikle Geschichte hat«.

Befürworter der Agenda 2010 betonen, dass zum Hartz-IV-Regelsatz noch Wohn- und Heizgeld dazu kämen. In Talkshows rechnen sie vor, dass eine Hartz-IV-Familie mit zwei Kindern immerhin auf ein Monatseinkommen von knapp 1700 Euro komme. Dass ihre richtige These nur auf einen minimalen Prozentsatz der Hartz-IV-Empfänger zutrifft, verschweigen sie.

»Rauf mit Hartz IV«, schreit also auch das eigene Herz, denn natürlich ist man ethisch links und möchte in einem Land leben, in dem niemand leiden muss. Und jetzt gibt es also fünf Euro mehr im Monat, 16 Cent am Tag, ein Brötchen bei meinem Bäcker kostet 32 Cent. Natürlich ist das absurd, aber Hartz IV soll den Menschen nicht das Leben verschönern, sondern sie in einen Job bringen, weil nicht Geld, sondern Arbeit dem Leben Sinn und Würde verleiht. Der Sozialstaat soll »aktivierend« wirken, nicht einlullend. Und sieht man davon ab, dass in Studien längst nachgewiesen wurde, dass die Ein-Euro-Jobs und die anderen Fortbildungsmaßnahmen der Arbeitsagenturen viel kosten, aber nichts bringen, wären diese Ansätze gar nicht so schlecht. So oder so, die Debatte um Hartz IV wird auf einem schmalen Grat zwischen Zynismus und Idealismus geführt, aber wo ist die Grenze? Bei 364 Euro? 400 Euro? Oder 500 Euro, wie es die LINKE im Bundestagswahlkampf gefordert hat? Es ist eben so, dass nicht nur das Geld, sondern auch die Anreize stimmen müssen, aber das vergisst die LINKE manchmal.

Und ich weiß noch viel mehr nicht. Zum Beispiel ob Zertifikate abgeschafft werden müssen. Wie stark Banken reguliert werden müssen. Ob Deutschland schon 2011 ohne Atomstrom auskäme. Ob Stuttgart 21 und Münchens Olympiabewerbung sinnvoll sind oder nicht – denn natürlich sollte die grandiose Berglandschaft rund um Garmisch-Patenkirchen erhalten bleiben und natürlich hat kein LINKER grundsätzlich was gegen Skifahrer, aber wenn ein Austragungsort der Olympiade nur Vorteile haben und keinen einzigen Nachteil in Kauf nehmen will, gibt es die Olympischen Spiele halt nicht mehr. Im Übrigen weiß ich nicht, ob es Afghanistan nützen oder schaden würde, wenn die NATO-Truppen auf der Stelle abzögen und verdammt noch mal auch nicht, ob die Rente mit 67 wieder abgeschafft werden muss. Was ich weiß: Ich habe im Laufe meiner 18 Monate viele gut meinende Vorschläge gehört, aber kein Vertrauen in die Partei gefunden.

Es gibt einen Genossen, der kritisiert die LINKE heftiger als die meisten ihrer Gegner: André Brie aus Mecklenburg-Vorpommern. Brie ist Vollblutlinker und enttäuscht von seiner Partei, weil sie zu »vergangenheitsbezogen« sei: »Globalisierung, Klimawandel, Individualisierung – auf die drängenden Fragen des 21. Jahrhunderts finden wir keine Antworten. Wir beschäftigen uns zu stark mit dem Gestern und zu wenig mit dem Morgen.« Laut Brie kennen viele Genossen nicht den Unterschied zwischen Ideologie und Politik. Er hat Recht. Am linken Rand gibt es Gruppierungen, die einen scherenschnittartigen Sozialismus von gestern fordern und so tun, als könnte man die Globalisierung, die Verflechtung weltweiter Märkte und Interessen ignorieren oder per Knopfdruck abschaffen. Sie gehen allen Ernstes immer noch davon aus, dass der Kapitalismus in einer Apokalypse zu Grunde gehen und eine weltweite Revolution die Voraussetzungen für ein immerwährendes sozialistisches Paradies auf Erden schaffen wird. Klaus Lederer, Vorsitzender der Linkspartei in Berlin, stimmt zu: »Es gibt in der Partei immer noch links-sektiererische rückwärts gewandte Neigungen.« Er schimpft über die »Borniertheit« seiner radikal linken Genossen, die wolkige Anträge schreiben und erwarten, dass sich die Realität danach richte. Auch auf mich wirken diese Genossen gespenstisch, oder anders ausgedrückt: staatsfixiert, weltfremd, unpragmatisch, verbohrt und verträumt. Michael Wendl hält sie für einen »Karnevalsverein«, ein anderer Genosse sogar für eine Sekte: »Dieser Revolutionsglaube ist nichts anderes als ein Heilsversprechen«, sagt er, »aber Heilsversprechen gehören in die Religion und nicht in die Politik.«

»Wir haben Flügel, Flügel, Flügel« jammerte Klaus Ernst, als er noch nicht Parteivorsitzender war. Er wusste schon damals, dass das größte Problem der Partei ihre Zersplitterung ist. Als sie sich im Juli 2007 gründete, vereinten sich nicht nur PDS und WASG, sondern Dutzende unterschiedlicher Interessensgruppen: kommunistische Alt-Kader, PDS-Mitglieder, gekränkte Sozialdemokraten, enttäuschte Grüne, engagierte Gewerkschafter, Friedensbewegte, Trotzkisten, Marxisten, Maoisten, Hartz-IV-Empfänger und Menschen wie Valerie. Die einen sind für, die anderen gegen Europa, die einen für, die anderen gegen den Kapitalismus, einige wollen Politik machen, andere den Generalstreik ausrufen. Die Partei wurde vereinigt, aber nicht vereint, sie wurde kurzfristig zusammengelötet, eine ausführliche Debatte über Methoden und Ziele hätte nur Zeit gekostet. Die Schwierigkeiten, die Differenzen treten erst jetzt zutage wie Risse in einem schlecht gemachten Kuchen.

Laut André Brie zerfalle die Partei »in zahllose Zirkel, die vorzugsweise mit sich selbst, nicht aber mit der Partei und schon gar nicht mit der Gesellschaft und den politischen Gegnern« debattieren. Vier Hauptströmungen lassen sich ausmachen: die Antikapitalistische Linke (AKL), die Sozialistische Linke (SL), das Forum demokratischer Sozialismus (FdS) und die Emanzipatorische Linke (Ema.Li). Dazu kommen kleinere politische Zusammenschlüsse, zum Beispiel die kommunistische Plattform, die vor allem durch Sahra Wagenknecht bekannt wurde. Die Strömungen bekämpfen sich, vor Parteitagen werden interne Strömungstreffen abgehalten. Sie funktionieren wie Parteien innerhalb der Partei. Links außen steht die Antikapitalistische Linke, ein Name, der irreführt, weil alle Strömungen antikapitalistisch sind. Die AKL fordert einen radikalen Systemwechsel, die Verstaatlichung von Schlüsselindustrien und Banken. Einer Regierungsbeteiligung steht sie skeptisch gegenüber.

Die Sozialistische Linke ist gewerkschaftsfreundlicher und steht in der Tradition der linken Arbeiterbewegung. Ihr Selbstverständnis beruht auf der marxistischen Gesellschaftsanalyse und linkskeynesianischer, also staatsgesteuerter Wirtschaftspolitik.

Wäre ich ein richtiger LINKER, wäre ich wohl Mitglied beim Forum demokratischer Sozialismus. Das FdS strebt Bündnisse an, sucht den Austausch, den Kontakt mit sozialdemokratischen Intellektuellen und liebäugelt mit einer rot-rot-grünen Koalition. Als pragmatische Strömung prägt es vor allem die ostdeutschen Landesverbände. Die emanzipatorische LINKE um die Bundestagsabgeordnete Katja Kipping erinnert an das, was die Grünen vor 20 Jahren waren. Sie steht vor allem für die Forderung nach einem bedingungslosen Grundeinkommen.

Daneben gibt es unzählige Splittergruppen, Arbeitsgemeinschaften, Plattformen und Bündnisse, zum Beispiel die Roten Reporter, den Sozialistischen Dialog, die Ökologische Plattform, die Basisorganisation Linksabbieger, das Netzwerk »marx21«, die AG »Erholungsgrundstücke und Kleingärten« und die AG »Cuba Si«, die sich der »politischen und materiellen Solidarität mit dem sozialistischen Kuba« verpflichtet fühlt. Ich finde das etwas befremdlich. Ich war noch nie auf Kuba, aber von Freunden weiß ich, dass man dort für wenig Geld Sex von schönen Frauen angeboten bekommt, nicht von Prostituierten, sondern ganz normalen Frauen, 18, 19 Jahre alt, attraktiv und sympathisch; wenn man vor die Tür gehe, müsse man sich richtig anstrengen, keinen Sex angeboten zu bekommen. Ich finde nicht, dass es für die Politik Kubas spricht, wenn junge Frauen so verzweifelt sind, dass sie für zehn Dollar ihren Körper verkaufen.

Eine geheimnisvolle Gruppe innerhalb der LINKEN ist die Sozialistische Alternative (SAV). Sie versteht sich als »revolutionäre, sozialistische Organisation in der Tradition von Marx, Engels, Lenin, Trotzki, Luxemburg und Liebknecht«, fordert die Herrschaft der Arbeiterklasse und die Verstaatlichung der Produktionsmittel. Die SAV ist eine Art trotzkistisches Implantat innerhalb der LINKEN, deren Ziele für alle Nicht-SAV-Mitglieder im Dunkeln liegen: Die 400 Mitglieder zahlen (zusätzlich zum Mitgliedsbeitrag für die Partei) separate SAV-Beiträge und organisieren eigene Treffen; beim Streetlife-Festival auf der Leopoldstraße hatten sie einen eigenen Stand, keine zwanzig Meter entfernt vom offiziellen Infostand der Partei. Bei Wahlen stellen sie immer einen eigenen Kandidaten auf, der nie gewählt wird. Im Laufe des Jahres habe ich immer wieder Genossen gebeten, mir die Funktion der SAV zu erklären. Alle sind gescheitert. Die meisten verstehen sie selbst nicht. Hängen geblieben ist, dass die SAV geschlossen in die LINKE eingetreten ist, um sie zu unterwandern. Angeblich versucht sie, die Partei zu infiltrieren und Mitglieder zu gewinnen, um nach einiger Zeit gestärkt wieder austreten zu können. Auf meine Frage, ob diese Strategie schon mal erfolgreich gewesen sei, meinte ein langjähriger Genosse: »Nein! Noch nie!«

Bei der Landtagswahl in Bayern wurden zwei SAV-Genossen dabei erwischt, wie sie Parteiplakate mit ihren eigenen Persönlichkeitsplakaten überklebt haben. Sie wurden gestellt, aber der Vorstand entschied sich gegen einen Parteiausschluss. Keine Ahnung, was man sich in der LINKEN erlauben muss, um ausgeschlossen zu werden.

»Wenn alles strömt«, hat Bodo Ramelow mal gesagt, »führt das zu einem Strudel, der nach unten zieht.« Parteien ohne Lager gibt es nicht. Parteien müssen sich streiten. Aber in der LINKEN gibt es zu viele Lager und die Streitereien sind heftiger, intriganter und worüber wir Journalisten uns besonders freuen: öffentlicher. Auf jedem Parteitag reißen alte Wunden auf und brechen Aggressionen hervor, die anschließend in offenen Briefen ausgefochten werden. Viele Genossen sind so naiv oder eitel, dass sie vertrauliche Informationen an die Presse geben oder unkommentiert ins Internet stellen. Es gibt unzählige Beispiele dafür, wie einzelne Genossen Kritik an der Parteispitze nicht intern, sondern in der Öffentlichkeit austragen. 2008 warnte ein Direktkandidat im *Focus* vor einer Wahl der eigenen Landesliste, weil die Partei in Wirklichkeit eine kommunistische Kaderorganisation sei. Keine Partei weidet sich so an der Selbstzerfleischung wie die LINKE. Die Mitglieder schaden sich, wo sie können. »Polemik gut, in Hetze besser, Leistung ungenügend« sei die Bilanz des Landesvorstands, resümierte ein Genosse auf dem bayerischen Sonderparteitag 2010. Man tritt nach, beleidigt und beschimpft sich. Inzwischen weiß ich, dass nicht jeder Streit ein Flügelstreit ist. Manche Genossen können sich auch einfach nicht leiden. Es existiert eine schriftliche Bilanz der Bundesschiedskommission. Das Schriftstück zeigt, wie zerstritten die Partei ist: Allein in den Jahren 2008 und 2009 hatte die Kommission mit 257 Verfahren zu kämpfen. Die Autoren bilanzieren: »Die Grenze des Zumutbaren sei erreicht, wenn nicht schon überschritten.« Besonders dramatisch sei die Lage in den westlichen Landesverbänden, zum Beispiel in Westfalen, wo es zwischen einem Genossen und einer Bundestagsabgeordneten der LINKEN zu einem heftigen Streit gekommen sei: »Es ist ein geiles Gefühl, dich am Boden zu sehen«, soll er sie beschimpft haben. »Der Tag X wird bald kommen, und ich werde dich beim Absturz begleiten.« Die Kommission urteilt: »Grob unsolidarisches Verhalten«, trotzdem kam der Genosse mit einer Rüge davon.

An anderer Stelle geht es um angeblich gefälschte Wahlergebnisse, vermeintlich manipulierte Mitgliederlisten oder um die Frage, ob ein Genosse aus Düsseldorf Gysi einen »Judenbengel« genannt hat oder nicht.

Es gebe »Tendenzen zur Lagerbildung und gegenseitigem Misstrauen«, heißt es in dem Bericht der Kommission, es sei ein »Streben nach Macht und Posten« erkennbar, bei dem »die Akteure teils absurde und geschmacklose Verhaltensweisen an den Tag legen«. Kein Wunder, ist doch für viele Genossen aus prekären Verhältnissen die Wahl in den Stadt- oder Bezirksrat die einzige Chance, auf ein vernünftiges Monatsgehalt zu kommen. Im NRW-Wahlkampf verließen 56 Mitglieder in Köln die Partei, weil der persönliche Umgang untereinander katastrophal sei. Ein Genosse aus dem Ruhrgebiet warnte einen anderen mit den Worten: »Sollten wir uns irgendwo begegnen, mache einen großen Bogen um mich. Du hast mich getäuscht, belogen und wer das versucht, den mache ich alle.« In Bottrop wurde der Kreisverband zeitweise aufgelöst, in Kleve stellten ehemalige Parteimitglieder Strafanzeige gegen ihre Landesvorsitzenden.

Wie kultur- und stillos mit Genossen umgegangen wird, musste zu Beginn des Jahres 2010 Bundesgeschäftsführer Dietmar Bartsch erleben, als er mit Vorwürfen aus dem Amt gejagt wurde, die bis heute nicht wirklich geklärt sind: Lafontaine kritisierte ihn unter anderem, Ideen des NRW-Landesverbands als utopisch abgetan zu haben, obwohl die Genossen selbst innerhalb der Partei als »Hort des Wahnsinns« gelten und eine 30-Stunden-Woche mit Lohnausgleich gefordert hatten. Die Wahrheit ist: Bartsch passte nicht mehr ins Konzept.

Im Sommer 2010 ging der Schatzmeister des bayerischen Landesverbandes Ulrich Voß mit der Karteileichen-Affäre in die Öffentlichkeit und brachte seinen Bundesvorsitzenden Klaus Ernst an den Rand des Rücktritts. Voß' Anschuldigung: Ernst habe sich bei seiner Wahl zum Parteivorsitzenden einen Vorteil verschafft, indem viele Kreisverbände mehr Delegierte zum Parteitag geschickt hätten, als ihnen zugestanden seien. Durch Scheinmitgliedschaften und Karteileichen hätte Ernst die Delegiertenzahl künstlich in die Höhe getrieben, um seine Wahl sicherzustellen. Insgesamt hätten von 3200 Mitgliedern in Bayern nur 2340 ihre Beiträge entrichtet. Stimmt es, ist es ein politischer Skandal. Stimmt es nicht, ist es ein kommunikativer, weil die Partei nicht in der Lage ist, so brisante Dinge intern zu klären. Wochen später – Voß scheint trotz seiner Vorwürfe in der Partei bleiben zu dürfen, geht er sogar noch einen Schritt weiter und kritisiert in einem Brief an den Bundestagspräsidenten Lammert den Rechenschaftsbericht seines bayerischen Landesverbands. In dem Schreiben listet er angebliche rechtliche Fehler auf, verweist auf fragwürdige Geldströme und wirft einigen Genossen massenweise Manipulation vor. Die innerparteilichen Querelen nehmen kein Ende, da kann Gesine Lötzsch noch so oft zu Protokoll geben, dass alles wie am Schnürchen laufe.

Knapp vier Jahre nach dem Gründungsparteitag gibt es immer noch kein Parteiprogramm. Jeder Entwurf wird – genau wie jedes Wahlprogramm – mit Hunderten von Anträgen torpediert, mal ist es zu radikal, dann wieder zu weichgespült; jede Strömung, jede Gruppierung, jeder Genosse werden berücksichtigt. Bis das letzte Bundestagswahlprogramm feststand, mussten 1600 Änderungsanträge bearbeitet werden, zum Beispiel setzte die Bundesarbeitsgemeinschaft »Hartz IV« durch, das Wort »Langzeitarbeitslose« in Zeile 1603 durch »Langzeiterwerbslose« zu ersetzen. Wie unterschiedlich die Motive meiner Genossen sind, in der Partei DIE LINKE zu sein, zeigte sich mir jedes Mal bei den Stammtischen und Mitgliederversammlungen: Die einen (meist Gewerkschafter und Akademiker) hatten den ganzen Tag gearbeitet, kamen gestresst und spät zu den Sitzungen und wollten die Tagesordnung so effizient wie möglich abarbeiten. Sie gingen Endlosdebatten aus dem Weg, argumentierten pragmatisch und wurden ungehalten, wenn die Genossen mal wieder nicht auf den Punkt kamen. Die anderen (meist Hartz-IV-Empfänger und Problemfälle) hatten den ganzen Tag auf die Sitzung hingefiebert, weil sie den Höhepunkt des Tages darstellte. Sie versuchten Debatten in die Länge zu ziehen und konnten gar nicht lange genug sitzen bleiben.

Ein kleiner Genosse mit Brille kämpft wie ein Löwe gegen die internen Scharmützel: Gregor Gysi. Er ist der Thomas Gottschalk der Linkspartei; ein Moderator und Witzemacher, der immer dann einen Spruch parat hat, wenn es brenzlig wird. Gysi ist es, der für Zucht und Ordnung sorgt, wenn die Genossen wie pubertierende Geschwister mal wieder allein zu Hause waren. Er räumt die Spielsachen zurück ins Regal und schlichtet den Streit, damit wieder Ruhe herrscht – wenigstens für ein paar Tage. Gysi ist Anwalt, er hat es gern, wenn er Dinge klären kann.

Gregor Gysi weiß, dass seine Partei nur erfolgreich sein kann, wenn sie eine ganz normale Partei, also Mainstream, wird. Er weiß, dass konspirative Zirkel dieser Entwicklung im Wege stehen. Deswegen tut er alles, um das Wir-Gefühl der Genossen zu beschwören. Er bekämpft die kaderartigen Kleingruppen nicht, dafür ist er zu gerissen, er macht sie lächerlich, damit sie kapieren, wie weltfremd und eitel ihre konspirativen Treffen sind: »Man hockt zusammen, schlechtester Rotwein, alles voll gequalmt, ein bisschen Petting, am Ende verabschiedet man ein Papier von 35 Seiten, in dem die Welt analysiert ist.« Das Problem sei nur, so Gysi weiter: »Keiner interessiert sich dafür.«

Gysis Mission ist die Einigung der Partei. Bei jedem Parteitag stellt er sich aufs Podium, drückt das Mikro nach unten, schiebt einen Witz über seine Körpergröße hinterher und bläut den Genossen ein, die internen Gefechte endlich zu unterlassen. »Wir sind *eine* Partei, liebe Genossen, vergesst das nicht«, ruft er ins Mikrofon. »Und wenn es schon Ärger gibt, dann macht ihn gefälligst untereinander aus. Und wenn ihr euch trefft, Basisgruppen Ost-West, Kreisvorstände Ost-West und so weiter, dann bitte immer mit einer Übernachtung, denn ihr wisst ja, wenn man abends zusammen Bier oder Wein trinkt, wacht man morgens anders auf.«

Ich habe mehrere Gysi-Reden gehört, die eindringlichste auf dem bayerischen Parteitag 2010 in der Schweinfurter Stadthalle. Der Parteitag war einberufen worden, weil der Landesvorstand sich so zerstritten hatte, dass er arbeits- und beschlussunfähig geworden war. Er vegetierte nur noch vor sich hin, führte nicht und sorgte für verheerende Presse, eigentlich existierte er nur noch auf dem Papier. Der Landessprecher beschimpfte den designierten Bundesvorsitzenden Klaus Ernst, der halbe Vorstand beschimpfte den Landessprecher und alle Vorstandsmitglieder beschimpften sich gegenseitig.

Gysi musste also mal wieder ran, um die Herzen der Genossen zu wärmen und den Delegierten Disziplin zu verordnen: »Hört endlich mit der Selbstbeschäftigung auf«, rief er. »Geht kulturvoll miteinander um.« Dreißig Minuten redete, schimpfte, schmeichelte und polterte er, am Ende waren alle begeistert.

Sogar ich. Wenn Gregor Gysi eine Rede hält, kann man nicht abschweifen oder weghören. Er ist klug und witzig, charmant und inspirierend. Der Jubel nahm kein Ende. Einige Delegierte standen auf und applaudierten. »Wenn wir den Gregor nicht hätten«, hörte ich einen Genossen neben mir sagen. »Mensch, der Gregor, der kann reden.«

Es dauerte keine fünf Minuten und alles war vergessen: Gysi hatte den Saal verlassen, ich bin sicher, dass er noch nicht mal die Autobahnauffahrt erreicht hatte, als ein Streit losbrach, so heftig, dass ich dachte, der Parteitag müsse abgebrochen werden. Was war passiert?

Kaum hatte Gysi die Stadthalle verlassen, bekamen mehrere Delegierte eine geheime SMS. Inhalt: Bestimmte Genossen seien nicht zum Parteitag zuzulassen. Man solle gegen sie stimmen. Die Kurznachricht war anonym, sie hatte keinen Absender, jemand musste sie von einem Internetdienst losgeschickt haben. Immer mehr Delegierte meldeten sich und gaben zu, die SMS bekommen zu haben. Genossen kramten in Hand- und Jackentaschen nach ihren Handys, manche stürmten ans Mikrofon und schimpften. Der Parteitag schien aus dem Ruder zu laufen. Am Ende ging es doch weiter, aber die Stimmung war im Eimer und die Wahlen dauerten wieder mal etliche Stunden länger als geplant.

Was ich bis heute nicht verstehe: Viele AKL-Genossen lehnen eine Regierungsbeteiligung der LINKEN ab. Sie glauben an die reine Lehre, vertreten einen veralteten Sozialismus, sorgen für jede Menge Ärger innerhalb der Partei und schrecken Sympathisanten ab. Während die gemäßigten Genossen die Alt-Klischees abschütteln, holt sie die AKL aus der Schublade, wärmt sie auf und verhindert die Modernisierung der Partei. Ihr Argument: Eine Regierungsbeteiligung würde der Partei schaden und ihre Inhalte verwässern. Klingt absurd, obwohl sie Recht haben: Die Ziele von Regierungsparteien werden immer verwässert, anders geht es gar nicht. Die Union und die FDP sinken seit eineinhalb Jahren in der Gunst der Deutschen, nicht obwohl, sondern weil sie regieren, und zwar ziemlich schlecht. Aber das bringt die Macht mit sich: Wer führt, macht Fehler. Und wer sich aufs Podium stellt und »Ich kann es« ins Mikrofon ruft, zieht Spott auf sich, wenn er es nicht kann.

Die AKL-Genossen setzen lieber auf die Wagenburg-Taktik, igeln sich ein und zeigen mit dem Finger auf andere. Ihre Abgeordneten zählen auf, unter welchen Bedingungen sie zu einer Koalition bereit wären, und scheinen nicht zu wissen, dass Regieren nicht bedeutet, endlich die eigenen Vorstellungen umsetzen zu können, sondern darum zu kämpfen, möglichst viel von ihnen durchzusetzen, und zwar unter denkbar ungünstigen Bedingungen. Regieren ist immer ein Kompromiss. Nicht-Regieren-Wollen eine Resignationserklärung.

Für mich ist eine Partei, die nicht regieren will, feige und verantwortungslos. Sie ist kein Akteur, nur noch Moderator und Berichterstatter. Eine Opposition muss kritisieren, aber auch beweisen wollen, dass sie es besser kann. Bernd Ulrich von der *Zeit* hat mal geschrieben, in der Linkspartei gebe es den »geheimen Wunsch, lieber nicht zu regieren, damit das eigene hehre Menschenbild sich nicht zu sehr an den wirklichen Menschen reiben muss. Denn das heißt im Kern regieren: sich immer wieder zu entscheiden zwischen Weltbild und Welt, Menschenbild und Mensch, und zwar zugunsten des letzteren.« Sollte die LINKE bei der Bundestagswahl 2013 tatsächlich, wie Gesine Lötzsch sagt, »das Zünglein an der Waage« sein, darf man jetzt schon gespannt sein, ob die Partei schwach wird und wenn ja, zu welchem Preis.

Oskar Lafontaine erzählt oft die Geschichte der italienischen

Linkspartei *Rifondazione Comunista*: Die habe in der Regierung mit Romano Prodi ihre Wahlversprechen gebrochen, indem sie die Kürzung von Sozialleistungen mit getragen habe. Die Quittung habe sie bei der nächsten Wahl bekommen: Sie wurde von ihren Wählern abgestraft, büßte dramatisch an Stimmen ein und zog nicht mehr ins Parlament ein. Warum erzählt Lafontaine diese Geschichte? Um zu beweisen, dass eine Regierungsbeteiligung schadet, wenn man nicht das Sagen hat. Er ist der Meinung: Lasst uns lieber nicht auf Teufel komm raus regieren, dann kommen wir auch nicht in die Situation, Dinge zu tun, die uns am Ende den Kopf kosten. Mit dieser Logik dürfte man morgens nicht aus dem Bett aufstehen.

Was regieren bedeutet, hat die LINKE bereits erfahren müssen. In Berlin, wo sie seit 2001 zusammen mit der SPD regiert, stimmte sie Privatisierungen und Entlassungen aus dem Öffentlichen Dienst zu. Sie ereilte das gleiche Schicksal wie der kommunistischen Partei in Italien: Vier Jahre später wählten nur noch halb so viele Berliner die Linkspartei. In Brandenburg, wo die LINKE ebenfalls mit der SPD regiert, stimmte sie 2009 einem Koalitionsvertrag zu, laut dem Tausende von Stellen im Öffentlichen Dienst abgebaut werden sollen. Seitdem ist für die Westlinken »Brandenburg« das Symbol für den Verrat der Ostlinken.

In der LINKEN gibt es aber auch Flügel, die regieren wollen: Während die AKL vor allem im Westen vertreten ist, beherrscht das kompromissbereite Forum demokratischer Sozialismus (FdS) den Osten, wo die Genossen pragmatischer sind, gerade weil sie den Untergang des Staatssozialismus miterlebt haben. Gut möglich, dass meine Erfahrungen und mein Urteil über die LINKE ganz anders ausgefallen wären, wenn ich einem Kreisverband im Osten beigetreten wäre, wo die Genossen aus der Regierungspartei und nicht aus Splittergruppen kommen.

Seit 2007 schafft die Partei es nicht, den Streit zwischen Radikalen und Reformern zu beenden: Die Realos werfen den Fundis Naivität vor, die Fundis den Realos, dass sie vor lauter Machtgier in die Mitte rücken und die Partei zu einer zweiten SPD machen. Besonders absurd ist es, dass die regierungsbereiten Ostverbände die regierungsskeptischen Westverbände subventionieren: Im Osten zahlen die Mitglieder wesentlich höhere Mitgliedsbeiträge. Ende 2009 lag der Durchschnittsbeitrag im Westen bei 5,59 Euro, im Osten bei 13,64 Euro.

»Wir sind eine mutige Partei«, sagt die LINKE, weil nur *sie* sich gegen Krieg, Sozialabbau, Neoliberalismus und Steueroasen ausspreche. Weil nur *sie* für die Armen und Schwachen eintrete, für die Menschen, die in den letzten Jahren an den Rand gedrängt und liegen gelassen wurden; Menschen ohne Lobby, ohne bürgerlichen Hintergrund, ohne Auffangnetz. »Nur wir sagen denen da oben, den korrupten Bossen und Bankern, den Kampf an«, sagen meine Genossen. Ich muss gestehen: Ein bisschen haben sie Recht. Ich habe wirklich den Eindruck, dass in unserem Land Millionen von Menschen aus dem Radar unserer Politiker gefallen sind.

Trotzdem: Die LINKE ist fast immer dagegen, und das ziemlich grundsätzlich. In ihrer Fundamentalopposition erinnert sie an ein bockiges Kind, das vom Küchentisch aufspringt, weil ihm der Spinat nicht schmeckt, in sein Zimmer läuft, die Tür abschließt und schreit. Die Mutter redet beruhigend auf das Kind ein, aber es schreit nur noch lauter. »Bähh!«, schreit es, »Bäääähhhhhh« oder »Laaalalalala«. Die Mutter soll merken, dass es ihre Worte gar nicht hören kann. Meine radikalen Genossen machen es ähnlich: Nein zu Olympia! Nein zu Stuttgart 21! Nein zum Regieren! Nein zur Diplomatie! Nein zu Kompromissen. Nein, Nein, Nein! Mit Widerstand allein lässt sich aber keine Gesellschaft gestalten; ohne Ideen bleibt das Land in dem wohlig-fatalen Harmoniegefühl stecken, niemandem (außer vielleicht ein paar Bonzen) wehgetan zu haben.

Die LINKE gefällt sich in der Rolle einer isolierten Partei. Als geächtete Partei findet sie sich unwiderstehlich. Wen die Bösen meiden, der muss gut sein. Das ist die Logik, die dahintersteckt. Man könnte auch sagen: Wer sich mit den Bösen nicht auseinandersetzt, ist feige. Sie inszeniert sich als Außenseiter, als Hort der Wahrheit unter Verblendeten. Oskar Lafontaine wird nicht müde triumphierend zu erwähnen, dass die schweigende Mehrheit der Bevölkerung hinter der LINKEN stehe. Raus aus Afghanistan, flächendeckenden Mindestlohn, weg mit der Rente mit 67 – nur die LINKE fordere, was die Menschen denken. Aber heimliche Zustimmung nützt weder der Partei noch der ausgebeuteten Friseurin in Sachsen oder den Soldaten in Kundus. Eine Partei ist nicht erfolgreich, wenn sie Frieden und Gerechtigkeit nur fordert. Sie muss aus Symbolpolitik Realpolitik werden lassen, sie muss die Menschen dazu bringen, ihr am Wahltag die Stimme zu geben, sie muss ein Mandat für ihre Überzeugungen gewinnen und Frieden und Gerechtigkeit verwirklichen. Schafft sie es nicht, hat sie versagt. Eine Partei, die am demokratischen Verfahren teilnimmt und nicht regieren will, begeht nicht nur Verrat an sich selbst, sondern auch an ihren Wählern, die Hoffnung in sie gesetzt haben. »Wahlen gewinnt man dauerhaft«, schreibt die *Zeit*, »indem man Bürger anspricht und nicht an Verlierer appelliert.«

Streit, Intrigen und Machtkämpfe gibt es in jeder Partei. Das allein reicht nicht aus, um der LINKEN die politische Tauglichkeit abzusprechen. Es sind andere Dinge, die mich abgeschreckt haben. Manche kann ich belegen, andere speisen sich eher aus einem Gefühl. Ich kann die Wirtschafts-, Sozial- und Finanzpolitik der Partei nicht argumentativ zerpflücken, dafür weiß ich zu wenig, aber ich kann ein Gespür dafür entwickeln, wie eine Welt aussehen könnte, die von der LINKEN gestaltet wird. Und ich kann mir ausmalen, ob ich in ihr leben wollte. Die Kritikpunkte auf den folgenden Seiten ergeben kein kohärentes System, ich versuche auch nicht Alternativen aufzuzeigen, ich habe nur versucht aufzuschreiben, was mir im Laufe des Jahres durch den Kopf ging, wie ich die Partei erlebt habe, inhaltlich und atmosphärisch.

Was mich stört, ist die Rückwärtsgewandtheit der Partei, ihre mangelnde Kreativität und die Angewohnheit, sich von Nebensächlichkeiten und Animositäten irritieren zu lassen. (Der letzte Punkt trifft sicher auf alle Parteien zu, aber ich war nun mal in der LINKEN.) Anders ausgedrückt: Mich stört ihr mangelndes Interesse an der Zukunftsgestaltung und am konstruktiven Umgang mit den bestehenden Verhältnissen. Ich vermisse Begeisterung für neue Ideen und Fortschritt, Optimismus und Raffinesse. Was ich aber auch sagen muss: Viele Genossen sind in Ordnung, die Ziele der Partei gut gemeint; sie entspringen einem idealistischen Gerechtigkeitsempfinden, das man etlichen Jungliberalen wünschen würde. Die LINKEN unternehmen die geistige Anstrengung, eine Welt zu denken, die es noch nicht gibt. Sie denken über sich hinaus. Das ist bewundernswert. Man kann es aber auch negativ ausdrücken: Sie sind Utopisten.

Im Parteibüro habe ich mich nie richtig wohlgefühlt. Im Kreis der Genossen legte sich jedes Mal ein Gefühl von Verzagtheit und geistiger Enge auf mich und drückte mir aufs Gemüt. Die Absage an den Turbokapitalismus, die Forderung nach sozialer Gerechtigkeit, der Wille, die Menschen zum Mit- und nicht zum Gegeneinander zu erziehen – das alles teile ich mit meinen Genossen, aber leider habe ich erlebt, wie sie selbst oft nur in der Theorie ihre Visionen befolgen. In der Praxis versagen sie, und zwar schon bei der Versammlung im Ortsverband. Wie sollen sie Deutschland reformieren? Oder die Welt?

Ich habe intelligente, moderne, kreative Genossen kennengelernt, Studenten, Intellektuelle, Professoren, kluge, warmherzige Menschen, aber in der Partei sind sie die Minderheit. Die Mehrheit habe ich als gestrig, verzagt und ängstlich wahrgenommen. Dieses Gefühl der Verstaubtheit hat nichts mit der SED-Vergangenheit der Partei zu tun. Der Vorwurf, dass die LINKE einen diktatorischen Staatssozialismus anstrebe, ist falsch. Das Gefühl der Rückwärtsgewandt hat einen anderen Ursprung. Vielleicht kann man ihn an der kleinen Bibliothek festmachen, die sich im Laufe der Jahre im Parteibüro angesammelt hat: *Der Imperialismus als höchstes Stadium des Kapitalismus* von Lenin steht da, außerdem ein Schottland-Reiseführer mit Wander-Tipps, *Latein-Amerika: Hinterhof des US-Imperialismus, Die Konterrevolution in Chile*, Stefan Heyms *5 Tage im Juni* und irgendwas über Nicaragua. Ich habe nicht das Gefühl, dass die Partei eine Ahnung davon hat, wie angesichts global ablaufender Prozesse ein Wachstumsmodell für Deutschland aussehen könnte.

Sie agiert aus einer Stimmung der Empörung heraus, ist der Anwalt der Vernachlässigten und Schwachen und das ist gut so, aber manchmal tut sie so, als würden alle anderen Parteien, die »bürgerlichen und neoliberalen«, alles dafür tun, damit Kriege ausbrechen und Geringverdiener noch weniger verdienen. Das Freund-Feind-Schema der LINKEN bringt aber nichts, die Partei gestaltet nicht, sie wehrt ab, sie agiert nicht, sie verhindert. Oft wird behauptet, die Linkspartei habe Ähnlichkeit mit den Grünen vor 30 Jahren. Das stimmt nur zum Teil. Es gibt Parallelen: die Zersplitterung, das Chaos, der Außenseiterstatus, aber im Gegensatz zur LINKEN hatten die Grünen mit ihren sozial-ökologischen Projekten radikal frische Ideen im Gepäck. Ihr Einsatz für Umweltschutz, Gleichberechtigung und Emanzipation war so modern, dass es ein Vierteljahrhundert gebraucht hat, bis die Partei in der Mitte der Gesellschaft angekommen ist. Die Grünen hatten eine Vision, die sich als richtig herausgestellt hat. Die LINKE hat auch eine Vision: soziale Gerechtigkeit. Sie erkennt den Konfliktherd, mit ihren Lösungsansätzen aber bleibt sie in der Vergangenheit stecken, im Sozialstaat der siebziger Jahre.

Die LINKE behauptet: Die Krise der letzten Jahre ist der Beweis, dass der Kapitalismus nicht funktioniert. Man könnte auch andersherum argumentieren: Die Krise ist der Beweis, *dass* er funktioniert. Ein paar Banker und Zocker haben zu hoch gepokert und der weltweite Absturz der Märkte hat das System korrigiert, ausgeglichen, gerade gerückt und dazu geführt, dass den Finanzmärkten strengere Regeln auferlegt werden, was hoffentlich auch passiert. Natürlich funktioniert der Kapitalismus nur, wenn sich alle an die Regeln halten, aber das ist im Sozialismus genauso. »Es geht nicht darum, den Kapitalismus abzuwracken«, schrieb ein Kollege von mir in der *SZ*, »es geht darum, ihn zu retten« – was er sagen will: Man muss dafür sorgen, dass er funktioniert.

In der Krise zeigte sich auch das Scheitern des Systems der Landesbanken. Nicht nur deswegen bin ich dagegen, dass sich der Staat zu sehr in die Wirtschaft einmischt. Bei Fehlentwicklungen soll und muss er eingreifen, ansonsten soll er sich raushalten. Vom Dichter Paul Valéry stammt der Satz: »Ist der Staat schwach, gehen wir unter; ist der Staat stark, erdrückt er uns« – es ist eine Gratwanderung, natürlich, also möglichst großer Rahmen und sofortige Korrektur, wenn es nötig ist. Der Staat muss großzügig sein, aber wachsam und notfalls streng.

Eigentlich hat das Krisenmanagement in den letzten beiden Jahren ganz gut funktioniert.

Eine Nachbesserung bei der Verteilungsgerechtigkeit kann ich mir dagegen vorstellen: Eine Millionärssteuer oder eine moderate Erhöhung des Spitzensteuersatzes um zwei, drei Prozentpunkte, um die Anhäufung exorbitanter Kapitalmengen abzumildern – warum nicht? Täte niemandem weh und wäre ein Signal der Fairness. Die LINKE aber setzt auf Radikalumverteilung und schreckt alle ab, die zur Leistungs- und Bildungselite des Landes zählen. Sie bläst zum Aufbruch und führt die Genossen doch nur zurück in den behaglichen Sozialstaat einer Vergangenheit, die nie wiederkehrt. Als ob mehr Geld auf der einen und weniger Geld auf der anderen Seite die Lösung wäre. Valerie beweist es jeden Tag: Es geht nicht um mehr Geld, es geht darum, klug zu sparen und das vorhandene Geld effizienter einzusetzen, es geht um Bildung und Nachhaltigkeit, Kreativität und Wagnis und Raffinesse. Es geht darum, wie es weitergehen, und nicht, wie man ein Land in einem scheinbar harmonischen Zustand schockgefrieren kann.

Die LINKE ist eine Partei der sozialen Wohltaten, sie ist staatsfixiert und fortschrittsskeptisch. Als Arbeiterpartei hätte sie die Aufgabe, die Sozial- und Friedenspolitik voranzutreiben, leider ist sie immer noch auf der Suche nach sich selbst, steht allein auf weiter Flur, unfähig zu Bündnissen, machtlos. Sie ist eine machtuntaugliche Partei, die programmatische Mauern errichtet statt einzureißen. Sie lässt sich nicht auf die Wirklichkeit ein, um sich anschließend damit brüsten zu können, nicht eingeknickt zu sein. Sie strahlt zu wenig Optimismus aus. Sie missachtet die Generationengerechtigkeit. Mir kommt es vor, als wolle sie unsere Welt einigeln, beschützen, instand halten, aber das reicht nicht. Man kann viel über SPD und Grüne schimpfen. Wie sie sich gewandelt und verraten, gehäutet und um die eigene Achse gedreht haben. Aber sie haben Zerreißproben in Kauf genommen, sich auf die Unwägbarkeit des Lebens eingelassen und ihr Programm immer wieder an der Wirklichkeit ausgerichtet. Die Häutungen und Volten verleihen vor allem der SPD etwas Gebrochenes, das macht sie nicht mächtiger, aber glaubwürdiger.

In den sechziger und siebziger Jahren war Linkssein eine internationale Bewegung voll poetischer Energie. Es ging nicht nur um Kiffen und Sartre. Es ging um eine Euphorie, die die Menschen mitriss, ein Wahnsinnsgefühl, ein Versprechen. Weltweit entstand eine friedliche Armee aus Menschen, die gegen Unterdrückung, den Krieg in Vietnam, falsche Autoritäten und Aufrüstung kämpfte. Die linke Bewegung war flexibel, sympathisch, weltoffen, sinnlich und nach vorne gerichtet, in eine bessere, strahlende Zukunft ohne Muff. Die LINKE erinnert mich nicht an diese Zeit.

Und jetzt ist auch noch die Globalisierung da und richtig: Sie macht den Menschen Angst. Sie fürchten unterzugehen, hilf- und bedeutungslos zu werden, ihre Wurzeln oder noch schlimmer, ihre Arbeit zu verlieren. Trotzdem: Soll man so tun als gäbe es die Globalisierung nicht? Als könnte man sie abschaffen oder ignorieren? Oder soll man versuchen unter den gegebenen Bedingungen das Beste aus ihr zu machen, sie zu gestalten, zu formen, zu zähmen? Immerhin ist der weltweite Wohlstand in den letzten Jahrzehnten immer weiter gewachsen.

Die LINKE arbeitet sich ab an den gegnerischen Parteien und der sozialen Frage, ohne die Veränderungen in der Gesellschaft zu reflektieren. »Das Potenzial der Enttäuschung ist endlich«, sagt André Brie, irgendwann werde sie anfangen müssen zu gestalten – oder überflüssig werden. Die LINKE ist erfolgreicher, je ängstlicher die Menschen sind. Für sie ist jeden Tag Apokalypse. »Das dicke Ende kommt nach der Wahl«, posaunte sie im Wahlkampf 2009. In der Krise prophezeite sie 5 Millionen Arbeitslose, zwei Jahre später sind es nicht mal mehr drei. Die LINKE eint die Menschen nicht durch eine Vision, sondern durch Opferbewusstsein. »Ihr seid alle Opfer«, ruft sie den Menschen zu. »Wählt uns, und ihr bekommt Sicherheit. Und Freiheit. Und Gleichheit.« Ich kann mir nichts Langweiligeres vorstellen als eine Gesellschaft aus Gleichen.

»Die LINKE ist eine langweilige Partei geworden«, sagt André Brie im Oktober 2010. »Sie verwaltet den Status quo, entwickelt keine Ideen, sie hat nicht einmal den Anspruch, es zu tun.« Sie mache keine Anstalten, die Gegenwart zu gestalten, den traditionellen Gleichheitsanspruch mit dem modernen Freiheitsbegriff in Ausgleich zu bringen oder konstruktiv mit der immer weiter wachsenden Individualisierung und der Auflösung der klassischen Gesellschaftsmilieus umzugehen.

Die Partei kommt mir vor wie die Wärmehalle im Rodinger Freibad. Sobald ein Gewitter aufzog, sind wir alle rein, haben Pommes bestellt, gewartet und ungeduldig nach draußen geblickt. Aber sobald die Wolken sich verzogen hatten, sind wir wieder raus. Wir wollten schwimmen, rutschen, Spaß haben. Kein Mensch blieb in der wohlig warmen Wärmehalle sitzen, wenn draußen die ersten Sonnenstrahlen durch die Wolken brachen.

16. »Wollen Sie meine Funknummer?«

Eine halbe Nacht mit Sahra Wagenknecht

Zu Beginn meiner Mitgliedschaft hatte ich vor allem mit Genossen an der Basis zu tun. Logisch. Nicht jeder Neuling kann bei Gysi oder sonstwem da oben in Berlin vorsprechen. Irgendwann wollte ich aber mehr. Meine Genossen waren das eine, aber wie ist die Spitze? Wie sind Ernst und Gysi und Wagenknecht? Radikaler? Professioneller? Kälter? »Es muss demokratisch aussehen, aber wir müssen alles in der Hand behalten«, hat Walter Ulbricht gesagt. Für meine letzten Monate bei der LINKEN nahm ich mir die Fernsehgesichter der Partei vor.

Zu Sahra Wagenknecht hat fast jeder eine Meinung: »Sie hat einen scharfen Verstand, aber ihr Herz ist kalt«, sagt Valerie. »Sie ist unrealistisch, aber dreimal intelligenter als Klaus Ernst«, sagt ein Genosse mit Einfluss, der lieber anonym bleiben möchte. Die *Bild* wählte sie unter die 100 erotischsten Frauen Deutschlands. Ihr Ehemann, ein in Irland lebender Filmproduzent, soll »Stalinistin« zu ihr sagen – natürlich im Spaß. Als ich Christian erzähle, dass ich Sahra Wagenknecht zum Abendessen treffe, runzelt er die Stirn und fragt: »Wagenknecht? Die mit der komischen Frisur, oder?«

Sahra Wagenknecht wird verehrt und gehasst, ist Idol und Todfeindin, attraktive Frau, Reizfigur und »stalinistisches Teufelchen«, das mit 17 Jahren Marx und Hegel gelesen und mit 40 den Wunsch hat, Deutschlands Banken und Großkonzerne zu verstaatlichen. Sie spielt ihre Rolle so überzeugend, dass sogar

Genossen über sie spötteln: »Wenn sie jetzt noch anfangen würde zu hinken«, soll Lothar Bisky mal gesagt haben, »wird sie zur wiederauferstandenen Rosa Luxemburg.«

Sahra Wagenknecht stört und polarisiert. Sie wird zitiert, gedruckt, gesendet, lächerlich gemacht, interviewt und in Talkshows eingeladen. Bei Anne Will sitzt sie alle paar Wochen zwischen Männern in dunklen Anzügen, die sie spüren lassen, dass sie sie gleich doppelt nicht ernst nehmen, erstens, weil sie in der Linkspartei, und zweitens, weil sie eine Frau ist.

Eigentlich müssten Henkel und Söder wissen, dass sie mit ihrer herablassenden Art das Gegenteil von dem erreichen, was sie wollen, aber anscheinend wissen sie es nicht. Man solidarisiert sich nämlich sofort mit Frau Wagenknecht, wenn sie da so sitzt und versucht, Haltung zu bewahren und gegen die arroganten Alpha-Tiere anzuargumentieren. Auf einmal zählt nicht mehr, dass man nicht ihrer Meinung ist, auf einmal geht es nur noch um den mythischen Kampf David gegen Goliath. Sie macht das gar nicht schlecht und insgeheim freut man sich über jeden Punktsieg, den sie landet, nicht weil sie so sympathisch, sondern weil die anderen so unsympathisch sind.

»Die Journalisten schreiben Dinge voneinander ab, die ich vor 15 Jahren gesagt habe«, sagt sie und hat Recht. »Die DDR war das friedlichere, sozialere, menschlichere Deutschland«, das ist so ein Satz, den sie tatsächlich mal geäußert hat, aber vor 10 Jahren. Trotzdem steht er auch noch heute in fast jedem Text über sie.

Sahra Wagenknecht tritt im März 1989 in letzter Sekunde in die SED ein, in einer Zeit, »als ihr alle entgegengekommen sind«, wie Gysi es ausdrückt. Die Fusion aus WASG und PDS kommt ihr zugute, in der PDS war sie eine Außenseiterin. Für die Parteispitze ist sie (noch) zu links, aber wer weiß, wie lange noch. Sie wirkt nicht nur überzeugter als die aktuellen Bundesvorsitzenden, sie ist auch überzeugender und argumentiert besser, souveräner, klarer, weniger emotional. Am Politischen Aschermittwoch der LINKEN hat sie statt Philipp Rösler mal Philipp Schnösler gesagt. Eigentlich ist so ein Spruch gar nicht ihre Art.

Gut möglich, dass die aktuellen Bundesvorsitzenden Klaus Ernst und Gesine Lötzsch nur Figuren des Übergangs sind, Interimsvorsitzende, die den Abgang von Lafontaine abfedern und moderieren, bevor jüngere, aggressivere Kräfte die Partei an sich reißen. Sahra Wagenknecht könnte eine davon sein. Auf dem Parteitag in Rostock geht sie mehrmals an mir vorüber, im grünen Kleid, um den Hals eine rote Kette. Ihr olivfarbener Teint fällt auf zwischen den blassen Delegierten, erst kurz vorher habe ich gelesen, dass ihr Vater aus Persien stammt. Sie hat ihn nie kennengelernt.

Sahra Wagenknechts Art, Politik zu machen, unterscheidet sich fundamental von der ihrer männlichen Genossen. Genau wie Klaus Ernst steht sie in Rostock vor einem Einschnitt – sie hat sich für die Wahl zum stellvertretenden Parteivorsitz aufstellen lassen –, drängt sich während der beiden Tage aber zu keinem Moment in den Vordergrund. Ganz selten sieht man sie in der Mitte, wo die Journalisten mit ihren Aufnahmegeräten stehen und versuchen an Lafontaine, Ernst oder Gysi heranzukommen, die sich alle paar Sekunden auf den Rücken hauen und lachen. Sahra Wagenknecht hält sich lieber abseits, lehnt an einem Stehtisch, steht auf der Treppe, sie ist da, aber unauffällig, holt Genossen zu sich, spricht mit ihnen, telefoniert, diskret, fast konspirativ. Es ist die weibliche Art, Politik zu machen: ohne jede triumphierende Geste. Angela Merkel macht es genauso. Beide, Merkel und Wagenknecht, sind in der DDR großgeworden. Beide sind leise, wenn sie Pläne schmieden. Beide kommen von der Seite, wenn sie nach der Macht greifen.

Sahra Wagenknecht strahlt etwas Geheimnisvolles aus. Ich wollte sie kennenlernen, um beurteilen zu können, wie sich das anfühlt: Sahra Wagenknecht zu sein. Im *Spiegel* stand, dass sie eine Affäre mit Oskar Lafontaine gehabt habe. Sie dementierte. Am Abend des Mauerfalls, sagt sie selbst, sei sie deprimiert in ihrem Zimmer im Prenzlauer Berg gesessen und habe Immanuel Kant gelesen. Bis sie anschließend das erste Mal in den Westen reist, vergeht ein halbes Jahr. »Ich hatte damals dort nichts zu tun«, sagt sie. Aber je mehr die Medien ihr das Image der freudlosen Kommunistin verpassen, desto neugieriger werde ich. Im hysterischen 21. Jahrhundert wirkt ihre Kargheit viel schillernder als die verrückten Kleider von Lady Gaga. Sie ist die unbestechliche Schöne, die sich kompromisslos den Machtritualen profilneurotischer Mittelklassepolitiker verweigert. Sahra Wagenknecht ist ein besonderer Mensch.

Leider kann man als Genosse aus dem Münchner Ortsverband Mitte-West nicht einfach ins Büro der stellvertretenden Parteivorsitzenden marschieren. Wenn ich Sahra Wagenknecht kennenlernen will, muss ich mit dem Presseausweis arbeiten. Ich schreibe also an das Büro von Sahra Wagenknecht. Ich sei Journalist und recherchiere über die LINKE. Ob man sich treffen könne, gern in Berlin, sie solle keine Umstände haben.

Ihre Antwort kommt am nächsten Tag: In der Woche darauf habe sie Besuch von einer Gruppe aus Berlin, der solle ich mich anschließen, danach könne man ja noch was trinken und ein bisschen plaudern. »Kommen Sie, wenn Ihnen das passt, nächsten Dienstag um 18 Uhr an die Pforte des Bundestags. Meine Mitarbeiterin wird Sie abholen. Lieber Gruß, Sahra Wagenknecht.«

Eine Woche später stehe ich Punkt 18 Uhr vor dem Jakob-Kaiser-Haus in der Berliner Dorotheenstraße. Als ich durch die Glastür trete, kommt auf der anderen Seite Hubertus Heil rausgelaufen, von dem man auch nicht genau weiß, was er inzwischen macht. An der Pforte zeige ich meinen Ausweis, als Wagenknechts Büroleiterin winkend auf mich zuläuft. Es tue ihr leid, man müsse das Treffen nach hinten schieben, die Fraktionssitzung dauere länger, als geplant. Ich solle bitte nicht böse sein und könne ja erst mal die anderen kennen lernen, Neumitglieder aus Berlin, für die man einen Besuch organisiert habe.

Wir laufen durch die unterirdischen Gänge des Bundestags. Es fühlt sich an wie mehrere Kilometer, immer wieder eine Kurve, eine Glastür, ein Ausweis, der irgendwo hingehalten werden muss. Und gerade als ich mich frage, wie die Abgeordneten unser Leben verstehen wollen, wenn sie den ganzen Tag unter der Erde rumlaufen, flucht die Büroleiterin, dass sie was vergessen habe.

»Mist«, sagt sie, »ich muss noch mal kurz ins Büro. Begleiten Sie mich? Dauert nicht lange.«

»Gern«, sage ich. Denn so ein Blick ins Büro von Sahra Wagenknecht interessiert einen ja. Wie richtet diese scheinbar so freudlose Person ihren Arbeitsplatz ein? Pflanzen? Wenn ja, welche? Bücher? Klar, aber welche Bücher? Nur Marx und Lenin oder auch Donna Leon oder Richard David Precht? Pinnwand? Normaler Schreibtischstuhl oder so ein farbiger Gummiball, den einem die Physiotherapeuten andrehen?

Inzwischen haben wir den FDP-Flügel hinter uns gelassen und die Büros der Fraktion der Linkspartei erreicht. Man erkennt es unter anderem daran, dass – wie früher in den Studenten-WGs – Plakate an den Türen kleben. An einer hängt das *Titanic*-Cover vom März 2010: »Toyota ruft Westerwelle zurück – Kopfdichtung defekt, Schraube locker, nicht zu bremsen.«

»Ich brauche fünf Minuten«, sagt die Mitarbeiterin, ich könne mich einstweilen in Sahras Büro setzen und warten.

Fünf Minuten also, nicht viel: Das Büro ist klein, ein Schreibtisch, ein Stuhl, ein kleines Sofa, ein rundes Tischchen mit drei Stühlen, ordentlich, ein Zweckbüro, hinter dem Schreibtisch ein Bild der Jungfrau Maria, ein Engelchen und – ans Sofa gelehnt – ein Porträt von Karl Marx, eingefasst von einem goldenen Rahmen. Seltsam, dass es da so auf dem Boden steht. Ist es neu? Soll es weg? Ich krümme meinen Rücken zur Seite und drehe meinen Kopf so, dass ich die Titel auf den Buchrücken lesen kann: *EZB Monatsberichte 2004–2007, 1000 Ideen, täglich die Welt zu verbessern, Warum unsere Kinder Tyrannen werden.* Auf dem Schreibtisch liegen Akten.

»Fertig«, höre ich es hinter mir. »Ich bringe Sie jetzt zur Besuchergruppe, die müssten in der Cafeteria sein.«

»Gibt es da Bier?«, frage ich.

»Was denken Sie denn?«, sagt die Assistentin, »wir sind hier im Bundestag.«

In der nächsten Stunde lasse ich mir mehrere Tucher-Pils zapfen und lerne 12 Neumitglieder aus Tempelhof kennen. Ein Typ mit Baseballkappe erzählt mir, wie stolz er auf Sahra sei, weil die es den Typen von der CDU regelmäßig zeige. »Das kann nur unsere Sahra«, schwärmt er. Der Mann ist nicht begeistert, er ist verliebt, das steht fest, seine Augen strahlen, wenn er ihren Namen ausspricht.

Nach 45 Minuten wird die Gruppe ungeduldig, ich bestelle noch ein Pils, gehe aufs Klo und als ich zurückkomme, sitzt sie da, Sahra Wagenknecht, direkt daneben ein leerer Stuhl, mein Stuhl. Der Typ mit der Baseballmütze macht Fotos mit einer Digitalkamera, er hört gar nicht mehr auf: »Sahra, noch ein Foto«, bettelt er, »eines noch, bitte.« Er sieht vollkommen glücklich aus. Danach werden Autogramme geschrieben und Fragen beantwortet. Nach 30 Minuten sind alle zufrieden. Sahra Wagenknecht hat es geschafft, ihre Verspätung in einen

Gewinn umzumünzen. Die Genossen rechnen ihr hoch an, dass sie nach der Marathon-Sitzung noch zu ihnen gekommen ist.

»So, und jetzt zu Ihnen«, sagt sie, als die anderen weg sind.

Wir gehen ins Café Einstein unter den Linden. Jeder geht ins Einstein: Politiker, Journalisten und die Japaner, die durchs Brandenburger Tor gelaufen sind. Mir ist das gar nicht recht, so auf dem Präsentierteller, viel lieber wäre mir ein kleiner Italiener am Eck, ich will ja nicht die Politikerin, sondern den Menschen kennenlernen, ihre Thesen kenne ich in- und auswendig: Die LINKE darf sich nicht weichspülen lassen. Der Kapitalismus zerstört sich selbst. Die Banken müssen verstaatlicht werden. Koalition gern, aber nur wenn die Inhalte stimmen.

Die Tür des Einstein schwingt auf, Kaffeehausatmosphäre, ein bisschen Wien, nur angestrengter, aufgesetzter, rechts an der Wand hängen Tageszeitungen, und dann, ganz kurz ein Anflug von ekelhaftem Stolz, als der Ober uns unaufgefordert einen der besten Tische zuweist. Er weiß und wir wissen, dass er weiß und so weiter. Tolles Gefühl. Dabei ist es doch nur Sahra Wagenknecht, die Vize-Chefin einer Partei, die im Bundestag noch nie einen Antrag durchgebracht hat. Der Ober geht voraus, wir hinterher, die Gäste flüstern und stecken die Köpfe zusammen.

Unser Treffen ist beruflich, trotzdem versuche ich eine private Atmosphäre entstehen zu lassen. Ich möchte Sahra Wagenknecht nicht interviewen, ich will mir darüber klar werden, wer sie ist. Vor ein paar Tagen stand ein Porträt über sie in der *Süddeutschen Zeitung*. Der Reporter hat mit ihr das Haus besucht, in dem sie aufgewachsen ist, Prenzlauer Berg, Oderberger Straße 40; es ist das einzige der ganzen Straße, das noch nicht restauriert ist und aussieht wie damals, als der Kapitalismus noch nicht in ihr Leben Einzug gehalten hat.

Über dem Text war ein Foto abgedruckt, schwarz-weiß: Sahra Wagenknecht im Treppenhaus auf den Stufen ihrer Kindheit, der Blick wach und skeptisch. Verletzlich sah sie aus auf diesem Bild, fast tat sie mir leid. Ich sah sie an und konnte mir vorstellen, wie sie mit 16, 17 Jahren war, eine Außenseiterin, ein stilles, ein intelligentes, einsames Mädchen.

Der Text zitiert unter anderem einen Genossen aus Chemnitz: Die Wagenknecht sei ihm unheimlich, weil man nicht hinter ihre Stirn schauen könne. Bei einer Bootsfahrt auf der Havel, kurz nach der Bundestagswahl, habe er mit ihr getanzt. Er habe sie aufgefordert, um ihre Echtheit zu prüfen, denn beim Tanzen, finde er, zeige sich der Mensch hinter der Fassade. Auf die Frage, wie es gewesen sei, mit ihr zu tanzen, sagte er, dass er während der gesamten Zeit das Gefühl gehabt habe, eine Mauer im Arm zu haben.

Wie schlimm ist es, solche Beleidigungen über sich zu lesen? Von einem Hinterbänkler, der denkt, durch Unverfrorenheit einen Punktgewinn landen zu können?

»Natürlich kränkt mich so was«, sagt sie, »das geht doch nicht spurlos an mir vorüber.« Ich bin überrascht, wie offen sie ist. Meine erste Frage zielt mitten ins Herz und sie geht darauf ein. »Ehrlich gesagt«, fügt sie hinzu, »hätte ich es schlimmer gefunden, wenn er gesagt hätte: Die Wagenknecht ist in meinen Armen aufgegangen wie eine Blume.«

Ich frage sie, ob sie eine Schwäche für Luxus nachvollziehen könne, die Lust auf eine Balenciaga-Tasche oder ein Chanel-Kostüm, immerhin weiß ich aus der Presse, dass sie gerne Hummer isst.

»Ich kann Luxus nachvollziehen, aber keine Marken. Ich kenne die gar nicht. Da bin ich resistent.« Glaubt man ihr, klar. Aber reisen und gut essen, das möge sie schon. Dafür gebe sie Geld aus.

Ich merke, dass ich wanke, meine Vorsätze knicken weg, weniger aus politischen, eher aus biologischen Gründen. Sie sieht gut aus, wie sie da so sitzt und redet, sie wirkt ehrlich, charmant. Als Mann könnte man glatt vergessen, dass sie Sozialistin ist oder sagen wir anders: Man ist in Versuchung, diesen kleinen Makel unter den Tisch fallen zu lassen oder umzudeuten: Die unbestechliche Schöne. Der gerechte Engel. Die versteckte Leidenschaft. So ungefähr.

Warum sie auf viele Menschen so kühl wirke, frage ich. Und sie erklärt ohne zu zögern, dass sie alles andere als kühl sei. An Politik müsse man rational herangehen, sagt sie. »Ich bin voller Leidenschaft, die kann mir niemand absprechen, aber für die Sache.« Und die gefühlige Betroffenheit mancher Kollegen, vor allem der weiblichen, die lasse sie eben weg, weil niemand was davon habe. Sie erzählt mir von früher, wie sie Goethe und Shakespeare gelesen und Nachhilfestunden gegeben habe, um über die Runden zu kommen, weil sie nicht sofort studieren durfte; wie sie Monate nach der Wende zum ersten Mal nach West-Berlin gefahren sei, um Bücher aus der Bibliothek auszuleihen; wie sie zum ersten Mal in ihrem Leben nach New York geflogen sei und von den vielen hundert Mails, die sie jede Woche bekomme, geschrieben von Menschen, die verzweifelt seien und nicht mehr weiter wüssten, weil das Geld nicht reiche. Manchmal seien auch Verehrer oder Spinner dabei, erst neulich wieder habe sie von einem Typen ein Massage-Angebot bekommen.

Wir sind fast die Letzten im Einstein. Die Zeit ist verflogen. Sie hat aufmerksam zugehört und offen geantwortet. In den beiden Stunden macht sie keinen einzigen Witz, wahrscheinlich, weil sie das nicht kann, Witze machen, aber sie versucht es auch nicht, wenn sie etwas Lustiges sagt, unterläuft es ihr eher. Klaus Ernst will einen dauernd zum Lachen bringen.

Manchmal hört er sich an wie einer dieser Comedians aus dem *Quatsch Comedy Club*: »Wir predigen nicht nur Wein, wir trinken ihn auch«, sagt er dann. Der Eindruck, dass Sahra Wagenknecht an Angela Merkel erinnert, bestätigt sich: der dosiert aufblitzende Charme, das Lächeln, das umso stärker wirkt, weil es selten zum Einsatz kommt. Eigentlich hat sie nur einen entscheidenden Fehler: Sie möchte mir mein Erbe nehmen. Das Geld, das mein Vater mit harter Arbeit verdient hat, damit meine Schwester und ich keine Sorgen haben müssen.

Es ist nach 23 Uhr. Sahra Wagenknecht ist müde. Sie ist ein Willensmensch, sie reißt sich zusammen, aber ihre Augen sind matt, die Argumente wiederholen sich. Wir zahlen und treten ins Freie. Rechts leuchtet das bläulich angestrahlte Brandenburger Tor, wie fast immer in Berlin riecht es nach Teer, als wir eine Weile planlos nebeneinanderstehen und ein Taxi nach dem anderen an uns vorbeifährt.

»Wo müssen Sie hin?«, frage ich sie.

»Karlshorst«, sagt sie.

Ich winke einem Taxi, halte ihr die Tür auf, sie steigt ein, ich klettere hinterher. Ein paar Sekunden sitzen wir schweigend nebeneinander. Ich links, sie rechts. Draußen zieht Berlin-Mitte vorbei, die Staatsoper, der Dom. Ihre Silhouette zeichnet sich im Fenster ab. Wieder ist sie die Außenseiterin, das Mädchen, das durch die Großstadt fährt, eine prominente Politikerin, ein Fernsehgesicht, ein Gala-Gast, aber allein, obwohl ich daneben sitze.

»Und falls Sie irgendwelche Fragen haben«, unterbricht sie die Stille, »gebe ich Ihnen für alle Fälle meine Funknummer«, und fischt ein Visitenkarte aus ihrer Handtasche. Es ist die offizielle Visitenkarte des deutschen Bundestages, schlicht, weiß, schwarze Schrift, in der Mitte der Bundesadler. Sie schreibt die Nummer auf die Rückseite.

»Melden Sie sich, wenn Sie Fragen haben.«

»Mach ich. Gute Nacht.«

Ich steige aus und schaue ihr nach, wie sie in die Berliner Nacht fährt.

Im Hotelbett bekomme ich eine SMS von Christian: Verliebt?

Ich antworte: Hmmmm.

17. »17 000 Euro, ein alter Porsche und eine Berghütte ohne Strom«

Warum ich Klaus Ernst lustig und tragisch finde

Sahra Wagenknecht würde nie Porsche fahren, zumindest nicht öffentlich, zu Klaus Ernst passt er perfekt, dieser silberne Porsche 911, den die *Bild* abdruckt, um Deutschland zu zeigen, wie es die LINKEN heimlich krachen lassen. Seinen Vorgänger Oskar Lafontaine umweht die Aura eines Weltbürgers und Staatsmanns, Ernst umweht etwas Tennisclubhaftes. Er wirkt wie ein Stenz aus Pasing, der im offenen Hemd durch Schwabing flaniert, mit dem Unterschied, dass Ernst aus Schweinfurt kommt und mit zu großem Krawattenknoten in Talkshows sitzt. Um sich sein Studium zu finanzieren, jobbte er als Skilehrer. Ein bisschen wirkt er noch immer wie einer. Im Osten ist Ernst schon als »Zumutung« bezeichnet worden, was nicht nur an seinem bayerischen Dialekt liegt. Er ist eher eindimensional, hemdsärmelig, im guten wie im schlechten Sinn, ein IG-Metaller eben. Von seinen Feinden unterscheidet ihn nur sein linkes Weltbild; die Körpersprache und das Auftreten sind identisch. Wenn er mit jemandem spricht, scheint er immer nur zu 80 Prozent bei der Sache zu sein, mit den restlichen 20 Prozent scannt er die Menschen, die vorbeigehen, es könnte jemand dabei sein, dem man kurz die Hand geben sollte. In einem anderen Leben könnte man sich Klaus Ernst als erfolgreichen Mittelständler vorstellen, der mit Fahrradfelgen reich geworden ist und jedes Jahr eine ordentliche Summe in den örtlichen Tennisclub fließen lässt.

Am Landesparteitag in Schweinfurt stand er hinter mir und aß eine Semmel mit Bierschinken, ausführlicher und viel später konnte ich ihn am Vorabend des Bundesparteitags in Rostock beobachten:

Freitagabend, am nächsten Tag wird Ernst, wenn alles gut geht, die Nachfolge von Oskar Lafontaine antreten. Es ist 21 Uhr, vor der Stadthalle, auf dem Platz der Freundschaft, wehen die Fahnen der Partei, es ist dunkel und nieselt, im matt beleuchteten Saal werden die Scheinwerfer und das Mischpult einem letzten Test unterzogen. Morgen muss alles perfekt sein. Eine Ära geht zu Ende: Oskar Lafontaine und Lothar Bisky ziehen sich aus der Parteispitze zurück, eine neue wird gewählt – ein großer Tag für die junge Partei.

Als Klaus Ernst den Saal betritt, dröhnt *I won't back down* von Johnny Cash aus den Boxen. Der Mann, der noch bayerischer Landesvorsitzender ist, trägt einen dunklen Anzug, in der Hand hält er eine braune Ledertasche. Klick-klack, Klick-klack, Ledersohlen. Man sieht ihm die Anstrengung an, nicht euphorisch zu wirken. Einmal noch ins Hotelbett legen, einmal noch schlafen, dann steht er, der ehemalige Gewerkschaftsfunktionär, ganz oben. Er geht zu ein paar Genossen, plaudert mit ihnen: Organisatoren, übereifrige Mitglieder des Jugendverbandes, die stolz sind, dass sie mithelfen dürfen: Kabel verlegen, Namensschilder aufstellen, kurz was ins Mikro sprechen: »Hallo, hallo, ja, das Mikro ist okay.«

»Mit Ismen habe ich es nicht so«, hat Ernst mal gesagt. Er hält sich eher für einen praktisch denkenden Menschen. Klaus Ernst ist ein Mann der Parolen, ein Haudrauf, eine Rampensau, die auch mal in die Luft gehen kann, keiner dieser vergeistigten Typen, die bei jeder Gelegenheit Ernst Bloch zitieren. Er muss nicht mit Bildung protzen, er kann mit den Menschen.

Auch jetzt schüttelt er jedem die Hand, einem legt er sie auf die Schulter. Er lacht viel, nein, eher ist es ein Grinsen; ich habe noch nie jemanden so oft grinsen sehen. Manchmal, wenn sein Gegenüber etwas sagt, von dem Ernst denkt, dass es opportun sei, es lustig zu finden, reißt es ihn regelrecht, als ob ein Stromstoß durch seinen Körper jage; dann geht sein Grinsen in ein schnelles, hysterisches Gackern über, dann krümmt er sich für zwei Sekunden, fehlt nur noch, dass er sich mit der Hand auf den Oberschenkel haut. Klaus Ernst hat etwas Stammtischhaftes, eine Eigenschaft, die für einen Politiker nicht notwendigerweise schlecht sein muss. »Du sollst dich nie vor einem lebenden Menschen bücken« ist ein Satz, der in der LINKEN gern zitiert wird. Er stammt vom Gewerkschafter Willi Bleicher. Befolgen tut ihn keiner. Ich habe gerade mit eigenen Augen gesehen, wie alle Genossen einen Buckel gemacht haben, als auf einmal Ernst vor ihnen stand, und was ich auch gesehen habe: Ernst hat es sichtlich genossen.

Die Szene erinnert mich an einen meiner Lieblingsfilme: *Rocky* mit Sylvester Stallone. Es ist die Nacht vor seinem großen Kampf gegen Apollo Creed, der junge Amateurboxer Rocky Balboa findet keinen Schlaf, geistert durch die Nacht und kommt an der Halle vorbei, wo am nächsten Tag der Kampf seines Lebens stattfinden wird. Die Fahnen sind gehisst, sie zeigen Balboa und Creed in Lebensgröße, die vielen tausend Sitze sind leer, es ist so still, man hört jeden seiner Schritte überlaut, alles ist bereitet, er muss nur noch gewinnen. Klaus Ernst wirkt nicht so, als könnte er nicht schlafen, man hört auch seine Schritte nicht, weil die Musik so laut spielt. Wahrscheinlich ist er gerade in Rostock angekommen und schaut mal vorbei: Hallo sagen, Hände schütteln, Atmosphäre schnuppern. Zur richtigen Zeit am richtigen Ort. Zur richtigen Zeit die richtige Hand geschüttelt, darum geht es. Selbst einem zukünftigen Parteivorsitzenden können aufmunternde Worte von ein paar

Hinterbänklern guttun, wenn er noch nicht gewählt ist. Wie Rocky aus Philadelphia muss auch Klaus Ernst aus Schweinfurt nur noch gewinnen. Sein Gegner ist kein Schwergewichtsweltmeister, sondern die eigenen Genossen. Bei Rocky ist die Frage: Wie viel kann er einstecken? Bei Ernst: Wie viele verweigern ihm die Stimme? Ernst ist umstritten. Sein bayerischer Landesverband ist einer der chaotischsten überhaupt, vor ein paar Wochen erst wurde er öffentlich vom Landessprecher kritisiert und beleidigt. Ernst spalte, grenze aus und versuche den Landesverband auf gutsherrliche Art zu beherrschen. Er eigne sich definitiv nicht als Bundesvorsitzender. 2008 wurde er mit dem Horror-Ergebnis von 59,2 Prozent zum Vize-Vorsitzenden der Bundespartei gewählt.

Am nächsten Tag wirbt Gregor Gysi für eine Doppelspitze aus der Berliner Genossin Gesine Lötzsch und Klaus Ernst: Sie habe über die Mittelniederländische Übersetzung der Bibel promoviert, er Elektromechaniker gelernt. »Die zwei sind so was von verschieden, da kann nur was Gemeinsames dabei rauskommen.« Zwei Stunden später haben beide, Gysi und Ernst, erreicht, was sie wollten: Ernst wird mit mäßigen 74,9 Prozent zusammen mit Gesine Lötzsch (92,8 %) zum Parteivorsitzenden gewählt. Zwei Stunden später, der gemütliche Teil des Abends hat begonnen, steht er in der Schlange am Essensstand, wo die Genossen aus Rostock Wiener Würstchen, Brötchen und Getränke verkaufen. Als er zwei Pils und eine Wurstsemmel bestellt, stehe ich direkt hinter ihm. Und natürlich interpretieren Journalisten zu viel rein in solche Beobachtungen. Aber man kann es auch nicht unter den Tisch fallen lassen, dass er glücklich, erleichtert und irgendwie angekommen wirkt. Sein Stolz rührt mich so, ich würde ihm am liebsten gratulieren. Sicher würde er mich spontan auf ein Pils einladen, wenn ich mich jetzt bemerkbar machen würde, aber das mache ich nicht und schaue zu, wie Klaus Ernst, neuer Parteivorsitzender der LINKEN so ergriffen ist, dass er vergisst, der jungen Genossin hinter dem Tresen ein Trinkgeld zu geben.

Ein paar Wochen später ist es fast schon wieder vorbei mit seinem Glück. Die *Bild-Zeitung* startet eine Kampagne gegen ihn. Die Anschuldigungen sind lange bekannt, bisher hat sich nur keiner dafür interessiert: Klaus Ernst fährt einen Porsche 911, ist Miteigentümer einer Almhütte mit »Blick auf den Wilden Kaiser« und hat ein paar Flüge falsch abgerechnet.

Ein altes Auto, eine Hütte ohne Strom, mein Gott, warum denn nicht, und die Flüge – genau genommen handelt es sich um zwei – sind für mich eher das Resultat von Schlampigkeit als der Beweis, dass Ernst ein Betrüger ist. Ich finde es erstaunlich, wie wir es heutzutage schaffen, die richtigen Politiker für die falschen Dinge anzugreifen. Wenn sich jemand dafür rechtfertigen muss, weil er ein bestimmtes Auto fährt, ist er immer das Opfer des kleinbürgerlichsten Gefühls, das es gibt: Neid. Ein Politiker, der gegen die Zocker und Banker wettert, kann sich – ganz eigennützig – Gedanken darüber machen, ob ein Porsche seinem Ansehen innerhalb einer anti-kapitalistischen Partei schadet. Das ändert aber nichts daran, dass er jedes Auto der Welt fahren darf. Warum wirft eigentlich niemand Bono von U2 vor, dass er in einer Villa wohnt, obwohl er sich für den Kampf gegen Hunger und Armut engagiert? Also ich würde gern in einem Land leben, das stolz darauf ist, wenn sich ein Porschefahrer für soziale Gerechtigkeit einsetzt und nicht umgekehrt.

Viel später, am 20. Juli 2010, startet die *Bild*-Kampagne gegen ihn und zieht sich über mehrere Tage hin. Die alte *Bild*-Taktik: Die Recherchen sind abgeschlossen, die Informationen liegen vor, jetzt werden sie häppchenweise nach draußen gegeben, nachlegen nennt man das, so bleiben die Leser bei der Stange.

»17 000 Euro, Porsche, Alm in Tirol – Der umstrittene Lifestyle des Linken-Chefs Klaus Ernst«, heißt es auf Seite 2. Der angebliche Skandal: Ernst verdiene 17 000 Euro im Monat. 7668 Euro Diäten, knapp 4000 Euro steuerfreie Kostenpauschale als Bundestagsabgeordneter, 1913 Euro Zulage aus der Fraktionskasse und 3500 Euro Zulage als Parteichef. Seine Genossin Gesine Lötzsch verzichte auf die 3500 Euro. Was der Artikel verschweigt: Jedem Parteivorsitzenden wird freigestellt, ob er die 3500 Euro in Anspruch nimmt oder nicht. Es existiert eine Option darauf. Ich finde nicht, dass eine Partei ihrem Chef einen Vorwurf daraus machen kann, wenn er sich für eine Zulage entscheidet, die sie ihm vorher angeboten hat. Es mag ehrenwert sein, auf die Zulage zu verzichten, es ist aber weder verboten noch ein Zeichen von Gier, es nicht zu tun.

Nach einigen Tagen hat die *Bild* ihr Ziel erreicht. Ortsverbände melden sich zu Wort und schließen sich der Kritik an Ernst an. Manche Genossen fordern seinen Rücktritt, und als dann noch Ulrich Voß, der Schatzmeister der bayerischen LINKEN, die so genannte Karteileichen-Affäre lostritt, wird es eng für Ernst. Das Wort vom »Chef auf Abruf« geistert durch die Partei. »Wenn noch einmal etwas hochkommt«, sagt eine Abgeordnete der LINKEN, »dann ist der Klaus kaum noch zu halten.«

Am Ende wird er nur verschont, weil er unter dem Druck der Öffentlichkeit auf die 3500 Euro verzichtet. Die Zeitungen, die ihn vorher laut beschimpft haben, drucken jetzt winzige Meldungen. Schade, weil das für mich der eigentliche Skandal ist: Wie kleingeistig muss eine Partei, wie neidisch unser Land sein, dass sie einen Parteichef erst in Frieden lassen, als er auf Geld verzichtet, das ihm vorher offiziell zugestanden wurde. Zwei Wochen später hat Ernst die Sache überstanden. Er fährt immer noch Porsche und seine Berghütte hat er auch noch, aber die Menschen haben andere Themen, über die sie sich aufregen. Der Verlierer der Affäre ist weder die *Bild* noch Klaus Ernst, es ist die Partei: Die *Bild* macht ihren Job und das ziemlich professionell, Klaus Ernst wird sich ein paar Krawatten weniger kaufen, die Partei aber hat sich von der Kampagne mitreißen lassen. Sie hat sich nicht hinter ihren Vorsitzenden gestellt, sondern ist ihm in den Rücken gefallen, wegen ein paar tausend Euro.

18. »Er ist anders, und es ist ihm wichtig, das herauszustellen«

Na toll – jetzt hassen sie mich

Am 18. September 2009 erreicht mein Aktiendepot einen neuen Höchststand, im *SZ-Magazin* erscheint auf acht Seiten mein Erfahrungsbericht über die LINKE. Er beschreibt meinen Eintritt bei Fritz, meine Zweifel an der SiKo-Demonstration, macht sich lustig über ein paar Genossen, enthält aber auch ein sehr wohlwollendes Kapitel über Henning.

Schon beim Aufwachen quälen mich Gewissensbisse, mein Magen fühlt sich flau an; bevor ich in die Redaktion fahre, nehme ich eine Omeprazol. Ich rede mir ein, keinen Fehler gemacht und niemanden hintergangen zu haben, aber ich glaube mir selbst nicht und alles zusammen führt dazu, dass ich mich beschissen fühle. Auf meinem Schreibtisch liegt das neue Heft, aber ich schaffe es nicht, meine Geschichte aufzuschlagen. Am liebsten würde ich die Zeit nach vorne drehen und die Sache vergessen. In den Tagen danach stelle ich mein Telefon auf Vibration, eigentlich nehme ich nur ab, wenn meine Eltern anrufen. Ich bin fahrig und unzufrieden. In der wöchentlichen Blattkritik überreicht mir mein Chefredakteur den Wein für den besten Text im Heft.

Eine Woche später ist Bundestagswahl: Während meine Genossen auf der Wahlparty den ersten Hochrechnungen entgegenfiebern, sitze ich mit einem Bier in der Hand vor dem Fernseher und verfolge den Wahlabend abwechselnd auf ARD und ZDF:

Die Überraschung des Tages: Die FDP kommt auf 14,9 Prozent der Stimmen. Mit 11,9 Prozent übertrifft die LINKE ihr Wahlziel von 10 plus x und lässt die Grünen (10,7 %) hinter sich. Insgesamt haben 5,2 Millionen Menschen der Linkspartei ihre Stimme gegeben. Mein Freund Henning erzielt mit 5,6 Prozent das beste Ergebnis der vier linken Münchner Direktkandidaten. Ein respektables Ergebnis. Ich freue mich für ihn, wage aber nicht, ihn anzurufen. Die SPD erzielt mit 23,0 Prozent das schlechteste Wahlergebnis ihrer Geschichte, so dass es zum ersten Mal seit 15 Jahren wieder für eine Koalition aus CDU/CSU und der FDP reicht. Was für ein Anachronismus – eigentlich hatte alles auf einen Linksruck hingedeutet.

Ich weiß nicht, was ich denken oder fühlen soll. Wieder Merkel, diesmal mit Westerwelle, Niebel und dem kleinen Rösler. Ich empfinde vor allem Leere, der Rest teilt sich auf in Gleichgültigkeit und Neugierde. Für meine Genossen freue ich mich, nach einem Jahr fiebert man mit, das geht gar nicht anders; die 11,9 Prozent beruhigen auch mein Gewissen: Mein Text scheint keinen größeren Schaden angerichtet zu haben, vielleicht sind sie nicht einmal böse.

Nach der Wahl lasse ich mich drei Monate nicht blicken. Ich verhalte mich ruhig wie ein Verbrecher, der abtaucht, bis der Wirbel sich legt. Ich rufe keinen an, keiner ruft mich an. Die Verteilermails erreichen mich, aber nie ist was dabei, was mich betrifft. Den Sitzungen bleibe ich fern, um das *Bürgerheim* mache ich einen großen Bogen. Ich habe Angst. Natürlich habe ich Angst. Obwohl mir eine Kollegin bei der *Süddeutschen* anvertraut, dass sie nach der Lektüre meines Textes auf einmal ganz sicher gewesen sei, dass die LINKE die richtige Partei für sie ist.

In den nächsten Wochen wird erst das Versandhaus *Quelle* liquidiert, dann feiern die Deutschen das zwanzigjährige Jubiläum des Mauerfalls, weshalb eine Event-Agentur rings um das

Brandenburger Tor eine Kette aus Hunderten riesiger Dominosteine umkippen lässt. Merkel und ein paar andere Regierungschefs stehen mit aufgespannten Schirmen daneben und schauen gerührt und ein bisschen genervt, weil es nieselt und kalt ist. Ein paar Tage später bekommt Alt-Bundeskanzler Helmut Kohl den so genannten Millenniums-Bambi, der eigens für ihn erfunden worden sein muss. Vorher gab es nur den Ehren-Bambi.

An mir fliegt alles vorbei, die Feierlichkeiten, der Herbst, die bunten Blätter. Ich habe seit Tagen nichts von Henning und Valerie gehört, die Sache fängt an mich zu belasten. Nachts, wenn ich im Bett liege, male ich mir aus, wie sie über mich lästern. »Ich hab es schon immer gewusst«, werden sie sagen. »Man hat es ihm angesehen, er war irgendwie anders.« »Habt ihr mal gesehen, wie blasiert er die Zwiebelringe seines Wurstsalats zur Seite geschoben hat?«

Sie werden mich aus der Partei ausschließen, das steht fest: Parteischädigendes Verhalten. Immerhin habe ich öffentlich zugegeben, dass ich nicht mit den Grundsätzen der Partei übereinstimme. Ich habe sie lächerlich gemacht und kritisiert, unsachlich und polemisch. Aber wie geht es jetzt weiter? Was erwartet mich? Werden sie mich vorladen? Darf ich mich verteidigen? Oder kommt nur ein Brief? Ein Anruf?

Es ist bizarr. Ich habe mich bei den Genossen nie richtig wohlgefühlt, und jetzt, wo sie nicht mehr da sind, vermisse ich sie und sehne mich nach ihrer Ernsthaftigkeit und Ehrlichkeit. Ich kann mir nichts Schlimmeres vorstellen, als von ihnen gehasst zu werden. Ich komme mir vor wie Goethes Zauberlehrling, der aus Neugierde rumexperimentiert hat und jetzt nicht mit den Konsequenzen klarkommt. Eine Woche nach der Bundestagswahl bekomme ich eine Facebook-Nachricht:

»Ah, du bist das. Jetzt kann ich das Gesicht zuordnen. Du hast kräftig die Gemüter aufgewirbelt. Christiane.«

Christiane – den Namen kenne ich. Eine Genossin aus dem Ortsverband. Ihr Gesicht habe ich vor Augen, gesprochen habe ich, glaube ich, nie mit ihr. Ich weiß, wie sie aussieht: groß, blasses Gesicht, rote Haare. Sie hat mir geschrieben, zwei Zeilen nur, aber immerhin. Ich lese die kurze Nachricht immer wieder durch, suche einen Unterton, eine Anspielung, irgendwas Doppelbödiges, aber finde nichts. Ausgerechnet Christiane hat das Schweigen gebrochen, eine Genossin, zu der ich kein Verhältnis aufgebaut habe. Was hat das zu bedeuten?

»Und?«, schreibe ich zurück. *»Haben sich die Gemüter inzwischen beruhigt? Lieber Gruß, Tobias«*

Sie antwortet:

»Ich fürchte nein:) Bleibst du denn Mitglied? Wohl eher nein? Christiane«

Man selbst arbeitet ja nicht mit diesen Smileys in Kurznachrichten, aber in diesem Fall freue ich mich darüber. Jetzt weiß ich wenigstens, dass sie sauer sind. Natürlich sind sie sauer. Wir sind nun mal anders: Sie haben Ideale, ein Ziel, sie müssen sich verraten fühlen. Sie halten die Welt für keinen Spielplatz, sondern einen Skandal. Sie nehmen beides, ihre Überzeugungen *und* sich selbst so ernst, dass sie nicht imstande sind, für einen Parteieintritt »aus Spaß« oder einen Wahlkampf »aus Neugierde« Verständnis aufzubringen.

Leider reagieren nicht alle so lässig wie Christiane. Ich bekomme weitere Nachrichten, einen handgeschriebenen Brief von Valerie, in dem sie mir zu dem lustigen Text gratuliert, sowie zwei E-Mails an meine Redaktionsadresse. Die erste ist von Henning, in der Betreffzeile steht nur ein Wort: Enttäuschung.

Lieber Tobias,
ich bin, aber das kann Dich eigentlich nicht überraschen, sehr enttäuscht von Deinem Beitrag. Ich vermute mal, dass Du von Deinem Chef ein kräftiges Lob bekommen hast. Ich finde, dass Du die Partei DIE LINKE in den Monaten Deiner vorgeblichen Mitgliedschaft allenfalls in Ansätzen verstanden hast.

In eine demokratische Partei muss man sich nicht unter Vortäuschungen einschleichen. Dass Du es getan hast, halte ich für sehr problematisch.

So wie ich Dich kennengelernt habe, rechne ich eigentlich damit, dass Du es früher oder später bereuen wirst, Dich in diesem Fall so verhalten zu haben. Wenn Du möchtest, können wir bei einem Kaffee darüber sprechen.

Ich habe, aber das weißt Du wahrscheinlich schon, gestern einen Leserbrief an die SZ geschrieben. Das hat auch parteiinterne Gründe, die ich Dir nun aber nicht mehr offenbaren möchte. Dies in Kürze.

Viele Grüße, Henning

Typisch Henning, wieder mal verhält er sich absolut korrekt: Nicht nur, dass er mir einen persönlichen Brief geschrieben hat, um mich über seinen Leserbrief in Kenntnis zu setzen, er spricht auch noch mit mir und schlägt ein Treffen vor, obwohl er enttäuscht von mir ist. Keine Frage, der Mann weiß, was schlimmer ist, als ignoriert oder gehasst zu werden. Ich fühle mich schäbig. Einerseits.

Andererseits, wie sagt mein Analytiker immer: »Tobias, lass die Fehler der anderen bei den anderen. Du musst sie nicht annehmen.« Es könnte doch auch sein, dass er Unrecht hat. Immerhin bin ich nicht mit böser Absicht in die Partei eingetreten, sondern aus menschlicher Neugierde. Gut, ich habe darüber geschrieben, aber ich bin Journalist. Wenn ich etwas erlebe, schreibe ich darüber, das ist mein Beruf. Ich wollte die Partei weder ausspionieren noch schlechtmachen, ich wollte mir ein Bild von ihr machen. Und jetzt bin ich der Verräter, der sich eingeschlichen hat. Aber ich habe mich nicht eingeschlichen, ich bin Mitglied geworden, ganz offiziell, ich habe mir keine falsche Identität zurechtgelegt. Hätte ich meine Zweifel bekennen müssen? Hätte ich mich hinstellen und sagen sollen: »Hey Leute, alle mal herhören, ich finde die LINKE ziemlich daneben, aber jetzt mache ich mal ein Jahr mit, weil es ja sein kann, dass ich mich täusche«? Nein – das hätte nicht funktioniert. Ich musste mitmachen. Nur so war es möglich, die Partei kennenzulernen. Hat mich jemand nach meinem Beruf gefragt, habe ich gesagt, dass ich Journalist beim *SZ-Magazin* bin. Auf die Frage, warum ich der Partei beigetreten bin, habe ich geantwortet: »Weil ich die Partei kennenlernen möchte.« Ich habe nie gelogen.

Würden sich alle Journalisten so verhalten, die LINKE hätte ein paar Probleme weniger. Dass ich während meiner eineinhalb Jahre in der Partei auch negative Erfahrungen gemacht habe, ist nicht meine Schuld. Ich habe das Gute aufgeschrieben, ich habe das Schlechte aufgeschrieben – nach einem Jahr in der FDP oder CSU wäre mein Fazit vielleicht verheerender ausgefallen.

Wie ich darauf komme? Kurz vor der Bundestagswahl war ich auf einer FDP-Veranstaltung. Ich wollte die Stimmung und das Personal mit der LINKEN vergleichen: Guido Westerwelle hielt eine Rede, eine Blaskapelle aus einem oberbayerischen Dorf spielte Volkslieder. Am meisten Spaß machte es mir, Jungliberale zu beobachten, wie sie stolz am Mischpult saßen, mit einer Kabeltrommel durch die Gegend liefen oder hysterisch auf die Tasten ihres Handys drückten. Die meisten männlichen

Mitglieder trugen zu große Sakkos, die weiblichen hatten – genau wie viele linke Genossinnen – Halstücher an, nur andere. Alle wirkten wuselig und unangenehm beflissen. Die Frauen waren ganz anders als meine Genossinnen. Nicht nur wegen der Absatzschuhe oder der Art, sich zu bewegen. Man konnte sie anschauen, wegschauen, wieder anschauen, lächeln, es funktionierte. Nicole, Anja und die anderen waren zu sehr mit Inhalten beschäftigt, um ihre Körper in Szene zu setzen. Sie strahlten Kampfbereitschaft aus, interessanterweise kann das auch anziehend sein, weil es vor den Kopf stößt – solange es nicht zu einer notorischen Allmachtssucht wie bei Alice Schwarzer wird. Trotzdem, erst jetzt bemerkte ich, dass ich während des gesamten Jahres bei der LINKEN kein einziges Mal geflirtet hatte.

Die zweite E-Mail ist vom Kreissprecher Michael Wendl: Ein Leserbrief an die Zeitung, in dem er mir einen Vorwurf nach dem anderen an den Kopf wirft, zum Beispiel, dass ich eine demokratische Partei vollkommen zu Unrecht wie ein »Undercover-Agent« durchleuchtet und mich dadurch auf das Niveau des Verfassungsschutzes begeben hätte. Dass er davon ausgeht, dass das Niveau des Verfassungsschutzes ein niedriges ist, versteht sich von selbst.

Die Zunft der Journalisten, schreibt Wendl, müsse erst mal den Widerspruch verarbeiten, der darin bestehe, dass sie die Pressekonferenzen und Wahlkampfveranstaltungen der Partei weitgehend ignoriere und zugleich verdeckt in ihr ermittle. (Ein Vorwurf, den ich nicht gelten lasse, weil die Ignoranz der anderen Medien mich erst auf die Idee gebracht hatte, Parteimitglied zu werden.)

Anders als Wallraff hätte ich meine Objekte der Beobachtung nicht mit Empathie, sondern aus einer Position der Abgrenzung heraus seziert. Ich sei anders und es sei mir wichtig, das herauszustellen. Ich gehöre nicht zu den »Verlierern« des modernen Kapitalismus und habe es daher nicht nötig, mich politisch zu engagieren. Ich hätte mich aus einer »Kultur der Überheblichkeit« bedient, um festzustellen, dass die »Wilden«, die ich inkognito besucht habe, in Wirklichkeit nicht so wild, sondern harmlos bis sympathisch seien. Abschließend, schreibt Wendl, sei es wirklich ärgerlich, dass ich mit meinem Aufenthalt in der Partei etwas missbraucht hätte, was ich vermutlich gar nicht kenne, nämlich die Offenheit und spontane Solidarität, die es in dieser Partei gegenüber den Mitgliedern gebe.

Die letzten Zeilen überfliege ich nur noch, dann klappe ich mein Notebook zu. Es ist der schlimmste Brief, den ich je bekommen habe. Ich fühle mich verkannt und falsch dargestellt. Ausgerechnet Michael, den ich so bewundert habe für seinen Kampf gegen die ultralinken Genossen; mit dem ich mich gern öfter unterhalten würde, weil er klug, reflektiert und offen ist, ein bisschen eitel, aber wenigstens nicht langweilig. Und jetzt das: Der Leserbrief stellt mich als überhebliches Arschloch hin; als Nichtsnutz, der vom Geld seines Vaters lebt, als bourgeoisen Flaneur, der tagsüber überlegt, was er für den Abend anziehen könnte.

Sind meine Genossen so verbohrt, dass sie meine Absichten nicht verstehen wollen? Oder bin ich so verblendet, dass ich nicht merke, was für ein elitäres Arschloch ich bin? Sind meine herzlichen Gefühle für German, Valerie und Henning am Ende nur der Beweis für meine Überheblichkeit?

Eigentlich kann ich mich auf meinen Humor verlassen. Immer wenn ich mich in etwas Unangenehmes hineinmanövriert habe, ziehe ich ihn aus der Tasche, eigentlich boxt er mich immer irgendwie raus; bei fast allen Menschen funktioniert das – nur bei meinen Genossen nicht. Augenzwinkern und zwei, drei charmante Sätze reichen nicht; wenn es um die Partei geht, verstehen sie keinen Spaß, denn die ist der Anwalt der Armen und Schwachen und wenn sich einer über die Partei lustig macht, meint er die Armen und Schwachen immer mit – so sehen sie das.

Der Kampf, das Engagement, die Ziele meiner Genossen sind kein Spaß. Sie sind das Gegenteil: blutiger Ernst. Und deshalb können sie mir unmöglich verzeihen, was ich getan habe. Ganz zu schweigen von Ironie: Mit der braucht man ihnen gar nicht zu kommen: Wer ironisch ist, hat resigniert und kompensiert seinen Frust mit Sprüchen, über die alle lachen. Aber wo gelacht wird, da ändert sich nichts, und meine Genossen finden, dass sich ganz dringend was ändern muss. Ironie ist eine Haltung, die man sich leisten können muss, eine luxuriöse Herangehensweise ans Leben, aber auch, und das muss gesagt werden, eine feige.

Vielleicht finden mich meine Genossen im Grunde ganz in Ordnung, aber das zählt für sie nicht. »Das Private ist immer auch politisch«, heißt es, aber anscheinend ist das Politische immer auch privat, denn egal wie sympathisch ich als Privatmann auch sein mag, meine politische Aktion wird mich für immer diskreditieren. Was geschehen ist, ist geschehen. Es sind nicht die politischen Ziele, es ist die Haltung dem Leben gegenüber, die uns trennt: Meine ist spielerisch, ihre ernsthaft. Meine zynisch, ihre idealistisch. Sie sind überzeugt von Idealen, ich von gar nichts.

Es wird Herbst, es wird Winter. Ich fühle mich erschöpft und brauche Abstand, Zeit für mich, Distanz zur Partei und zu mir selbst; mit einem Freund steige ich auf den Kilimandscharo. Wir trinken warmes Wasser mit Kakaopulver, kleben Blasenpflaster auf unsere Füße und sprechen wenig; wir stehen mit der Sonne auf und kriechen in unsere Schlafsäcke, wenn sie untergeht. Abends im Zelt zünden wir eine Kerze an, damit es ein, zwei Grad wärmer wird. Als ich zurückkomme liegt ein Umschlag in meinem Briefkasten: Mein Parteiausweis. Endlich. Viel kleiner, als ich ihn mir vorgestellt habe, eigentlich sieht er eher aus wie ein Schülerausweis. Links steht mein Name und mein Geburtsdatum, rechts meine Mitgliedsnummer und der Tag meines Eintritts (2. Dezember 2008), auf der Rückseite ein Auszug aus der Präambel der Bundessatzung: »Die LINKE strebt die Entwicklung einer solidarischen Gesellschaft an, in der die Freiheit eines jeden Bedingung für die Freiheit aller ist.«

Weihnachten verbringe ich wie immer im Bayerischen Wald bei meinen Eltern. Wir essen Bratwürste mit Sauerkraut, zeigen uns Fotos, legen Platten auf, trinken Tee mit Zimt, machen Spaziergänge runter an den Fluss, nach Dicherling, wo ich als Junge so oft mit meinem Vater war. Irgendwann ist Sylvester. Alle umarmen sich, dauernd vibriert mein Handy – ein neues Jahr beginnt. Zum ersten Mal seit Jahren fasse ich einen Vorsatz: Ich werde austreten, aber erst in ein paar Monaten, wenn ich alle meine Genossen wiedergesehen und ihnen in die Augen geblickt habe. Nicole, Henning, Martin, Anja, ich will sie alle wiedersehen. Valerie treffe ich sowieso bald und um German mache ich mir keine Sorgen. Der ist mir nicht böse, der versteht mich.

Und dann liegt wieder ein Brief in meinem Postkasten:

Lieber Tobias Haberl,

mit Stand Monatsende führen wir Dich als Mitglied der Partei DIE LINKE in München.

Deiner Veröffentlichung im SZ-Magazin aus dem vergangenen September entnehmen wir jedoch, dass, unabhängig davon, ob dies ursprünglich der Fall war, Du erklärtermaßen nicht hinter den Zielen unserer Partei stehst.

Wir bitten Dich also um Verständnis, dass nach dieser Veröffentlichungslage unsere Mitglieder es nicht gut aufnehmen würden, wenn weiterhin die Möglichkeit bestünde, dass Du dein Stimm- und Wahlrecht in der Partei ausübst.

Wir würden Dich daher bitten, Deine Mitgliedschaft daraufhin zu überprüfen, ob Du sie aufrechterhalten oder lieber beenden möchtest. Sollte ersteres der Fall sein, würden wir uns selbstverständlich freuen. Es wäre in diesem Fall aber hilfreich für uns zu erfahren, ob die zentralen Forderungen unserer Programmatik von Dir Unterstützung erfahren, da man sonst über den Sinn einer Mitgliedschaft in der LINKEN streiten könnte.

Mit freundlichen Grüßen

Der Kreisvorstand

Ein halbes Jahr also noch. Die Partei lässt mich nicht mehr los. Sie zieht mich an und stößt mich ab. Sie meint das Richtige und tut das Falsche. Ich könnte sie nie hassen. Die Einladung kommt per Brief: 12. Januar. Kreismitgliederversammlung in der griechischen Taverne *Odyssee*.

19. »Deutschland in Schieflage – Deutschland brummt wieder«

Also was jetzt?

Nach der verkorksten Mitgliederversammlung im *Odyssee* blieb ich noch sechs Monate in der Partei. Ich wollte mich nicht davonstehlen, ich wollte mich erklären und keine verbrannte Erde hinterlassen. Ich glaube, dass mir das einigermaßen gelungen ist. Mein letztes halbes Jahr in der Partei, es waren die Monate 13 bis 18, wurden noch mal richtig spannend, denn von jetzt an konnte ich mit offenen Karten spielen. Zwar vertraute mir keiner mehr, dafür wusste jeder, wer ich bin. Ich konnte vorgehen wie ein klassischer Journalist, um Antworten auf meine letzten offenen Fragen zu finden. Henning, Nicole, German und ein paar andere – ich traf sie alle noch einmal und führte lange Gespräche mit ihnen. Manche trafen mich, weil sie mir meine »Schnapsidee« verziehen hatten, andere weil sie ahnten, dass es vielleicht auch von Vorteil sein kann, die Nummer eines Mitarbeiters der *Süddeutschen* im Handy zu haben. Ich ging weiter zu den Sitzungen, wo ich nicht euphorisch begrüßt, aber geduldet wurde. Nach eineinhalb Jahren hatten sich meine Genossen aus dem Ortsverband so an mich gewöhnt, dass niemand mehr gegen mich vorging. Ich war ein Maskottchen geworden, das kein Glück bringt.

Im Oktober 2010 rufen die Gewerkschaften und die LINKE den »Heißen Herbst« aus: Menschenketten, Protestaktionen, Klassenkampf. Das ungerechte Sparpaket der Regierung und die Verlängerung der Atomlaufzeiten müssen bekämpft werden.

»Deutschland brummt wieder!«, titelt die *Bild* und jubelt über steigende Löhne und Renten, neue Jobs und ein Wirtschaftswachstum von 3,5 Prozent. Zum ersten Mal seit 20 Jahren sind weniger als 3 Millionen Menschen arbeitslos; Deutschland ist die Lokomotive, die den Rest der Welt aus der Krise zieht, Daimler und BMW legen Traumquartale hin, die Menschen shoppen, bald ist Weihnachten, die Apokalypse ist ausgeblieben, die Erde dreht sich noch.

Natürlich hält die LINKE die Arbeitsmarktdaten für geschönt, ab und zu warnt ein Experte vor der nächsten Spekulationsblase, aber keiner hört zu, weil längst alle über den dauerkranken Schäuble, Stuttgart 21, den Castor-Transport und die wunderbare Rettung der Bergleute in Chile reden. Gregor Gysi beschwert sich öffentlich, dass fünfmal so viel über die Grünen wie über die LINKE berichtet werde, er habe mitgezählt, und beweist damit nur, dass seine Partei es nicht schafft, die Proteste gegen den Stuttgarter Bahnhof und die Atombeschlüsse für sich zu nutzen.

Nach 18 Monaten ist die längste und spannendste Reise meines Lebens zu Ende. Ich bin per Brief ausgetreten, war ganz einfach, drei Sätze, ein lieber Gruß, das war's. Meine Genossen habe ich seit Wochen nicht getroffen, Henning hat mich zu einem Informationsabend über das Handelsabkommen zwischen der EU und Namibia eingeladen, Valerie schreibt reizende Mails, ab und an telefonieren wir. Ich bin auch noch im Verteiler meines Ortsverbandes und weiß, dass die Partei einen Ordner für die Anti-Atom-Menschenkette in München sucht und die Bundesgeschäftsstelle eine Schwangerschaftsvertretung im Bereich Öffentlichkeitsarbeit anbietet.

Ich unternehme wieder mehr mit Freunden; allmählich fingen die ersten an, pikiert zu reagieren. Man ließ mich spüren, dass es höchste Zeit wurde, von meinem Trip runterzukommen. Jetzt probieren wir wieder neue Restaurants aus, gehen ins Konzert, machen unsere Ski-Ausrüstung winterfertig. Viele Freundinnen zeigen mir Ultraschallbilder von Embryonen. Wir sind zwei Jahre älter geworden.

Habe ich mich verändert? Nicht wirklich.

Ich gebe immer noch zu viel Geld für Fenchelsalami am Viktualienmarkt aus; auf meinem Nachttisch liegt *Freiheit* von Jonathan Franzen, ein Bestseller, Millionen-Auflage. Ich lebe immer noch im Münchner Glockenbachviertel und fahre morgens mit meinem alten Golf zur *Süddeutschen*, obwohl es mit der S-Bahn schneller ginge und ökologisch korrekter wäre. Neulich haben sie mir eine feste Stelle angeboten, nach sechs Jahren. Ob ich sie annehme, weiß ich noch nicht.

Bin ich ein LINKER geworden? Nein.

Aber ich habe Vorurteile abgebaut, vielleicht nicht der Partei, aber ihren Mitgliedern gegenüber, was wahrscheinlich dasselbe ist. Die LINKE wird auch weiter ohne meine Stimme auskommen müssen, aber mir leuchtet ein, warum Valerie und German, Henning und Nicole sie wählen: Valerie will die Welt lebenswerter oder sagen wir: weniger krank machen. German wehrt sich dagegen, vergessen zu werden. Henning denkt als Weltbürger über die Grenzen unseres Landes hinaus; er kann nicht anders. Nicole ist wütend und clever zugleich, sie hat eine Vision, sie wird Karriere machen. Hoffentlich bleibt sie so integer, wie sie ist. Auf Facebook bin ich immer noch mit ihr befreundet. Manchmal schaue ich auf ihr Profil, mich interessiert, was sie macht, wie es ihr geht. Michael Wendl war im Sommer 2010 für 77 Tage bayerischer Landessprecher, bevor er nach einem Interview (in dem er sich für regional gestaffelte Mindestlöhne ausgesprochen hatte) zum Rücktritt gezwungen und als »Wendolin« und »rechter Sack« beschimpft wurde.

Fast jeder Gegner der LINKEN kennt die Anekdote von

Jean-Jacques Rousseau. Er ist einer der Ahnherren der Linken, ein unermüdlicher Streiter für Gerechtigkeit, der Privateigentum für den Grund allen Übels hielt. Leider klaffte zwischen seinem pädagogischen Anspruch und seinem Leben eine große Lücke. Zuhause, im Kreis der Familie, war Rousseau weniger gerecht als in seinen Schriften: Er steckte seine Kinder ins Waisenhaus, um in Ruhe schreiben zu können. Die meisten meiner Genossen, das muss gesagt werden, sind anders als Rousseau. Fast alle verwirklichen in der Praxis, was sie in der Theorie fordern, fast alle leben erstaunlich kongruent mit ihren Idealen, außer vielleicht Lafontaine und Ernst, die laut *Spiegel* bei einer Konferenz in Paris im 4-Sterne-Hotel wohnten, während alle anderen Parteimitglieder mit einem 2-Sterne-Hotel Vorlieb nehmen mussten.

Mein Experiment hat mich der Partei DIE LINKE nicht näher gebracht, von allen anderen Parteien hat es mich entfernt. Ich bin nicht unpolitischer geworden, aber parteienskeptischer. Wäre morgen Bundestagswahl, ich wäre überfordert und wüsste nicht, wem ich meine Stimme geben sollte: Die FDP kommt mir inkompetent, die Grünen opportunistisch, die CDU zu unsozial, die CSU profilneurotisch und die SPD zu unentschieden vor. Ich fühle mich von keiner Partei vertreten. Möglich, dass ich zum ersten Mal nicht wählen und abwarten würde, wie sich die Dinge entwickeln. Eigentlich schlimm, aber das habe ich jetzt davon. Meine politische Überzeugung ist gründlich durcheinandergeraten, meine Haltung – ein unharmonisches Medley aus Parteien, Thesen und Einzelideen.

Die LINKE ist gekommen, um zu bleiben. Sie hat sich im deutschen Parteiengefüge etabliert und in Umfragen bei 10 Prozent eingependelt. Dass es so ist, dafür gibt es Gründe. Es ist weder ein Wunder noch eine Bedrohung, dass es die LINKE gibt, es ist folgerichtig: Deutschland in den letzten 20 Jahren – das war viel Markt und wenig Staat, das war eine rasante Erfolgsgeschichte. Wir haben trotz aller Zusammenbrüche Boom-Jahre erlebt, uns geht es prächtig. Wer etwas anderes sagt, hat zu wenig gesehen von der Welt. Trotzdem werden die Reichen reicher und die Armen ärmer. Die Löhne in Deutschland sind unsittlich hoch und unsittlich niedrig. Es gibt Kinder, die morgens hungrig in die Schule gehen müssen. Vorstände versagen und bekommen Millionen dafür, Banker, deren Arbeitgeber am Tropf des Staats hängen, kassieren riesige Boni. Vor 50 Jahren hat John Steinbeck geschrieben: »Menschliche Eigenschaften wie Güte, Großzügigkeit, Offenheit, Ehrlichkeit, Verständnis und Gefühl sind in unserer Gesellschaft Symptome des Versagens. Dagegen sind Gerissenheit, Habgier, Gewinnsucht, Gemeinheit und Egoismus Merkmale des Erfolges.« Der Spruch hat nichts von seiner Aktualität verloren.

Es ist etwas faul im Staate Deutschland und solange sich das nicht ändert, hat die LINKE ihre Berechtigung, und wenn sie nur deswegen auf den Plan getreten ist, um die anderen Parteien zu korrigieren und mit dem Finger ununterbrochen auf die Menschen zu zeigen, die wir vergessen haben. Es gibt sie, ich habe sie kennengelernt.

Trotzdem ist die LINKE nichts für mich. Ich vertraue ihr nicht. Ich traue ihr nichts zu. Ich spüre zu viel Trennendes, die Differenzen, menschlich und inhaltlich, sind zu groß. Linkssein als Sinnhorizont, als Sehnsucht, als Korrektiv für den Wahnsinn, der da draußen tobt, Solidarität und Gerechtigkeit als Lebensprinzip, das kann ich mir vorstellen, aber das geht auch ohne Sozialismus. Ihr Kontrollwahn, ihre Sehnsucht nach geordneten Verhältnissen, ihr Hohelied auf die Gleichheit, das alles kommt mir vor wie ein Leben in der Tempo 30-Zone. Ein Leben ohne Höhen und Tiefen, ohne Gefahren, ohne Risiko, ohne Überraschungen; nur Sonnenaufgang, Sonnenuntergang und dazwischen arbeiten und fernsehen, das möchte ich nicht. »Der Analytiker«, schreibt Jan Fleischhauer, »wird in der Idee einer konfliktfreien Welt, in der jeder in vollkommener Harmonie mit sich und seiner Umwelt lebt, unschwer eine kindlich-regressive Allmachtsfantasie erkennen können, die dem Bedürfnis nach uneingeschränkter Kontrolle entspringt.«

Freiheit gibt es nur um den Preis der Unberechenbarkeit. Die Vorstellung einer harmonisch geordneten Weltgemeinschaft ist nur deshalb so faszinierend, weil sie nicht erreichbar ist. Sie ist das Gegenmodell zur Realität, eine Utopie, im Grunde nichts anderes als Religion. Sie muss unerreichbar sein, denn wäre sie es nicht, verlöre sie ihren Reiz und ihre Berechtigung.

Ich glaube an Leistung und Konkurrenz, ich glaube an Anreize, Ideen und Kreativität. Ich möchte es nicht dem Staat überlassen, wie mein Leben aussehen soll. Ich möchte auch keine Vollversorgung. Ich glaube nicht an Freiheit, aber an das Streben nach ihr, ich glaube an individuelle Verantwortung und ein selbstbestimmtes Leben. Das hat nichts mit der FDP, das hat mit Liberalismus zu tun.

Der letzte Satz des Bundestagswahlprogramms der Linkspartei lautete: »Je stärker die LINKE, desto sozialer das Land.« Man könnte es auch andersherum formulieren: Je unsozialer das Land, desto stärker die LINKE. Denn die LINKE ist die einzige Partei im demokratischen Spektrum, die die Systemfrage stellt. Je mehr Menschen mit den Verhältnissen unzufrieden sind, desto mehr werden die LINKE (oder gar nicht) wählen. Die Umfragewerte der LINKEN sind der Lackmustest für die soziale Realität im Land. Deswegen bringt es nichts, die Partei zu dämonisieren, zu ignorieren oder mit falschen Argumenten in die Ecke zu drängen. Der bessere Weg, die LINKE zu bekämpfen, ist, sie überflüssig zu machen, indem ausgewogen und vernünftig regiert und eine Politik gemacht wird, die mutig ist, den Bürgern etwas abverlangt und dies auch kommuniziert. Politik nicht nur kurzfristig, sondern langfristig, mit einem Plan, einer Vision von einer modernen Gesellschaft. Jeder weiß, dass angesichts klammer Haushalte und der demografischen Lage Einschnitte notwendig sind, und ich glaube, dass die Menschen bereit sind zu verzichten, wenn sie verstehen, warum. Ich glaube, dass sie bereit sind, eine anstrengende Reise zu unternehmen, wenn sie sich von einer tatkräftigen und mutigen, aber nicht übermütigen Führung an die Hand genommen fühlen.

Gerade wurde das Sparpaket durch den Bundestag beschlossen: Ab 2011 werden Sozialleistungen gekürzt, unter anderem das Elterngeld. Für Hartz-IV-Empfänger wird es sogar gestrichen, außerdem entfällt ihr Zuschuss zur Rentenversicherung. Ich bin, obwohl ich ordentlich verdiene, nicht betroffen. Nicht mal die Luftverkehrssteuer kann mich schocken, seitdem ich wieder mehr mit der Bahn fahre. Sparen müssen vor allem German und Valerie und eine Kollegin von mir, der sie in der letzten Sparrunde gekündigt haben. Ich muss nicht sparen. Ich trage ab dem 1. Januar 2011 keinen einzigen Cent dazu bei, dass Deutschland Schulden abbaut. Warum eigentlich nicht? Ich würde mitmachen, aber niemand hat mich gefragt.

Wir leben in merkwürdigen Zeiten: Der *Spiegel* ruft die »Barrikaden-Republik« aus, weil ein paar Tausend Bürger in Stuttgart und im Wendtland eine Abwehrschlacht gegen den Staat angezettelt haben, die FDP fällt von 14,6 auf 4 Prozent, die Grünen steigen von 10,7 auf 24 Prozent, haben eine Art transzendenten Schwebezustand erreicht und träumen von einer grün-roten Koalition in dieser Reihenfolge. Die LINKE kann aus der regierungsskeptischen Proteststimmung in Deutschland keinen Profit ziehen, Rainer Brüderle wird gemeinsam mit Bushido und Michael Schumacher vom Männermagazin

GQ zum *Man of the Year* gewählt. In den Talkshows diskutieren sie über Adel im Allgemeinen und Guttenberg im Besonderen. Es gibt schon Menschen, die nennen den Bundesverteidigungsminister einen Messias. Der DAX nähert sich der 7000-Punkte-Grenze. »Deutschland in Schieflage« steht auf einem riesigen Transparent an der Fassade des Münchner DGB-Hauses, in den Zeitungen schreiben sie von »Aufschwung XL«, manchmal liest man das Wort »Vollbeschäftigung«. Da sind sie wieder, die zwei Realitäten. Es ist Herbst 2010, Mitte November hat ein Sturm die letzten Blätter von den Bäumen gerissen. Es wird kälter. Bald wird es schneien.

Danksagung

Mein Dank gilt all meinen früheren Genossen, die nach meiner »Enttarnung« für Gespräche und Interviews zur Verfügung gestanden haben.

Besonders bedanken möchte ich mich bei Henning, dafür, dass er mir die ersten Monate in der Partei erleichtert hat, und natürlich bei Valerie für die vielen Einladungen und inspirierenden Gespräche.

Danke auch an meine GenossInnen Nicole, German, Michael, Martin, Jennifer, Anja, Roger, Andreas, Sabine, Annemarie, Clemens, Elfi und Jochen.

Danke, Sahra Wagenknecht. Für den spannenden Abend.

Dank an Dr. André Brie, Dominic Heilig, Prof. Dr. Kenning. Für die Informationen.

Danke, Frank Plasberg, für das schöne Vorwort.

Dank an meinen Lektor Martin Mittelmeier sowie meinen Verleger Georg Reuchlein und dem Luchterhand Verlag.

Danke, Katrin Kroll, für die Idee zu diesem Buch.

Danke, Olaf Unverzart, für die Fotos.

Dank der Dokumentationsabteilung des SV-Verlages, Cornelius Esau.

Danke, Alex Alexandros, Johanna, Sebastian, Thomas.

Danke, Uyen Lam Bao. Für die Geduld.

Dank an meine Eltern und meine Schwester. Für alles.